企业社会责任嵌植

理论与实践

The Theory and Practice of Implanting Corporate Social Responsibility

国网浙江省电力有限公司 编

经济管理出版社
ECONOMY & MANAGEMENT PUBLISHING HOUSE

图书在版编目（CIP）数据

企业社会责任根植理论与实践/国网浙江省电力有限公司编 . —北京：经济管理出版社，2020.5

ISBN 978 – 7 – 5096 – 7106 – 1

Ⅰ.①企…　Ⅱ.①国…　Ⅲ.①企业责任—社会责任—研究—中国　Ⅳ.①F279.2

中国版本图书馆 CIP 数据核字（2020）第 076714 号

组稿编辑：申桂萍
责任编辑：赵亚荣
责任印制：赵亚荣
责任校对：陈　颖

出版发行：经济管理出版社
　　　　　（北京市海淀区北蜂窝 8 号中雅大厦 A 座 11 层　100038）
网　　址：www. E – mp. com. cn
电　　话：（010）51915602
印　　刷：唐山昊达印刷有限公司
经　　销：新华书店
开　　本：720mm×1000mm/16
印　　张：16
字　　数：287 千字
版　　次：2020 年 5 月第 1 版　　2020 年 5 月第 1 次印刷
书　　号：ISBN 978 – 7 – 5096 – 7106 – 1
定　　价：68.00 元

编　委　会

前　言

国家电网公司作为企业社会责任管理的开拓者与先行者，无论是从理论背景还是实践背景上，探索企业社会责任的根植理论与实践机制都符合国家电网公司继续深化企业社会责任管理与实践的必然要求。而企业社会责任根植理论体系是企业社会责任管理体系与实践体系的深层落地，本书探究了企业社会责任根植的概念体系、理论基础，从而清晰地解释了企业社会责任根植的内涵特征及理论渊源，为国家电网公司基层各组织员工了解企业社会责任根植的理论脉络提供了前置性的理论基础。更进一步地，本书研究了企业社会责任根植所必须具备的理念与方法，即"2+7"画卷模型的根植理念及企业社会责任根植的六大方法。同时，探究了企业社会责任根植的实现的过程作用机制，即在企业社会责任认知理念融入、管理模块的社会责任融入、业务价值创造模块的社会责任融入下基于社会责任理念与方法解决企业运营管理中的社会问题，从而驱动组织的社会责任真正在组织的管理与实践过程中落地生根。最后，重点探究了企业社会责任的根植实现方式，即通过项目制的运作方式推动国家电网各基层组织的企业社会责任根植实现，并基于根植项目的典型案例分析了认知理念、模块管理、业务运营及企业文化等方面的根植项目探索。

从理论层面来看，中央国有企业是中国特色社会主义经济体制的微观组织载体，自诞生开始就承载着经济、社会与环境的三重综合价值创造使命。中央国有企业社会责任绩效表现，一定程度上决定着中国特色社会主义新时代新发展理念能否在经济社会中真正落实。这意味着中央国有企业在国家实现社会及产业目标发展中发挥着特殊的职能，尤其是在关系国家安全和国民经济命脉的重要行业和关键领域，其生产经营活动涉及整个经济社会和人民生活的各个方面。企业社会责任根植实践探索，是国家电网公司深化履行中央国有企业双重使命目标的必然选择，是推进企业社会责任管理与实践破解中央企业社会责任管理体系华而不实、深化企业社会责任管理的重要抓手，也是推进国家电网企业社会责任管理与实践全面落地的客观需要。从实践层面来看，长期以来，国家电网在中国企业社会责任发展中扮演着理论引领和实践创新的领先角色。2014年以来，国家电网公司深入推行全面社会责任管理，部署实施了社会责任根植项目制。在中国特色社会主义新时代的今天，国家电网再一次从全面探索社会责任管理体系走向全面探索企业社会责任根植理论与实践机制体系，大力推进企业社会责任根植项目制。这既是国家电网持续引领中国企业社会责任发展的又一重大举措，更是推进中国企业社会责任发展持续创新的必要条件，同时也是传播社会责任理论理念和管理方法，积极推动企业社会责任观落地生根，从而提升国家电网基层供电企业社会责任管理水平的有益探索。

从企业社会责任根植的概念体系来看，企业社会责任根植与企业社会责任内容体系是一脉相承的，在纷繁复杂的企业社会责任理论体系中，可以归结为几个核心的概念，如企业社会责任、企业社会责任管理与实践、企业社会责任议题等。而企业社会责任根植作为企业社会责任融入企业社会认知体系、管理运营体系的一种重要概念，从企业社会责任的角度来看，特指在企业社会责任的基本理念、基本认知、基本工具、基本方法和基本管理模式与企业的管理流程、管理职能、业务运营和对外传播及利益相关方关系之间建立持续、稳定的关联性；从企业发展动态上来说，则是指这种管理认知、管理过程和管理手段与社会责任理念、方法和手段的相互依赖过程，形成共同演化中的溢出效应，特别是这种溢出效应对企业的社会责任学习能力、转化能力、实践能力与创新能力的促进作用。总的来说，社会责任根植强调包括正式、非正式制度在内的因素对管理运营中的结构性的、潜移默化的、内在性的影响，认为管理活动或实践的行动者的行动逻辑主要依从的是社会责任的认知性逻辑，即该做什么、如何做，更多地考虑利益相关方的认可和接受程度，进而完成管理活动与运营流程的社会化建构，在社会化建构过程中将利益相关方的社会期望内在化，成为自觉行动的结构与自觉的逻辑。

因此，企业社会责任根植至少包含以下几个方面的内容：第一，企业社会责任根植的实现方式是将企业社会责任作为企业管理的重要内容进行管理，通过一个个根植项目快速聚焦企业所面对的利益相关方的价值诉求与社会期望，从而更好地开展社会责任管理与实践活动；第二，企业社会责任根植的重要环节在于准确把握企业的责任边界，即明确企业的利益相关方边界与组织的责任内容边界，明确组织能做什么、想做什么，明晰组织的利益相关方的价值流向；第三，企业社会责任根植的最终目的是改变组织的价值创造绩效，即形成科学的社会责任认知、形成社会责任管理模式与议题实践方式，通过与自身业务关联把企业社会责任从额外负担变成价值创造的重要来源。因此，企业社会责任根植在内容上就包含了三大作用机制，即理念认知入脑——企业社会责任观内化于心，外化于行；管理模式落地——社会责任管理行为改变；履责能力提升——不断提升企业的履责能力与实践绩效。在深入理解企业社会责任融入企业运营理念、融入组织管理与融入组织实践下的企业社会责任根植内涵特征的基础上，需要在总体层面进一步探索有效的度量体系和度量指标，在理论层面上构建企业社会责任根植的衡量维度，主要包括企业社会责任的认知融入度、管理与运营的企业社会责任关联度、利益相关方期望的契合度。在此衡量维度上可以确定几种企业社会责任根植效果类型，即无序型的企业社会责任根植状态、工具型的企业社会责任根植状态、管理型的企业社会责任根植状态及统筹型的企业社会责任根植状态。为提高企业社会责任的融入水平即企业社会责任根植的效果状态，进一步分析几种提升根植水平状态主要策略。

尽管企业社会责任根植的概念体系及作用机制得到了一定程度的澄清，但是对于企业社会责任根植的理论基础尚缺乏相应的回答，即企业社会责任根植的前置性理论来源是什么？企业社会责任根植在理论基础方面为什么是合理的与合意的？沿着这一思路，继续从不同的理论视角如元认知理论、复杂适应理论、图式理论、基因重组理论、血液循环理论、自适应控制理论、组织变革理论与组织意义建构理论探寻企业社会责任根植的理论合理性与合意性。基于对企业社会责任根植理论基础的分析，即企业社会责任根植具有理论的合理性与合法性，进一步需要明确的是企业社会责任根植过程中需要具备的核心理念及需要掌握的核心方法。对企业社会责任根植的几个基本理念进行详细解剖，认为企业社会责任根植应当遵循的核心理念可以归纳为"2＋7"画卷模型。"2"代表画卷的两卷轴，分别是"外部视野"和"可持续性"，它们也是企业社会责任根植实施过程中应当遵守的最基础理念；"7"代表展开的画卷内容，即社会责任根植应当遵守的七个层次递进的关键理念，从低到高依次是"守法合规""社会与环境风险防范""综合价值创造""透明运营""利益相关方参与和合作""社会资源整合与优化配置"和"健康生态圈"。而企业社会责任根植的方法与工具主要是责任边界管理、战略融合、全生命周期管理、跨界合作、平台化履责及"互联网＋"等，最后，进一步构建了企业社会责任根植的基本机制驱动模型。

在具备企业社会责任根植的基本理念与基本方法后，企业社会责任的根植最终要通过一个个企业社会责任根植项目推动企业社会责任根植的真正实施，即根植项目制为推进企业社会责任根植的一种主要实现方式。因此，本书进一步剖析了项目制的基本理论，通过项目制的运作方式能够令传统的科层体系发生重构，打破原有的常规结构，形成以项目为中心的新的运作结构。企业社会责任根植项目制的实施过程及企业社会责任根植项目议题下的项目实施的过程，也是社会责任议题根植项目的项目管理的过程。因此，首先，企业社会责任根植项目的实施与管理框架体系构建应该反映管理的过程，即体现管理的计划、组织、指挥、监督、协调和控制等全流程的职能。其次，坚持企业运行的整体观。企业社会责任根植项目的议题管理的框架体系由五大模块组合而成，即理念目标模块、核心过程模块、工作机制模块、协同互动模块和支撑保障模块，最终通过根植项目的议题选题、根植项目下议题选题的优先级评估、根植项目的策划与实施、根植项目实施的过程监控及根植项目最终的绩效评估与经验推广实现企业社会责任根植真正在基层组织落地实现与扎根组织基层。最后，在厘清企业社会责任根植的理论基础与项目实施的一般管理框架后，需要基于案例对企业社会责任根植项目的过程实施进行分析。因此，按照企业社会责任根植的内容模块，将企业社会责任根植分为社会责任理念根植的项目探索、模块管理的社会责任根植项目探索、运营业务的社会责任根植探索及企业文化与慈善的社会责任根植项目探索。

编者

目 录

第一章　国家电网企业社会责任根植的理论与实践背景

国家电网开展企业社会责任根植源于两大背景。在理论背景上，主要是基于企业使命的功能要求，国家电网作为中央国有企业，市场使命与公共价值使命两大双重使命是国家电网区别于一般民营企业的最为显著的特征。同时，自 2008 年中央国资委推进企业社会责任以来，企业社会责任在近 10 年的推进工作中自党的十八大以来已经上升为国家战略，这意味着中央企业需要进一步对接国家战略，承载国家对于社会责任工作的新要求。而企业社会责任根植既是一种新型的企业社会责任推进模式，能够将国家电网的社会责任管理与实践的科学理念、科学管理模式与实践方法推向基层，从而实现企业社会责任在国家电网基层管理与实践层面的真正落地，也是深化国家电网公司社会责任战略向基层传导与延伸的一种重要落实对接机制。

第一节　理论背景

在理论层面，国家电网的社会责任根植机制一方面是中央企业在双重使命定位下践行社会使命创造社会价值，产生基于经济、社会与环境的综合价值创造绩效的必然行为选择；另一方面是作为破解中央企业社会责任管理体系华而不实，深化中央企业与国有企业的企业社会实践落地开花的重要抓手，将企业社会责任的科学理念、科学管理理念、模式与实践方式融入基层组织运营管理与业务实践，使国家电网的企业社会责任管理体系能够在基层得到真正的落地开花。

一、中央企业双重使命定位下的必然行为选择

中央企业是国家设立的企业，国有企业必然具有区别于作为普通民事主体的一般企业（非国有企业）的特殊性质，国有企业的特殊性质决定了国有企业不仅具有民营企业的经济利润追求，同时具有最为显著的公共价值与国家使命性。这种公共价值和国家使命性，不仅基于国有企业的特殊性质，而且源于中国的特殊国情，即中央国有企业在国家实现社会目标中及在产业发展中发挥着特殊的职能，尤其是在关系国家安全和国民经济命脉的重要行业和关键领域，其生产经营活动涉及整个经济社会和人民生活各个方面。因此，对国有企业的绩效评价也就必然具有同一般企业不同的要求和标准。确切地说，也就是国有企业的绩效，一方面要体现在与一般企业相同的经营效率和效益的自身表现上，另一方面还必须体现在是否实现了其所有者——国家和全民的意志和利益的特殊要求上，国有企业的使命特殊性质决定了其不仅具有营利性组织的一般职能，而且具有实现国家意志的特殊职能。因此，对于中央企业的绩效评价既包含了一般意义上民营企业的经济绩效评价，也包含了作为社会组织意义上的所有者（利益相关者）的绩效评价，前者属于市场评价和企业效率或竞争力评价；后者属于所有者利益（国家和人民意志）评价。而企业社会责任是中央企业践行社会使命，完成国有企业的特殊功能的重要方式。

尤其是步入中国特色社会主义新时代的今天，中国经济发展进入新常态，通过全面深化改革使经济增长从资源驱动和投资驱动转向创新驱动，是实现经济发展方式转变和适应新常态的关键。中央企业理应承担这一新的历史时期的重大使命，推动企业运行理念、运行方式由传统的资源消耗转向能源节约，由传统的经济效率或社会效率唯一导向转向注重经济、社会与环境的综合效益导向。尤其是习近平总书记提出的创新、协调、绿色、开放、共享的"五大发展理念"，无疑是对企业社会责任理念的再一次倡导与重视，而企业社会责任根植不仅是全面推动企业社会责任理念、企业社会责任方法、企业社会责任行为直接落地的理念与方式，更是中央企业在新时代践行新发展理念的重要落地方式。一定程度上，企业社会责任根植是全面推进企业社会责任落地生根的必然选择，也是中央企业在双重使命定位下践行社会使命，创造社会价值，产生基于经济、社会与环境的综合价值创造绩效的必然行为选择。

二、中央企业推进企业社会责任管理与实践全面落地的客观需要

进入 21 世纪以来，随着我国经济社会快速发展，资源和环境问题日益凸显，

为企业的持续发展带来了巨大阻力。面对如此严峻的内外部形势，企业社会责任作为创造经济、社会和环境综合价值，提升企业可持续发展能力的重要抓手，被国内外越来越多的企业所接纳和践行，并形成了多元共促的发展局面。从国际的社会责任制度背景来看，联合国、国际标准化组织、全球报告倡议组织（GRI）、经济合作与发展组织（OECD）等国际组织目前已经发布全球社会责任指南倡议、自愿性标准300多个，对企业管理领域、内容和方式提出全新的要求，希望通过制度性倡议与指南推动企业社会责任的理念认知、行为方式、实践议题的标准化。2017年联合国通过的《2030年可持续发展议程》明确提出了减贫、负责任的消费和生产、保护环境与生态系统、应对气候变化等诸多社会责任议题。从国内的制度背景来看，自2008年以来，国务院国资委下发的《关于中央企业履行社会责任的指导意见》及2011年国务院国资委下发的《中央企业"十二五"和谐发展战略实施纲要》首先围绕着中央企业与地方国有企业而展开，此后企业社会责任的法律制度化进程进一步加快。一方面，国家首次提出要加强社会责任相关立法，2015年多个政府部门继续联合开展企业社会责任促进法的研究与制定工作，并取得了积极进展，为推进企业社会责任发展提供了可靠的法律保障。具体来看，2016年3月，在经历长达10年的调研和起草后，《慈善法》终于发布。另一方面，国家专门针对我国企业社会责任发展的国情制定了本土化的企业社会责任标准指南，在顶层设计过程中引领性与强制性相结合。如《社会责任指南》（GB/T 36000 - 2015）、《社会责任报告编写指南》（GB/T 36001 - 2015）和《社会责任绩效分类指引》（GB/T 36002 - 2015）三项社会责任国家标准于2016年开始推行实施。同时，从履行社会责任倡导来看，可持续发展倡议在经济转型背景下得到进一步强化。2017中国企业可持续发展大会发布了《中国企业可持续发展倡议》与《基于大数据的企业社会责任风险管理评估工具》，进一步为未来中国企业社会责任发展的新阶段和面临的新问题提供了新的方向指导。

在国际与国内双重制度的推进下，广大中央企业与国有企业立足国家政策和发展需求，积极探索开展多层次的社会责任管理和实践活动，总体上取得了一定的成绩，但目前我国企业在社会责任管理方面还没有形成统一的管理体系，存在着诸多问题。而推进企业社会责任根植是破解中央企业社会责任管理体系华而不实，深化中央企业与国有企业的企业社会实践落地开花的重要抓手。企业社会责任根植有助于中央企业洞悉当前发展社会责任的经验和问题，并结合外部环境和企业发展实际，确定合理的社会责任推进路径和重点工作内容，从而进一步提升社会责任管理水平，全面提升可持续发展能力。

第二节 实践背景

在实践层面，国家电网公司自 2006 年以来通过不断探索企业社会责任的管理方法，在实践层面也率先作为中央国有企业社会责任的倡导者、呼吁者及实际践行者，实现报告引领、思想引领、研究引领和管理与实践引领。而国家电网继续深化探索企业社会责任的根植理论与实践机制是企业社会责任管理与实践机制向基层落地延伸，融入国家电网的每一滴血液、每一条基因链中的重要实践探索，是深化国家电网公司持续引领中国企业社会责任发展的必要条件及提升国家电网基层供电企业社会责任管理水平的有益探索。

一、国家电网公司持续引领中国企业社会责任发展的必要条件

国家电网公司作为大型中央企业，长期以来，在中国企业社会责任发展中扮演着理论引领和实践创新的领先角色，自 2006 年，国家电网就作为中央企业中的社会责任管理与实践的率先呼吁者、倡导者与践行者。2006 年，国家电网公司在国内央企中率先发布首份企业社会责任报告，提出"发展公司、服务社会，以人为本、共同成长"的公司社会责任观①。2007 年底，公司在认真总结履行社会责任实践的基础上，发布了国内第一个企业履行社会责任指南，将社会责任理念融入公司的使命战略、生产运营和企业文化中，不断完善管理体系和运营方式，努力构建全面社会责任管理体系②，从而实现了四大引领，即报告引领——率先发布企业社会责任报告；思想引领——率先在央企的管理实践层面系统提出企业社会责任管理与实践的思想体系；研究引领——率先参与社会责任国际标准研究与制定；管理与实践引领——率先发布社会责任专题白皮书和实施全面社会责任管理体系。国家电网公司作为中央企业的社会责任引领者的持续表率，始终没有停止对企业社会责任理论思想、企业社会责任管理方法与实践议题的正向开发、自主创新的步伐。

2014 年以来，国家电网公司深入推行全面社会责任管理，部署实施了社会责任根植项目制。按照"全员参与、全过程覆盖、全方位融合"的工作思路，

---

① 国家电网公司.2005 社会责任报告 [R].2006.
② 国家电网公司.履行社会责任指南 [M].北京：中国电力出版社，2007.

积极构建利益相关方参与和合作机制，分层分类指导和推动公司各单位组织实施社会责任根植项目①。坚持内部工作外部化、外部期望内部化，传播社会责任理论理念和管理方法，积极推动企业社会责任观落地生根。这又是新时期持续引领企业社会责任理念方法创新的重要手段。面对西方企业的社会责任理论体系，国家电网自发布自身的企业社会责任报告以来就规避了走简单移植与重复模仿的社会责任管理与实践的道路，而是持续深化推进"报告引领""思想引领""研究引领""管理与实践引领"四大引领体系，坚持走中国特色企业社会责任发展道路。在中国特色社会主义的新时代，国家电网再一次从全面社会责任管理体系走入全面探索企业社会责任根植体系，大力推进企业社会责任根植项目，是国家电网持续引领中国企业社会责任发展的又一重大举措，更是推进中国企业社会责任发展持续创新的必要条件。

二、提升国家电网基层供电企业社会责任管理水平的有益探索

国家电网公司具有省、市、县三级的子公司管理层级体系，自 2006 年发布社会责任报告以来一直尝试覆盖三个管理层次的社会责任管理体系。2007 年，国家电网公司率先提出企业全面社会责任管理模式，积极探索和努力寻找基层供电企业推进全面社会责任管理的有效模式和可行路径。2008 年，国家电网公司开始在基层企业推行全面社会责任管理，形成了覆盖国网总部、省网公司、地市级公司和县级公司的全面社会责任管理试点格局，取得了丰硕成果和很多有益经验。2014 年，国家电网积极探索、全面推行社会责任根植项目制，试图以项目制方式寻找社会责任根植基层的基本方法和规律，并获得了大量基层供电企业社会责任根植项目优秀成果。可以说，着力提升基层供电企业的社会责任管理和实践水平一直以来是国家电网公司社会责任工作的重要内容。

尽管国家电网公司一直致力于推进社会责任切实根植到基层供电企业之中，但是，国家电网社会责任工作也面临社会责任真正落地基层企业的问题、供电企业开展社会责任工作的自我认知和社会认知之间所存在的偏差问题、社会责任绩效的考核问题等，这就要求国家电网公司开展社会责任管理创新，全面深化企业社会责任工作。尝试在理论层面回答为什么需要企业社会责任根植，以及如何将企业社会责任理念、方法与制度根植于日常的管理体系与运营过程之中，在实践层面上有助于通过企业社会责任根植的方式结合供电企业的运营实际，在日常的

---

① 国家电网公司. 社会责任根植项目案例选编 2014 - 2015 ［R］. 2016.

工作中自觉地遵循企业社会责任理念，结合自身的企业特色与运营过程开展企业社会责任议题管理，形成基于企业内部化的可复制、可推广的社会责任根植经验，以及形成企业社会责任根植项目实施效果评估体系与保障体系。因此，开展"企业社会责任根植理论与实践研究"是提升基层供电企业社会责任管理水平的有益探索。

第二章　企业社会责任根植的概念体系

　　企业社会责任思想自提出以来历经百年的发展已经呈现为企业社会责任概念体系的丛林，在纷繁复杂的企业社会责任理论体系中，可以归结为几个核心的概念，如企业社会责任、企业社会责任管理与实践、企业社会责任议题等。而企业社会责任根植作为企业社会责任融入企业社会认知体系、管理运营体系的一种重要概念，有必要将企业社会责任根植的概念与其他相互关联的企业社会责任概念加以区分。因而，本章对企业社会责任的相关概念内涵进行了系统的回顾与解剖，剖析了企业社会责任、企业社会责任根植 、企业社会责任管理、企业社会责任实践与企业社会责任议题的概念内涵，并重点分析了企业社会责任的"根植"在经济学与管理学中的理论渊源，比较了"根植"与"嵌入"的差别，最后基于上述的关联性概念回顾，解剖了企业社会责任根植与其他企业社会责任相关联的概念内涵的差异，认为企业社会责任根植的内涵具有以下几点：第一，企业社会责任根植的实现方式是将企业社会责任作为企业管理的重要内容进行管理，通过一个个根植项目快速聚焦企业所面对的利益相关方的价值诉求与社会期望，从而更好地开展社会责任管理与实践活动。第二，企业社会责任根植的重要环节在于准确把握企业的责任边界，即明确企业的利益相关方边界与组织的责任内容边界。明确组织能做什么、想做什么，明晰组织的利益相关方的价值流向。第三，企业社会责任根植的最终目的是改变组织的价值创造绩效，即形成科学的社会责任认知、社会责任管理模式与议题实践方式，通过与自身业务关联把企业社会责任从额外负担变成价值创造的重要来源。从具体实现方式来看，企业社会责任根植主要包含了企业社会责任认知理念根植，即管理与实践过程中使科学的企业社会责任理念自觉地影响自身的身体行为，自觉地作为自身的行为方式；企业社会责任管理的根植意味着在管理过程与议题实践过程中形成与利益相关方的合作机制，充分容纳利益相关方的复杂性和多元化，提升利益相关方的价值认知能力，以及充分发挥利益相关方的价值创造潜能，进而更大限度地创造企业运营的经济、社会和环境的综合价值，促进各种资源的更优配置。本章最后分析了企业社会责任根植的几个重要特征，如价值认知融合性、根植过程的组织性、基于社会责任的心智模式、由社会责任的"嵌入性"转变为社会责任的"内生性"。

第一节　一些关联性的重要概念

企业社会责任根植脱胎于企业社会责任的思想体系，因而必然与企业社会责任概念体系中的相关概念存在关联，但作为一个具有独立性的概念也具有自身明显的特征。因此，有必要对企业社会责任概念体系中的相关重要概念名词与企业社会责任根植加以区分。本节回顾和系统阐述企业社会责任、企业社会责任管理与实践、企业社会责任议题等概念的基本内涵。

一、企业社会责任

企业社会责任的概念一定程度上围绕着对于企业的本质的不同理解，决定了企业社会责任的不同内涵与不同维度。如果仅仅将企业看作一种经济组织，即遵循了新古典经济学的主流观点，企业仅仅是由劳动、资本与技术按照一定的比例结合成的一个生产函数，生产函数的最终目的是优化企业中的要素投入比例，以达到市场利润的最优，即边际成本与边际收益相等，此时市场完全出清，达到供需的稳态。在这一纯经济函数的观点之下，企业社会责任只不过是企业的一种出于企业家的道德良知或道德演示，企业社会责任被理解为一种纯粹的慈善活动。无论是克拉克（1916）早期提出的企业社会责任思想还是谢尔顿（1924）提出的企业社会责任概念，或者是鲍恩（1953）的企业社会责任开山之作明确地界定了企业与企业管理者是企业社会责任的主体与实施者，这一视角下的企业社会责任内涵理解都是基于新古典经济学视角的企业社会责任观，将企业社会责任理解为一种慈善活动或一种自愿性道德行为，并且将企业社会责任理解为企业为盈利目标做出的牺牲，因此早期的企业社会责任概念更多地带有伦理学的色彩。如果将企业看作一种社会组织，那么此时企业被视为一种内嵌于社会的一种社会组织，企业的生产与经营行为也必然会对社会造成影响，如管理学大师彼得·德鲁克所言，"在企业经营活动中重要的是管理者应该意识到他们必须考虑公司政策和公司行为对于社会的影响"，以及戴维斯（1960）所言，企业社会责任应该与其社会权利相匹配，即责任铁律观，将企业社会责任行为看作一种社会权利的反馈，并决定了企业社会责任的边界，即企业所处社会角色的大小与功能定位。还有 Wood（1991）将企业社会责任定义为一个企业社会责任的构成原则、社会响应的过程，以及与企业社会关系相关的政策、项目和后果①。因此，这一社会责任观扩展了新古典经济学视角下的企业社会责任认知，即企业社会责任不仅仅是一种道德慈善行为，更是一种对于社会实施影响的行为。而经济社会观综合了前两种的探讨视角，认为企业不仅仅是一种经济组织，也是一种社会组织，而且两者之间的功能相互促进与耦合，从而在经济逐利的过程中也必须考虑对于社会与环境的影响。在经济社会学的视角之下，企业社会责任被视为一种企业经济组织所理应承担的经济责任，即新古典经济学理论下所追求的企业利润最大化，但是也同样需要承担社会组织下的社会功能，以促进社会目标完成的社会环境责任。即遵循三重底线模型下，要求企业致力于实现"经济、社会与环境"的三重目标的动态平衡。

企业社会责任的元定义指出，企业社会责任是在特定制度安排下，企业有效管理自身运营对社会、利益相关方与自然环境的影响，追求在预期存续期最大限度地增进社会福利的意愿、行为与绩效②。在此基础上，企业社会责任可以按照不同视角、目的和功能进行操作性定义。因此，企业社会责任在此视角下界定了四大方面：第一是负责任的企业行为是企业自身的行为，即企业是社会责任行为的主体；第二是企业社会责任行为需要特定的制度安排，即需要一定的外部制度环境与内部制度环境，并且在相当程度上是企业管理者的意志下的个人行为；第三是企业社会责任的目的功能是增进社会福利；第四是企业社会责任行为对于企业而言是一种经济资源配置效率的改进，并且最终创造涵盖经济、社会与环境的综合价值。因此，评估企业社会责任时关注的利益相关者不同会导致不同的企业财务绩效，一些积极的财务回报也会源自企业利益相关者对企业社会责任的积极响应。

①　Wood D. J. , Social Issues in Management: Theory and Research in Corporate Social Performance ［J］. Journal of Management, 1991, 17（2）: 383 – 406.

②　李伟阳，肖红军. 企业社会责任的逻辑 ［J］. 中国工业经济, 2011（10）: 87 – 97.

二、企业社会责任管理与实践

（一）企业社会责任管理的具体内涵

Waddock 等（2002）在借鉴全面质量管理（TQM）概念的基础上，提出了全面社会责任管理的概念与简要定义，即"对三重底线责任进行平衡管理的系统方法"。一要借鉴全面质量管理的系统方法来发展和完善社会责任问题的管理方法，如坚持全员参与、全面认识社会责任问题，所有流程落实"三重底线"要求（企业发展考虑经济、社会和环境三重底线，既要具有确保企业生存的财务实力，同时也必须关注环境保护和社会公正）。企业需要判断存在哪些社会责任问题，包括社会议题和环境议题，核心是平衡管理好企业发展的经济、社会和环境的"三重底线"义务。二要借鉴全面质量管理的"与现有管理体系全面融合"的管理理念，即坚持社会责任管理的全员参与和全流程覆盖。李伟阳和肖红军（2010）对全面企业社会责任管理模式进行了再定义与再解构，认为其是一种社会价值目标管理模式，是对当前教科书唯一倡导的股东利润目标管理模式的根本变革，认为全面社会责任管理支持的管理理念认为企业是不同的社会主体实现其多元价值追求的社会平台，经济功能固然是企业的重要特征，但社会功能是其更为本质的属性。企业实施全面社会责任管理的着眼点，并不在于确定和解决特定的社会责任问题，也不在于保证企业遵守经济、社会和环境的基本底线义务，而是要着眼于充分实现企业的社会功能或者最大限度地创造企业发展的社会价值。也就是说，企业要通过管理模式的根本变革，最大限度地激发和凝聚利益相关各方创造社会价值的潜力与合力，有效管理自身运营所造成的对社会和环境的影响，最大限度地创造企业发展的经济、社会和环境的综合价值，促进社会资源的更优配置。全面社会责任管理的重点并不是满足"三重底线"的要求，更不是单纯追求最大限度地实现股东的利润目标，而是最大限度地创造企业发展的社会价值，它坚持的是"价值理性"，即企业行为要对社会负责任，而不是仅为股东谋取利润。

因此，全面社会责任管理模式相比于传统的企业管理模式具有以下几个鲜明的特征：首先是企业管理性质的再定位。全面社会责任管理要求企业立足发展全局，基于企业与内外部利益相关方的互动关系，将企业社会责任理念和要求全面融入企业的使命、战略和文化，谋求企业优化配置资源潜力的充分发挥，形成符合社会价值规范要求的核心竞争优势，协调推进企业与社会的可持续发展。其次是管理内容的再审视。全面社会责任管理要求企业对其所承担的各种互相作用、互相制约、互为存在的社会责任进行平衡管理。按责任对象划分，包括股东责任、员工责任、客户责任、伙伴责任、社区责任、企业公民责任等对利益相关方的责任及对环境的责任。按责任性质划分，包括经济责任、社会责任和环境责任。按履行责任的自我选择程度划分，包括必尽之责任、应尽之责任和愿尽之责任，进而企业需要按照不同的管理环境和企业实际，确定不同的社会责任边界，选择不同的实施路径。再次是管理实施范围再扩充。全面社会责任管理覆盖企业全体员工，是一种全员管理，无论是企业高层管理人员、中层管理人员、基层管理人员，还是普通员工，都是实施全面社会责任管理的主体和客体。全面社会责任管理覆盖企业运营的全过程和整个生命周期，是一种全过程管理，涵盖所有的生产经营流程和职能管理体系，着眼于实现与企业运营相关的价值链的整体优化。全面社会责任管理覆盖企业整体运营机制，是一种全方位管理，它要求企业按照社会责任理念对企业价值观、战略、规划、计划、预算、绩效考核等进行全方位的改进与优化。最后是管理体系的再塑造与管理目标的再变革。全面社会责任管理要求企业建立与现有管理体系全面融合的社会责任管理体系，包括与企业治理结构融合的社会责任组织管理体系，与企业日常管理体系融合的社会责任日常管理体系，与企业信息披露体系、业绩考核体系、能力建设体系等管理体系融合的企业社会责任的信息披露体系、社会责任的业绩考核体系和社会责任的能力建设体系等全面社会责任管理体系。管理目标由平衡股东价值创造转向有效管理企业运营对社会和环境的影响，综合平衡企业创造的经济、社会和环境价值，综合平衡企业运营的利益相关方价值，综合平衡企业发展的长期和短期价值，实现企业发展的综合价值最大化（见图2－1）。

（二）企业社会责任管理与传统管理模式的差异

企业的管理模式是指企业以特定的管理理念与认知为起点，围绕特定的组织目标对企业中的信息、知识与资源进行一系列的统筹安排活动，涉及组织管理的计划、领导与控制及评估的各个环节，以开展企业管理活动的基本框架、基本规则与基本方式。尽管从世界各地的企业管理模式来看，存在着目标管理、质量管理、精益管理等各种管理模式，且管理模式也始终处于动态变化的过程中，但是不管何种类型的管理模式，其基本的价值出发点是实现股东的价值最大化，提升组织的经济效率。已有的千差万别的企业管理模式本质上实际是一致的，它们可以统一称为股东利润目标管理模式，即管理框架以股东价值为主导，管理目标追求财务价值最大化，管理方式谋求市场竞争优势；把企业视为股东实现营利目标的生产组织是支撑该管理模式的基本管理理念①。

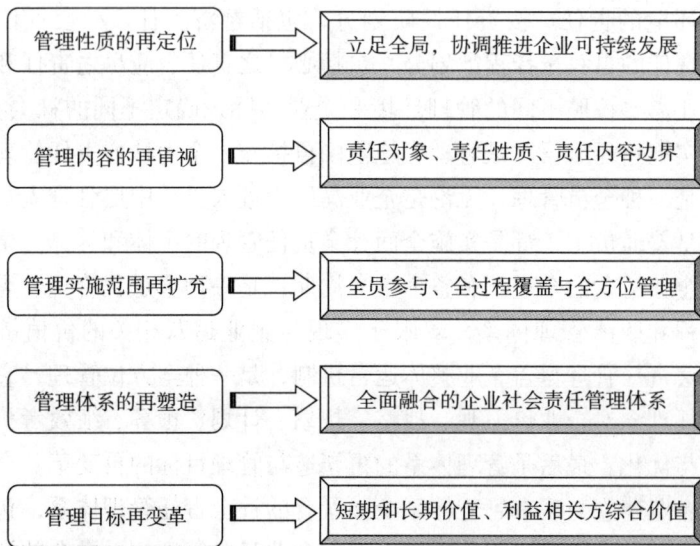

图 2 - 1　企业社会责任管理的具体内容要求

　　而基于企业社会责任理念与认知的企业管理模式是在科学的社会责任观指导下正在形成的新的管理模式。它是企业以自身行为应对社会负责任的价值追求为动力，以充分实现企业的社会功能为内容，通过激发利益相关方的社会价值创造潜能，有效管理企业运营对社会和环境的影响，最大限度地实现经济、社会和环境的综合价值的管理模式。从管理目标和基本的管理理念维度概括，全面社会责任管理可以称为社会价值目标管理模式，即管理框架以社会价值为主导，管理目标追求经济、社会和环境的综合价值最大化，管理方式注重利益相关方合作创造综合价值；把企业视为不同的社会主体实现多元价值追求的社会平台是支撑该管理模式的基本管理理念。因此，相较于传统的绩效管理的股东价值驱动型的企业管理模式，企业社会责任管理模式强调的是管理框架从股东价值主导转向社会价值主导，其核心表现是企业的治理结构由单边（股东）治理模式转向利益相关方共同治理模式，决策权力配置由一元主导模式转向多元共享模式。公司治理就是公司的所有者（股东）对经营者（代理人）的激励约束，其目标是股东利润

---

　　①　李伟阳，肖红军. 全面社会责任管理：新的企业管理模式［J］. 中国工业经济，2010（1）：114-123.

最大化。在这种管理模式下，股东虽然不行使日常性的职权，但他们通过代理权争夺、机构投资者行动、股东诉讼和公司控制市场对公司事务行使最终决策权，确保企业追求单一的利润目标，这本质上是一种单边（股东）主导的一元价值（财务）治理的公司治理模式。与股东利润目标管理模式不同，全面社会责任管理强调企业本质上是利益相关方合作创造社会价值的平台，包括股东在内的利益相关各方都追求经济、社会和环境的多元价值，希望通过企业这一平台实现各自的多元价值追求，并且不同的利益相关方对不同的社会价值（经济、社会、环境价值）有着不同的相对优势（资源、信息、能力、意愿），企业需要也完全可能发现利益相关方创造经济、社会和环境的优势和潜能。因此，公司治理不再仅仅是为了实现股东利益最大化，而是要着眼于基于不同主体的多元价值创造优势，创建有效的利益相关方合作机制，实现经济、社会和环境的综合价值最大化。同时，企业社会责任管理模式强调利益相关方的价值共创与共享，价值共创意味着企业运营的各个环节、各个流程的利益相关方都能参与到企业的运营决策中来，充分拥有自身的发言权、知情权与分享权，通过价值创造的多边参与、多边治理与多边共享实现不同主体的社会价值创造潜能，更好地调动企业的利益相关方贡献自身的资源、能力、智慧与意愿，最大限度地创造企业的经济、社会和环境的综合价值。

从管理目标来看，现有的企业管理模式尽管类型各异，但都遵循一个基本的前提，即新古典经济学范式下的股东利润最大化。在理论研究中，新古典经济学推崇的企业利润最大化目标观长期占据主流地位，对企业行为实践产生了重大而深远的影响，并与后来广泛流行的企业社会责任思想严重对峙[①]。在企业社会责任发展的演化历史上，也曾出现过基于股东受托责任的两次著名的企业社会责任大论战，以及伯利与曼尼关于现代公司作用的激烈争论，其核心都是围绕着企业究竟是为谁实现利润及为股东实现多大程度的利润。新古典经济学对企业社会责任的认识可以进一步从两个层面予以理解。

从单个企业来看，其社会责任就是尽可能地赚取利润，作用机制就是在完全竞争市场的假设下，价格作为全部信息和全部效用的载体，引导着各个主体（供方和需方）实现社会资源的优化配置。实际上，新古典经济学将企业的利益相关方抽象为供方和需方两类，并全部纳入均衡分析之中。其中，企业的内部利益相关方是要素提供者，资本要素提供者获得企业产品收入的一部分（即利润），劳

---

① 李伟阳，肖红军．基于社会资源优化配置视角的企业社会责任研究——兼对新古典经济学企业社会责任观的批判［J］．中国工业经济，2009（4）：116－126．

动要素提供者的工资收入构成企业产品成本的一部分；企业的外部利益相关方是作为产品需求方的消费者和作为产品成本组成部分的供应商。企业与内部利益相关方和外部利益相关方的全部和唯一的关系是市场交易关系，价格是市场交易关系的本质，即企业与利益相关方之间完全是成本或收入的关系。

因此，企业的目标也就自然是通过价格机制为股东创造最大化的经济利润。与股东利润目标管理模式不同，全面社会责任管理是从现实中的"人"出发，立足于对人的多元价值需求的深刻认识，深入考察内嵌于企业运营过程中的人与人的社会交往关系，从社会价值本位考虑企业的社会功能，坚持以人为本，即由新古典经济学假设下的"经济人"转向"社会人""复杂人"与"共享人"。"社会人"意味着企业的运营过程不仅仅为了实现经济价值，而是基于自身的社会属性与社会定位，驱动人的社会反思、社会觉醒从而实现企业与社会关系的高度自洽与高度融合。"共享人"强调组织的价值创造过程依赖于组织成员与组织利益相关方自觉地贡献与分享自身的资源、能力与知识，同时，在价值创造结果层面通过合意的分配方式共享团队、部门及整个组织的综合绩效。总之，企业社会责任管理的目标是把实现企业发展的经济、社会和环境的综合价值最大化作为企业管理的核心目标，并以此为导向对企业使命、治理机制、发展战略、管理制度、管理流程、管理方法和企业文化等进行重构（见表2-1）。

表2-1 传统企业管理模式与企业全面社会责任管理模式的差异

	传统企业管理模式	企业全面社会责任管理模式
管理目标	股东利润最大化	追求社会福利的综合价值最大化
竞争机制	基于市场价格竞争机制	基于利益相关方的合作共赢价值共创机制
管理对象	企业的人力资源、物质资源、财务资源、信息资源	企业的利益相关方资源、社会环境资源
人性假设	经济人	社会人与共享人
管理内容	以利润为中心的目标管理	基于综合价值共创与共享的价值观管理
治理方式	股东治理	利益相关方共同治理

（三）企业社会责任实践的内涵

企业社会责任实践（CSR Practices）概念的来源可以追溯到企业社会责任表现理论和利益相关者理论，即企业通过负责任的行为实践履行对企业利益相关方的社会责任，从而创造基于经济、社会与环境的综合价值与共享价值。从企业社会责任实践的主体来看，主要包含对员工、对股东、对供应商、对社区、对政府及对社会环境的责任行为。从企业社会责任的内容来看，社会责任实践包括经济责任活动、法律责任活动、伦理责任活动和慈善责任活动①。从企业社会责任实践的目标来看，社会责任实践包括对股东、员工、政府、社区及环境等多方利益相关者利益诉求的满足。从企业社会责任运动发展历程的角度来看，早期的企业社会责任实践包括许多国际劳工议题、消费者议题、人权议题下的诸多责任实践活动内容，如禁止雇佣歧视、贯彻实施行为准则、资助社区学校等；随着企业商业活动的社会化趋势越发明显，企业社会责任实践又逐步地扩展，包括社区参与、员工支持、多样化、产品制造、环境保护等。如果从利益相关方主体角度对责任的实践内容进行进一步概括与总结，企业社会责任实践实际上包含了对企业内部利益相关方的责任实践内容与对外部利益相关方的责任实践内容。其中，内部社会责任实践是指对企业内部股东和员工的责任，如为股东创造利润回报、为员工提供安全的工作环境、对员工进行培训、与员工签订公平的劳动合同等；外部社会责任实践是指企业对企业外部其他利益相关者的责任，包括消费者、供应商、政府部门、当地社区等，具体而言即对为消费者提供合格的产品和服务、对供应商信守承诺、完成政府的纳税、为社区资助、保护环境等②。David 等（2005）认为，企业社会责任实践包含三个维度——关系实践、伦理实践和慈善实践。关系实践是指与消费者、股东、政府等利益相关者维持良好的持久关系；伦理实践则包括公平对待员工、维护员工合法权益、公平参与市场竞争、生产高质量产品、保护环境等；慈善实践是指企业对社会的各种捐助活动③（见图 2 - 2）。在企业社会责任实践的具体测量方面，Kavasseri（1976）将企业社会责任实践测量维度分为客户、员工、社区、弱势群体四大类。④

总的来说，关于企业社会责任实践的认识有唯经济责任观、非经济责任观、多元责任观三种观点。前者认为企业社会责任实践只须履行对投资者的经济责任；中者认为企业社会责任实践是除企业经济责任之外的促进社会法制进步与公

① Carroll A. B. A Three – Dimensional Conceptual Model of Corporate Performance ［J］. Academy of Management Review, 1979, 4（4）：497 –505.

② 陈汉辉. 企业社会责任实践维度界定及测量——基于社会企业家视角［J］. 西安建筑科技大学学报（社会科学版），2012，31（2）：47 –56.

③ Prabu David, Susan Kline, Yang Dai. Corporate Social Responsibility Practices, Corporate Identity, and Purchase Intention：A Dual – Process Model ［J］. Journal of Public Relations Research, 2005, 17（3）：291 –313.

④ Kavasseri V. R. Toward a Theouy of Corporate Social Accounting ［J］. The Accounting Review, 1976, 51（3）：516 –528.

益改善的行为；后者认为企业社会责任实践是多元的，包括经济责任、法律责任、道德责任和慈善责任四个方面。

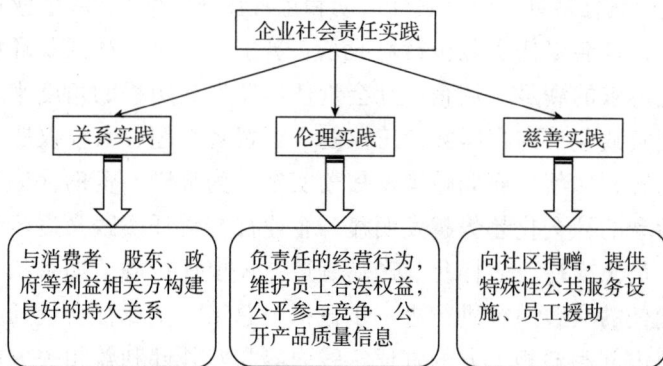

图2-2 企业社会责任实践的维度构成

三、企业社会责任议题

企业社会责任议题这一术语是由"企业社会责任"和"议题"两个术语组合与交叉而成的（见图2-3），因此可以从议题视角和企业社会责任视角分别对这一概念进行理解。

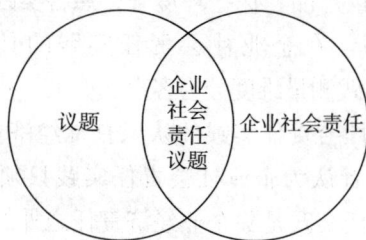

图2-3 企业社会责任议题与议题和企业社会责任的关系

议题可以有很多种分类方式，既可以按照内容性质分为政治议题、经济议题、科技议题、社会议题、环境议题和法律议题，也可以按照影响范围分为国际性议题、国内议题、地方性议题和社区议题。无论按照何种方式分类，每一类议题均可以按照是否涉及伦理问题而进一步划分为伦理性议题和非伦理性议题，企业社会责任议题则是每一类中的伦理性议题，如图2-4所示。

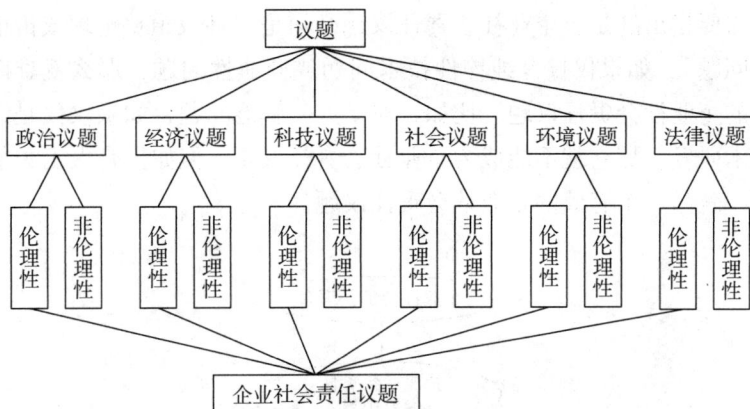

图2-4　议题与企业社会责任议题的关系

（一）基于企业社会责任视角理解企业社会责任议题

企业社会责任是在特定的制度安排下，企业通过透明和道德的行为，有效管理自身决策和活动对社会、利益相关方、自然环境的影响，追求在预期存续期内最大限度地增进社会福利的意愿、行为和绩效（李伟阳和肖红军，2010）。企业社会责任总体上可以分为两个层次：思想理念与行为实践。在思想理念层面，企业社会责任本身是一种可持续发展观，意味着企业行为必须能够最大限度地增进社会福利；在行为实践层面，企业社会责任要求企业必须落实对社会负责任的思想理念，以透明和道德的方式有效管理自身决策和活动对社会、利益相关方、自然环境的影响。企业社会责任思想理念在现实中要真正转化为企业对社会负责任的行为实践，首先需要确定企业履行社会责任的内容边界，而企业社会责任主题则是企业社会责任内容边界的重要反映。在企业社会责任主题之下，则是一个个具体的企业社会责任议题。当然，企业社会责任议题仍然可以继续分解成多个子议题或社会责任项目，形成从企业社会责任理念到社会责任项目的概念伞状图，如图2-5所示。

企业社会责任议题是企业社会责任主题下的关键性问题，是对企业社会责任主题的任务分解。这些议题：①对经济、社会、环境可持续发展有重要影响。②对利益相关方或公众有重要影响并受到利益相关方或公众广泛关注。③涉及道德伦理或价值观的悬而未决的问题。④与企业有直接或间接关联，受到企业影响或对企业产生影响。

企业社会责任议题应当隶属于企业社会责任主题，并同时满足以上四个属性。特别需要指出的是，企业社会责任议题必须是"涉及道德伦理或价值观的悬而未决的问题"，如果仅仅是纯粹性技术问题或商业性问题，那么就难以成为真正意义上的企业社会责任议题。比如，对于人工智能问题，如果仅仅是纯粹的人工智能技术研发，那它就不能成为企业社会责任议题；但如果是人工智能的技术伦理问题，就是一个有效的企业社会责任议题。

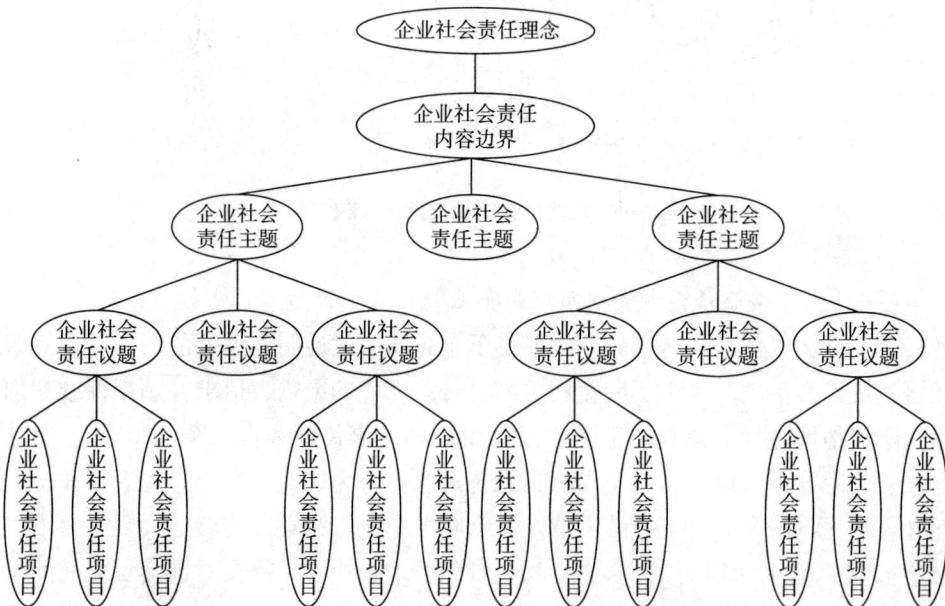

图 2-5　企业社会责任与企业社会责任议题的关系

按照以上的定义，一些企业社会责任标准规范均列出了一般性的企业社会责任议题，为企业寻找和实践企业社会责任议题提供了指引。比如，社会责任国际标准 ISO26000 就将其七大核心主题进行分解，列出了 37 个一般性的企业社会责任议题，如表 2-2 所示。

以国家电网公司为例，国家电网公司的社会责任主题经历了从 12 项责任内容到四大责任领域的演变过程（见表 2-3）。其中，12 项责任内容是国家电网公司依据利益相关方理论及众多社会责任标准倡议确定而成，分别包括科学发展、安全供电、科技创新等 12 项社会责任主题。后来，随着对公司价值的深入思考和对企业核心社会功能的分析，以及借鉴 ISO26000 对于社会责任的定义、主题、议题的界定，国家电网公司从外部视角将 12 项责任内容整合归纳为四大责任领

表 2 - 2 ISO26000 列出的 37 个一般性企业社会责任议题

核心主题	具体议题
组织治理	组织治理
人权	尽责审查，人权风险状况，避免同谋，处理申诉，歧视和弱势群体，公民权利和政治权利，经济、社会和文化权利，工作中的基本原则和权利
劳工实践	就业和雇佣关系，工作条件和社会保护，社会对话，工作中的健康与安全，工作场所中人的发展与培训
环境	防止污染，资源可持续利用，减缓并适应气候变化，环境保护、生物多样性和自然栖息地恢复
公平运行实践	反腐败，负责任的政治参与，公平竞争，在价值链中促进社会责任，尊重产权
消费者问题	公平营销、真实公正的信息和公平的合同实践，保护消费者健康与安全，可持续消费，消费者服务、支持和投诉及争议处理，消费者信息保护与隐私，基本服务获取，教育和意识
社区参与和发展	社区参与，教育和文化，就业创造和技能开发，技术开发与获取，财富与收入创造，健康，社会投资

资料来源：根据 ISO26000 文件整理。

表 2 - 3 国家电网公司社会责任主题的演变

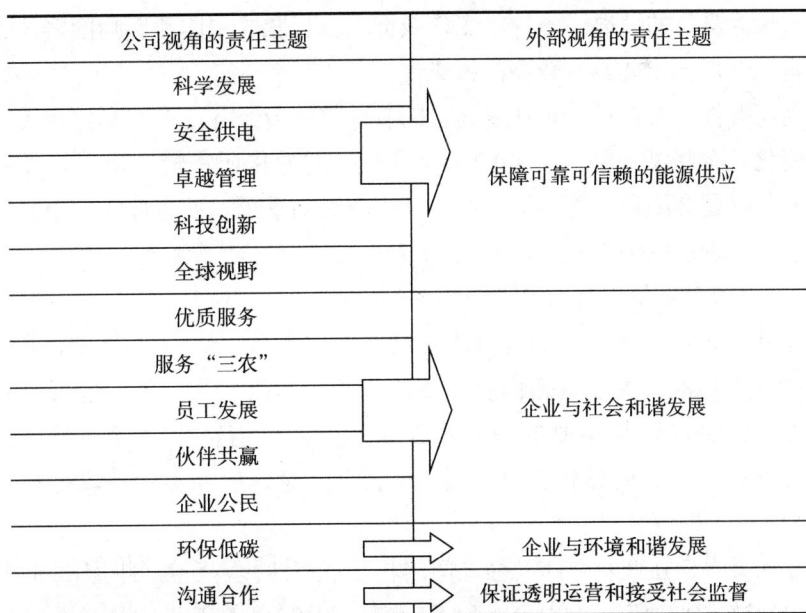

公司视角的责任主题	外部视角的责任主题
科学发展	
安全供电	
卓越管理	保障可靠可信赖的能源供应
科技创新	
全球视野	
优质服务	
服务"三农"	
员工发展	企业与社会和谐发展
伙伴共赢	
企业公民	
环保低碳	企业与环境和谐发展
沟通合作	保证透明运营和接受社会监督

资料来源：根据国家电网公司历年社会责任报告整理。

域，即保障可靠可信赖的电力供应、企业与社会和谐发展、企业与环境和谐发展、合规透明运营与接受社会监督，使国家电网公司的社会责任主题更能契合社会的需求和期望。

（二）企业社会责任议题的特征

企业社会责任议题融合了"议题"和"企业社会责任"的特点，概括起来主要有以下五个方面的特征：

一是影响性。影响性是企业社会责任议题最基本的特征。任何一项企业社会责任议题都会对经济、社会、环境可持续发展产生某种程度的影响，对利益相关方、社会公众或企业带来一定的影响。这种影响可能是积极的，也可能是消极的；可能是直接影响，也可能是间接影响；可能是现实影响，也可能是潜在影响。

二是话题性。企业社会责任议题往往具有一定的争议性，容易引起广泛的讨论，通常以话题的形式在社会上或某个利益相关方圈子内被关注和讨论。

三是伦理性。企业社会责任议题往往涉及价值观判断或道德伦理考量，属于伦理性议题，人们在企业社会责任议题上的争论很大程度上源于对其所涉及价值观或道德伦理性的分歧。

四是聚焦性。企业社会责任议题不同于企业社会责任主题具有宽广的范畴，其往往表现为具体的话题、事件、工作或诉求，议题的主体和影响的客体也往往都是特定的群体，因此具有较高的聚焦性。

五是动态性。企业社会责任议题会随着外部社会经济发展和利益相关方期望而动态变化。有些议题随着问题的解决或自身的变化而慢慢退出公众关注的视野，也有些议题会随着外部环境的改变越来越受到重视。动态性的一个具体表现就是企业社会责任议题具有生命周期。

（三）企业社会责任议题的类型

企业社会责任议题类型的划分既可以从议题本身属性角度出发，采用一般性议题的分类标准，即以议题内容性质或议题影响范围为依据，也可以从企业视角出发，根据议题与企业的关联程度和发挥的价值特性进行分类。在现实中，后一种分类方法更具有实用价值，更符合企业开展社会责任议题管理与实践的需要。

企业社会责任强调企业与社会之间的相互依存性，表现为自内而外的链接和自外而内的链接两种形式（Porter 和 Kramer，2010）。前者指的是企业将日常业务运营活动嫁接到社会之中，后者指的是不仅企业的经营活动会影响社会，反过来，外部的社会条件也会影响企业。类似地，企业与社会责任议题之间的关联性也能区分为自内而外的链接和自外而内的链接两种方向，这两种方向的不同组合就能划分出不同类型的社会责任议题。当企业与社会责任议题之间仅有微弱关联性甚至关联性缺失时，这类社会责任议题就属于普通性议题；当企业与社会责任议题之间的关联性以自内而外的链接为主导方式，这类社会责任议题就是价值链主导型议题；当企业与社会责任议题之间的关联性以自外而内的链接为主导方式，这类社会责任议题就属于竞争环境主导型议题（见图2-6）。

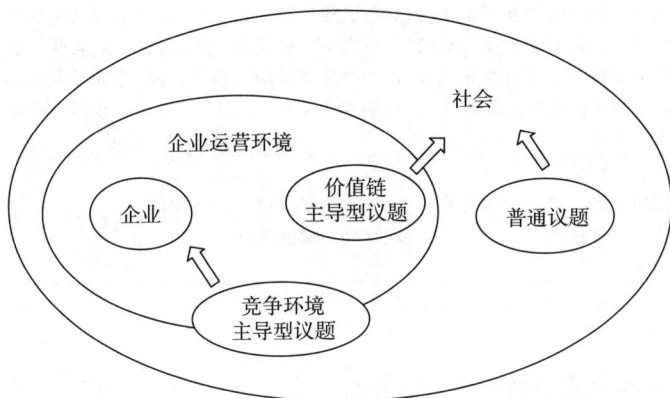

图2-6 不同类型社会责任议题与企业和社会的关系

进一步来看，Porter和Kramer（2010）对普通议题、价值链主导型议题和竞争环境主导型议题三类企业社会责任议题也进行了区分（见表2-4）。普通议题虽然对社会有重要意义，但是它既不受企业运营的明显影响，也不影响企业的长期竞争力。价值链主导型议题会受到企业经营活动的显著影响，反映出企业价值链与社会的由内而外的关系。竞争环境主导型议题存在于企业外部运营环境中，这些议题会在企业运营所在地对企业竞争力的影响因素造成巨大影响。

需要指出的是，"企业社会责任议题属于哪种类型"这一问题具有两个方面的特点：一是相对性。对于从事不同经营业务范围的企业而言，同一企业社会责任议题可能归属于不同的议题类型，即企业社会责任议题属于哪种类型与特定企业密切相关。比如，气候变化对于软件企业来说属于普通议题，而对于节能减排服务企业来说则是价值链主导型议题。二是动态性。企业社会责任议题所处的类型不是一成不变的，而是会随着经济社会发展、利益相关方诉求变化及议题本身的发展而动态变化。比如,气候变化在还没有成为敏感的环境问题之前,对企业而言是普通的社会责任议题,但随着该议题越来越影响到地球生命的可持续发展而受到社会各界的重视,对于能源型企业而言,它就变成了竞争环境主导型议题。

表2-4 不同类型企业社会责任议题的特点

类型	普通议题	价值链主导型议题	竞争环境主导型议题
特点	这些议题一般独立于企业运营环境,既不受企业运营的明显影响,也不对企业的长期竞争力构成明显影响	这些议题存在于企业价值链环境之中,会受到企业经营活动的显著影响,包括积极影响或消极影响	这些议题与企业运营环境有一定关联,会对企业竞争力造成显著影响,包括积极影响或消极影响
示例(电网企业)	保护文物古迹、关注弱势群体、反歧视	重大活动保供电、大面积停电事故、绿色电网	电能替代、气候变化

资料来源:参考 Porter 和 Kramer(2010)整理。

(四)企业社会责任议题的生命周期

每一项企业社会责任议题会随着外部经济、社会、环境的变化和利益相关方关注点的转移而在时空上具有动态性,并集中表现为其受到的社会关注度在不同时期呈现出一定的变化规律,即从点、线到面,逐渐扩大,由个人到团体,由私人范畴转入公共领域,进而成为社会大众关注的焦点,之后再逐渐退出社会公众视线。也就是说,按照受到社会关注度的演变,企业社会责任议题发展表现出生命周期特点,并经历潜伏期、发生期、发展期、热点期、消退期等不同阶段,如图2-7所示。

在潜伏期,企业社会责任议题包含了一个确认的现象,但处于潜伏之中,趋势并不明显,对经济社会发展的影响尚未显露出来,还没有引起社会公众和利益相关方的关注,只是一些专家或少量公众可能已经察觉,在极小的范围内可能会被讨论。可以说,这一时期还不能称得上真正的企业社会责任议题。在发生期,企业社会责任议题对经济社会发展的影响开始显露出来,一小部分群体为推动议题进行活动,相关的一些媒体开始关注并在小范围内进行报道,社会公众和利益相关方对议题形成一定的了解和认识,但无论是关注度还是认知度,总体上都还处于较低水平。在发展期,企业社会责任议题对经济社会发展的影响与日俱增,

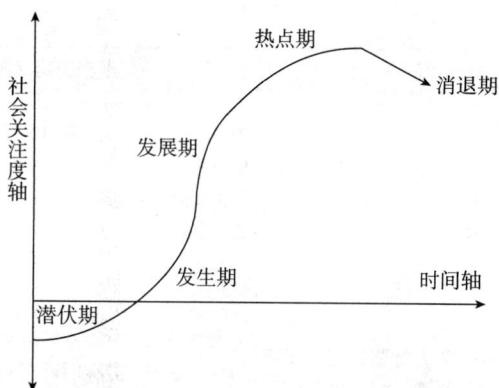

图2-7 企业社会责任议题的生命周期

显现程度也不断增强，越来越多的群体对议题进行关注、讨论甚至争论，媒体报道数量与频次逐步增多，社会公众与利益相关方对议题给予较高的关注，认知水平也不断提升。在热点期，企业社会责任议题对经济社会发展的影响达到很高程度，并完全显露出来，社会各界与利益相关方对议题给予了极大的关注，大量群体投入资源能力参与到议题解决中，议题成为全社会关注的热点。在消退期，企业社会责任议题在各方共同努力下逐步得到解决，议题对经济社会发展的影响逐步减弱，社会公众和利益相关方对议题的关注也逐渐淡化，议题最终退变成不再是企业社会责任议题。企业社会责任议题在生命周期不同阶段的特点如表2-5所示。

表2-5 企业社会责任议题生命周期详解及示例

阶段	社会关注特点	示例说明（雾霾问题）
潜伏期	还没有进入公众视野，不被利益相关方关注，也没有被正式纳入关注和应对的议程，但是在极小范围内被讨论	20世纪80年代之前——经济发展对环境的影响尚未显现，雾霾这个议题就处于潜伏期，不被公众注意，仅有少量有前瞻性眼光的环境专家关注该议题
发生期	被小范围地予以报道，公众对该议题有了一定的认识，但还没有成为关注的焦点	20世纪80年代至20世纪末——随着工业化的逐步发展，北方个别城市的空气污染问题开始出现并受到小范围的关注
发展期	关于该议题的报道和讨论逐渐增多，公众对议题予以较高的关注，有成为焦点的可能性	21世纪初至2012年——环境问题更加凸显，对于各地雾霾问题的报道日益增多，政府、学术界和NGO都对此给予了关注，雾霾日渐成为关注的焦点

阶段	社会关注特点	示例说明（雾霾问题）
热点期	对该议题的报道和讨论非常热烈，公众对议题给予极大的关注，是当前社会责任领域的焦点和敏感话题	2013年至今——随着2013年初的十多天时间里我国中东部大部分地区被雾霾笼罩，空气质量达到严重污染，雾霾从此成为全社会关注的热点。政府、企业、学术界等纷纷出台政策和计划共同应对雾霾问题
消退期	社会公众和利益相关方对该议题的逐渐丧失关注和讨论的兴趣，相关报道也在逐渐减少	未来某一天——随着经济结构的转型发展和对环境污染的治理，雾霾问题终将像当年伦敦、洛杉矶等城市的雾霾一样得到根治，从而该议题也将逐渐淡出公众关注的视野

资料来源：肖红军（2017）。

第二节　企业社会责任"嵌入"与企业社会责任"根植"的再理解

在学术体系中，"根植"与"嵌入"是一个相对的概念体系，为更好地理解两者与企业社会责任的关系，本节系统阐述了"嵌入性"与企业社会责任嵌入的重要概念渊源与概念内涵及构成维度；同时重点剖析了"根植性"与企业社会责任根植的概念内涵，并提出了从企业社会责任和企业发展动态两种视角理解企业社会责任根植的具体内涵。总的来说，社会责任根植强调包括正式、非正式制度在内的因素对管理运营中的结构性的、潜移默化的、内在性的影响，认为管理活动或实践的行动者的行动逻辑主要依从的是认知性逻辑，即该做什么、如何做，更多考虑的是利益相关方的认可和接受，进而完成管理活动与运营流程的社会化建构，在社会化建构过程中将利益相关方的社会期望内在化，成为自觉行动的结构与自觉的逻辑。

一、"嵌入性"与企业社会责任嵌入

与根植性相对的一个概念是"嵌入性"（Embeddedness），这一词是著名社会思想家卡尔·波兰尼在《大转型：我们时代的政治与经济起源》一书中提出的。嵌入性将制度因素作为外生性的变量，波兰尼提出："人类经济嵌入或缠结在经济或非经济的制度当中，非经济制度的引入是非常重要的。因为在分析经济的有效性时，宗教和政府可能像货币制度或减轻劳动强度的工具与机器的效力一样重要。"① 同时，他对不同制度环境下的嵌入形态进行了区分，认为非市场经济（实体主义经济形式）中，经济体制（互惠、再分配和交换）"嵌入"到社会和文化结构当中，这种原始的经济是基于互惠的交换体制，即交易者嵌入在具有信任的长期关系当中；市场经济中，经济体制会"去嵌入化"（Disembedd），就是不再受社会和文化结构的影响。波兰尼还特别强调嵌入的必要性，他认为当经济行为"没有嵌入"或是没有被社会或非经济权威控制的时候，它们变得具有破坏性。是经济决定社会而不是社会决定经济，是社会关系嵌入于经济系统中，而不是经济系统嵌入于社会关系中。因此，经济行为必须被"重新嵌入"，而且对于经济的政治控制也要被重新建立。在后来的讨论中，有些学者摒弃了前市场社会嵌入性强，市场社会嵌入性弱的二分法。特定的经济制度是其社会结构的一个重要组成部分，经济生活中的信任和欺骗嵌入在具体的不断发展变化的社会关系体制中。一方面，社会关系网络嵌入到宏观的社会结构当中（集体层面）；另一方面，社会关系网络为信任和信任行为提供一个前提条件，或者说信任和信任行为嵌入在社会关系网络当中（个体层面）。目前，嵌入性已成为社会学分析经济现象的一种视角和理论工具，并且已经得到多个学科学者的认同和广泛使用。

从嵌入的类型来看，以嵌入的对象来划分，嵌入性可以分为历史嵌入、文化嵌入、关系嵌入、制度嵌入、结构嵌入五种类型（见表2-6）。第一种类型是历史嵌入。历史嵌入指经济现象受到历史传统的影响（如历史上就有贸易传统，有与外界交流的窗口）。经济学家通常将社会关系从历史和情景当中抽象出来，而实际上存在历史嵌入性和结构嵌入性，经济学家分析个体集合行为的时候通常不考虑其他群体的影响和关系的历史。格兰诺维特把历史嵌入和关系嵌入结合起来，认为研究任何嵌入在社会关系中的行为都要有两个方面的考虑：一是横向的和其他个人或群体行为之间的关系会影响到经济行动；二是已有关系的历史或者先前已经形成的关系对现在经济行动的影响。

第二种类型是文化嵌入。文化嵌入指经济现象受到社会文化环境的影响，如民族文化心理和本地文化传统。文化人类学家在研究经济生活的时候也使用嵌入

---

① ［英］卡尔·波兰尼. 大转型：我们时代的政治与经济起源 ［M］. 冯钢，刘阳译. 杭州：浙江人民出版社，2007.

概念，扎利泽和狄马乔倡导用文化分析经济现象，并做了大量实证研究。扎利泽既反对经济社会学把什么都归于社会关系和社会网络的"社会结构绝对论"，也反对只用文化术语来解释经济现象的"文化绝对论"。她认为应该将结构的、经济的、文化的因素结合起来思考，并在研究人寿保险业时指出，人寿保险业的发展并不是纯粹对经济利益的追求，它与人们对待生命的态度和对家庭责任看法的变化有着千丝万缕的关系。

表 2 – 6   嵌入的基本种类及其内涵

嵌入的种类	含义
历史嵌入	指经济现象受到历史传统的影响，任何嵌入在社会关系中的行为都要有两个方面的考虑：一是横向的和其他个人或群体行为之间的关系会影响到经济行动；二是已有关系的历史或者先前已经形成的关系对现在经济行动影响
文化嵌入	文化嵌入指经济现象受到社会文化环境的影响，如民族文化心理和本地文化传统
制度性与结构性嵌入	人们的行为会逐步适应这些制度或规则。当制度产生之后，人们逐渐会接受这种新的制度安排及其知识图式，力图使其变成约束自己的行为规范，并最终使这种制度的安排"嵌入"到特定的社会结构之中，"嵌入"到人们自身的行为结构之中，变成社会结构的一部分，变成人们自身行为结构的一部分
关系型嵌入	关系型嵌入强调人与社会网络关系的嵌入性，认为经济行为发生在这些关系的网络之中，并认为关系网络结构中的信任能避免或降低经济交换过程中的机会主义和欺骗
认知性的嵌入	经济行为受到行动主体的知识背景、文化认同等认知层面的影响。杜顿等研究发现，公司管理者和雇员的态度和行为在很大程度上是由他们所拥有的道德伦理、感情因素以及审美观决定的。认知嵌入的研究集中在集群内企业、政府和行业协会之间认知模式的建立和转变上

资料来源：笔者整理。

第三种类型是制度性嵌入与结构性嵌入。人类的经济行为受到制度的制约，同时制度也受到社会环境（或社会结构）的影响，社会环境（或社会结构）成为组织和制度创新与发展的动力。这主要表现在两个方面：第一，制度嵌入到社会结构当中。组织和制度创新与变迁的动力主要来自社会环境压力，制度为了适应外界的社会结构或者环境会做出相应的修正和改变，这样新制度就会逐步形成。因此，嵌入性也是制度变迁或结构变革的一个重要动因。第二，当这些外部制度成功嵌入本地社会结构之后，人们的行为会逐步适应这些制度或规则。当制度产生之后，人们逐渐会接受这种新的制度安排及其知识图式，力图使其变成约束自己的行为规范，并最终使这种制度的安排"嵌入"到特定的社会结构之中，"嵌入"到人们自身的行为结构之中，变成社会结构的一部分，变成人们自身行为结构的一部分。即当制度约束人们行为的时候，可以说是行为嵌入到制度当中，两者是一个相互影响的过程。在这个过程中，制度才可能产生、发展和变迁。

第四种类型是关系型的嵌入。关系型嵌入强调人与社会网络关系的嵌入性，认为经济行为发生在这些关系的网络之中，并认为关系网络结构中的信任能避免或降低经济交换过程中的机会主义和欺骗。

第五种类型是认知性的嵌入。认知型嵌入认为经济行为受到行动主体的知识背景、文化认同等认知层面的影响。白少君和安立仁（2014）研究发现，公司管理者和雇员的态度和行为在很大程度上是由他们所拥有的道德伦理、感情因素及审美观决定的。[1] 认知嵌入的研究集中在集群内企业、政府和行业协会之间认知模式的建立和转变上。然而，一个理想的经济体或者企业组织的行为是市场关系与社会网络关系之间的平衡，市场关系过多则导致"嵌入社会网络不足"，而嵌入社会关系过多则导致"嵌入网络过剩"。一个嵌入关系过多的公司很难获得新市场的信息，一个公司既可以是"欠嵌入"，也可以是"过度嵌入"。当一个公司在较为亲近的市场关系和更为固定的联系之间保持平衡时，公司的管理运营实践才是较为理想的。

基于嵌入理论，企业更多地将社会责任实践作为一种提高企业竞争能力的主要活动，也就是将企业社会责任从属性上定位为企业谋利或更好谋利的战略性工具。企业社会责任包括企业利用其核心竞争力来创造服务和产品以达到持续的目的[2]。因而，也正是基于这一竞争工具视角，越来越多的企业选择了将企业社会责任嵌入到其业务运营的流程之中，从而实现企业的社会责任管理，并在一些具有社会责任意义上的议题实践，如环境、健康和安全、员工多样性、采购/供应链、社区发展（捐赠、慈善与员工志愿服务等）等方面承担对社会与环境的责任。因此，企业社会责任实践更多地被视为一种衍生性的行为活动，在企业社会

① 白少君，安立仁. 员工感知到的企业伦理对其态度与行为影响的实证研究 [J]. 伦理学研究，2014（5）：128 – 134.

② Porter M. E., Kramer M. R. Creating Shared Value [J]. Harvard Business Review, 2011（89）：64 – 77.

责任实践范式选择上也仅仅是以嵌入的方式履行企业社会责任。

嵌入作为企业社会责任实践的基本方式，以嵌入方式实现企业社会责任实践的主要机制包括主体性嵌入、结构性嵌入与认知性嵌入（见表2-7）。组织运营管理过程中的主体性嵌入，即主体之间的相互依存与相互调适，其目的在于实现多元社会主体的全过程参与，并在参与过程中实现多元主体的资源要素整合，将其期望诉求整合于企业社会责任实践议题流程之中。即在企业社会责任实践过程中，社会责任实践议题所涵盖的社会性与经济性主体参与到企业社会责任实践过程中的议题管理过程之中，从而实现组织履责对象的诉求、期望的调适与满足①。

组织运行的硬性的结构性嵌入的目的在于完成企业的社会责任愿景、企业社会责任战略目标与企业内部组织结构匹配性的机制构建，审视组织内外部治理机制与社会责任制度的构建与匹配程度，从而实现社会责任真正内嵌于企业的治理结构与制度体系之中，实现企业内部社会责任管理与实践过程中的全员参与、全过程融合与全方位覆盖的社会责任个体内部治理体系②。如企业在组织构架上更多地考虑到利益相关方的需求，在组织构架设计中设置一定的利益相关方沟通的相关部门或在组织运营决策流程中构建利益相关方参与机制。

表2-7　企业社会责任嵌入的基本类型及其含义

企业社会责任的嵌入类型	含义
企业社会责任的主体性嵌入	组织运营管理过程中的主体性嵌入，即主体之间的相互依存与相互调适，其目的在于实现多元社会主体的全过程参与，并在参与过程中实现多元主体的资源要素整合，将其期望诉求整合于企业社会责任实践议题流程之中。即在企业社会责任实践过程中，社会责任实践议题所涵盖的社会性与经济性主体参与到企业社会责任实践过程中的议题管理过程之中，从而实现组织履责对象的诉求、期望的调适与满足
企业社会责任结构性嵌入	审视组织内外部治理机制与社会责任制度的构建与匹配程度，从而实现社会责任真正内嵌于企业的治理结构与制度体系之中，实现企业内部社会责任管理与实践过程中的全员参与、全过程融合与全方位覆盖的社会责任个体内部治理体系
企业社会责任认知性嵌入	虑到组织个体的行为受到组织价值观与行为规范认知的影响，尤其是非正式的认知性要素知识与文化约束等隐性集体知识潜在或无意识地影响组织个体的行为

① 肖红军. 企业社会责任议题管理：理论构建与实践探索 [M]. 北京：经济管理出版社，2017.
② 李伟阳，肖红军. 全面社会责任管理：新的企业管理模式 [J]. 中国工业经济，2010 (1)：114-123.

嵌入的实现机制在于组织运行过程中的软性的认知性嵌入。认知性嵌入考虑到组织个体的行为受到组织价值观与行为规范认知的影响，尤其是非正式的认知性要素知识与文化约束等隐性集体知识潜在或无意识地影响组织个体的行为。在企业运营管理决策过程中，能否做出合意的社会责任决策受到现有认知框架的限制，如企业通过社会责任认知宣贯、社会责任主题培训及社会责任文化建设实现企业社会责任实践软性的认知性嵌入。社会责任认知性嵌入既包括企业本身的社会责任领导决策指挥系统、社会责任激励与调适系统及社会责任实践操作标准流程系统，也包括积极构建一个基于共同的责任愿景的履责组织平台或联盟，从而优化与共享企业社会责任隐性与显性知识，实现社会责任知识管理体系的构建，进而形成企业社会责任知识与认知的共享基模，促使组织内个体对组织的社会责任实践行动产生预期与产生控制理念，从而激发组织个体与组织整体的行动①。

二、经济学理论中的"根植性"

根植性这一概念最初起源于经济学领域中的经济增长的要素根植、产业根植与制度根植。其中，经济增长的要素根植主要体现在古典经济学的理论体系之中，产业根植主要体现在新古典经济学的理论体系之中，制度根植主要体现在制度经济学与演化经济学的理论体系之中。

（一）古典经济学中的根植性思想

古典经济学的理论核心是经济增长产生于资本积累和劳动分工相互作用的思想，即资本积累进一步推动了生产专业化和劳动分工的发展，而劳动分工反过来通过提高总产出使社会可生产更多的资本积累，让资本流向最有效率的生产领域，就会形成这种发展的良性循环。古典经济学家亚当·斯密在《国富论》中首次提及了绝对成本理论。在市场经济中，社会各个微观经济主体按自己的特长实行分工，进行市场化的交易，最终实现社会利益的最大化。斯密认为，每个国家都有适宜生产某种特定产品的绝对有利条件，生产成本更低，国家之间彼此交换，使利益最大化。这种分工的基础、绝对有利的条件其实就隐含着根植性的因素。英国著名经济学家大卫·李嘉图发展了斯密的观点，提出相对成本理论。他认为，每个国家不一定要生产各种商品，而是基于本国的条件、特点，集中力量生产那些利益较大或不利较小的产品，如此形成国际分工与贸易对于各国都有利。按照这一理论，一个国家应该将其生产能力更多地集中在比较优势更大的产

---

① Elsbach K. D. , Barr P. S. , Hargadon A. B. Identifying Situated Cognition in Organizations [J]. Organization Science, 2005, 16 (4): 422–433.

业上，如此就可以获得竞争优势并从中获益。李嘉图把斯密的成本观点延伸发展了，也把根植性的理解拓展了。瑞典经济学家俄林提出了要素禀赋学说，他认为，每个区域或者国家利用它相对丰富的生产要素进行生产活动会处于比较有利的地位，而利用其相对稀少的生产要素进行生产会处于比较不利的地位。因此，区域或者国家的生产活动一定要基于当地的要素禀赋，符合当地的特点。俄林直截了当地揭示了根植性的基本内涵。在以上古典经济学理论中，无论是斯密的分工、绝对成本理论，李嘉图的比较成本理论，还是俄林的要素禀赋理论，都强调要根据本区域的优势进行商品的生产，这些绝对的、相对的优势条件与要素禀赋体现了经济活动所需要的基本要素根植性的思想内容。

（二）新古典经济学的"根植性"

新古典经济学下的根植性强调地区的产业经济与当地的社会文化结构有机地融合。新古典学派替换了古典经济学体系中供给与需求的概念，以及对个人效用观念的强调，构成了现代经济学的基础。此后，经济学经过了"张伯伦革命""凯恩斯革命"和"预期革命"，在长达40年的时间里新古典学派在西方经济学中一直占据着支配地位。在此期间，社会学、环境学、人类学等多学科交叉应用于经济学研究当中，使根植性的内在性显露出来。马歇尔认为，产业区是一种由历史与自然共同限定的区域，中小企业积极地相互作用，企业群与社会融合。他认为，同一产业的企业地理集中的原因最根本在于获取外部规模经济，与当地经济社会状况密切相关，除要素禀赋、技术和偏好外，还包括基于自助、创新精神和地方归属感的生活道德伦理，自上而下创新的有规则流动，由于企业间劳动力的流动而产生的模仿文化，以及在特定细分市场上吸引顾客和贸易伙伴的区域声誉等区域特定的"公共物品"。马歇尔研究的地区经济，社会与地域有机整合，空间接近和文化的同性质构成了产业区两个非常重要的条件，这是根植性思想极为鲜明的体现。

（三）新制度经济学与演化经济学中的"根植性"

新制度经济学是一个侧重于交易成本的经济学研究领域，从新制度经济学关于人的行为的三个假定，即人类行为动机是双重的、人与环境的关系、人的机会主义倾向，也可看到根植性无处不在。美国经济学家弗里德曼对区域空间规划进行了研究，他将产业集聚根植性归结为两点：一是提出"核心—边缘"理论，为研究根植性的社会网络、外部性、创新等提供了依据；二是描述了政治与经济之间的不平衡关系，指出区域文化变迁的不对称性。他将政治变量与社会变量加入了研究范围。而演化经济学注重对"变化"的研究，强调时间与历史在经济演化中的重要地位，强调制度变迁。与新古典经济学的静态的存在论机械世界观不同，演化经济学的科学基础是动态演化的有机世界观。演化经济学采用整体分析法，关注多样性，用复杂系统的观点看待经济体系；关注经济动态过程，认为系统按照特定种类的过程变化，把经济系统看成演化过程的产物。熊彼特等演化经济学家将社会学、自然学、生物学等应用到经济学中，在动态的演变过程中研究了社会规则和制度、偶然性和不确定性、创新和企业家精神等产业扎根本地的基本内容。

（四）经济社会学中的"根植性"

随着新制度经济学的不断发展，逐渐出现了对社会经济现象进行研究的社会学，"根植性"成了社会经济学的研究对象之一。一是人类的经济活动是一个制度过程；二是这一个制度过程根植于经济制度和非经济制度中；三是不同的经济活动属于不同的制度环境；四是在市场交换机制没有占据统治地位的非经济市场，经济活动根植于社会和文化结构中。格兰诺维特对根植性进行了重新阐述：一是人类的经济活动受社会网络关系和社会结构等方面的影响，不能将人类的经济活动作为独立的个体进行分析，根植性通过社会关系来体现；二是经济活动、社会网络关系和社会结构，以及文化、信任和声誉等之间存在一定的作用机制；三是在对经济活动的信任和秩序问题进行研究时，根植性观点可作为新的方法。20世纪90年代末，根植性的思想得到了进一步的发展，并从经济社会学研究领域逐步扩展到区域经济、产业集群等研究方面。祖金和迪马吉奥把"根植性"的概念进一步分解、拓展，把企业所处的社会网络情境和根植性分为结构、认知、文化和制度四个维度。

三、管理学理论中的"根植性"与企业社会责任根植

（一）管理学的"根植性"由来

管理学中的"根植性"这一概念是由新经济社会学代表格兰诺维特首先提出。他指出，经济行为是根植在网络与制度之中的，这种网络与制度是由社会构筑并有文化意义的。这一论述特别强调企业间非贸易的相互依赖，并提供了通过非正式的安排来增强创新和地方才智的办法，认为通过企业在本地的扎根和结网所形成的地方聚集，可以使企业构筑起交流与合作的系统，从而增强技术创新的能力和竞争力。之所以如此，是因为依赖于人际信任关系的社会网络可以超越企业的边界，使企业的社会互动在某种程度上强于其内部。这主要表现在以下三个方面：一是以信赖为基础的社会网络中的企业有强烈的合作愿望，以共同承担风

险，减少机会主义行为的产生；二是企业间关系相对稳定，不易出现报复行为；三是企业间有着共同的利益，容易采取一致行动达到共同目标。由此看来，在某一区域中的企业，其行为并非单纯考虑经济利益，企业行为深深镶嵌在区域社会文化背景中，形成社会网络的根植性，并受到社会整合力的约束。企业集群必须扎根于当地的社会文化，有活力的社会文化环境保证了经济活动和技术创新的持续发展。总的来说，根植性是一个内生性概念，即经济活动主体的一切经济社会活动都深深地内生于所在的社会文化与网络关系之中。

（二）由企业社会责任"嵌入"走向企业社会责任"根植"

从嵌入性理论的核心意涵及其在企业运营管理中的企业社会理论与方法运用情况来看，尽管嵌入理论在理论上的阐释较为理想，但在组织管理的实践层面由于组织的外部情景与组织的任务在不断发生变更，因而嵌入所面临的组织情景与组织任务也始终处于动态演化之中，基于嵌入视角的企业社会责任实践范式无法产生内生性的企业社会责任实践认知，嵌入视角下将企业社会责任归根于组织行为的外生性要素，但外生性要素不是产生企业社会责任实践范式的根本原因，实践范式背后实践参与主体的认知、经验、动机与技能等内生要素是产生企业社会责任实践与组织情景协调共同演化的根源。因此，不管是基于硬性的结构性嵌入还是基于软性的认知性嵌入，以嵌入视角将企业社会责任的基本认知、基本方法与基本内容实践嵌入组织的运营管理体系与实践体系之中，归根结底依然是基于工具竞争视角的企业社会责任观。即基于工具竞争视角下的企业社会责任实践行为归根结底是一种嵌入性活动，对企业社会责任属性的内生性认知的缺失所造成的严重后果是社会责任行为实践的不可持续，这也就意味着工具视角下的社会责任实践行为的目的、过程、结果往往不具有可控性与可持续性，因此在实践中导致理论与现实的分离较为明显。这就导致理论与实践样态之间出现了企业社会责任管理与企业社会责任实践的"名实分离"的"两张皮"现象。同时，企业社会责任理念与行为在基层公司的行为实践中，并非以专业的企业社会责任理念与方法嵌入其中，造成了企业社会责任理念与方法久久未能很好地融入企业的微观实践行为之中。

从企业社会责任的角度来看，企业社会责任根植性特指将企业社会责任的基本理念、基本认知、基本工具、基本方法与基本管理模式与企业的管理流程、管理职能、业务运营与对外传播及利益相关方关系之间产生持续稳定的关联性。从企业发展动态上来说，则是指这种管理认知、管理过程与管理手段与社会责任理念、方法与手段的相互依赖过程，形成共同演化中的溢出效应，特别是这种溢出效应对企业的社会责任学习能力、转化能力、实践能力与创新能力的促进作用。总的来说，社会责任根植强调包括正式、非正式制度在内的因素对管理运营中的结构性的、潜移默化的、内在性的影响，认为管理活动或实践的行动者的行动逻辑主要依从的是认知性逻辑，即该做什么、如何做，更多考虑的是利益相关方的认可和接受，进而完成管理活动与运营流程的社会化建构，在社会化建构过程中将利益相关方的社会期望内在化，成为自觉行动的结构与自觉的逻辑。通过将企业社会责任理念、理论和社会责任管理思想、方法的科学性与有效性相结合，在"润物细无声"的过程中推动科学的企业社会责任观落地生根，逐步实现全员根植、全面根植、全方位根植①。因此，企业社会责任的根植性既是一种概念，也是一种工具，它要解决的主要是企业的运营管理的责任行为为何如此的问题，或者说管理与实践的行动的内在责任逻辑问题，是一个理论与实践兼具的问题。

第三节　企业社会责任根植与几个关联概念的内涵要素的综合比较

从概念上看，企业社会责任主题、企业社会责任议题与企业社会责任根植具有较大的含义差别。首先，企业社会责任主题是企业履行社会责任的核心领域，它界定了企业社会责任的内容边界与范围。企业社会责任主题之间既相互独立又相互依存，共同构成了一个完整系统的企业社会责任观。如 ISO26000 规定了几大社会责任主题，包括组织治理、人权、劳工实践、环境、公平运营实践、消费者问题、社区参与和发展。联合国可持续发展目标（2030 年）中涵盖的企业社会责任主题是消除贫困；消除饥饿；良好健康与福祉；优质教育；性别平等；清洁饮水与卫生设施；廉价和清洁能源；体面工作和经济增长；工业、创新和基础设施；缩小差距；可持续城市和社区；负责任的消费和生产；气候行动；水下生物；陆地生物；和平、正义与强大机构；促进目标实现的伙伴关系。利益相关方理论下的企业社会责任主题是股东责任、政府责任、客户责任、员工责任、伙伴责任、社区责任等。而企业社会责任议题是一项项企业社会责任主题下的关键性

---

① 张云. 社会责任根植：中国企业社会责任发展的"新蝴蝶效应"——访国网能源研究院副院长、中国企业管理研究会常务理事长李伟阳［J］. 国家电网，2016（6）：46－50.

问题，是对企业社会责任主题的任务分解。这些企业社会责任议题包括：①对经济、社会、环境可持续发展有重要影响；②涉及道德伦理或价值观的悬而未决的问题；③与企业有直接或间接关联，受到企业影响或对企业产生影响。即企业社会责任议题必须具有社会性，是企业在商业运营过程中的社会问题。因此，企业社会责任议题与企业社会责任具有关联性的同时也具有较大的差异性，不同于CSR 主题具有广泛的范畴，其往往表现为具体的话题、事件、工作或诉求，议题的主体和影响的客体也往往都是特定的群体。

而企业社会责任根植是将社会责任理念与管理方法根植到公司特定工作或业务中，从而解决企业或利益相关方面临的各类问题，提高公司综合价值创造能力的一种社会责任管理新手段。即通过企业社会责任认知根植从而形成全员科学的企业社会责任观，进而在其日常的行为实践中自觉地践行企业社会责任的基本理念、基本方法、基本工具，实现全员社会责任行为的形成与改善，最终推动组织整体的社会责任能力提升与企业社会责任实践议题项目的真正落地（见图 2 - 8）。

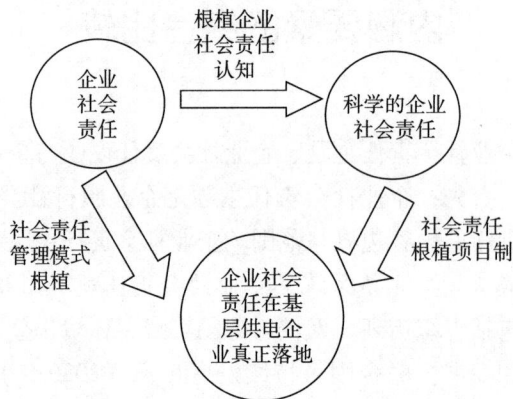

图 2 - 8 企业社会责任根植的形成过程

因此，从企业内部工作视角来看，要求将企业社会责任理念充分融入到组织运营过程中的业务工作单元之中，在业务模块中融入企业社会责任管理的方法与工具（见图 2 - 9）。而从企业社会责任实践的角度来看，企业社会责任根植即在企业社会责任议题实践的过程中，形成科学的企业社会责任实践观，并将企业的社会责任管理方法充分融入到社会责任议题实践的过程之中（见图 2 - 10）。

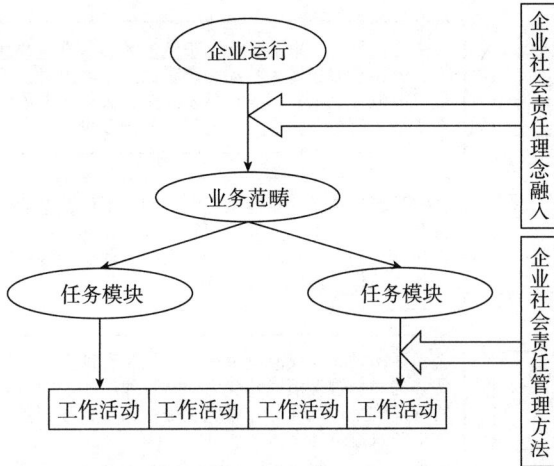

图 2-9　内部工作视角下的企业社会责任根植过程

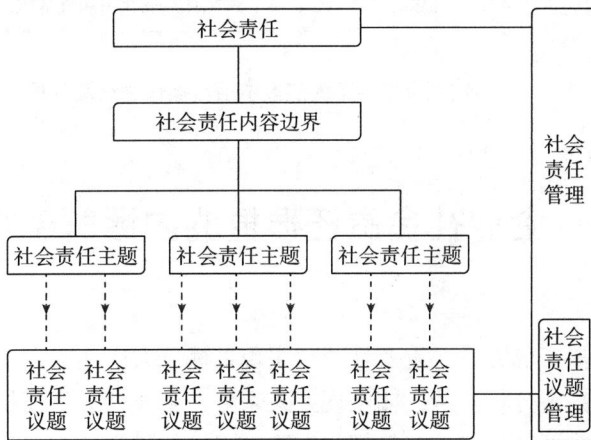

图 2-10　企业社会责任实践视角下的企业社会责任根植

　　因此，企业社会责任根植既可以表现为企业社会责任议题，也可以表现为企业运营的业务工作，都基于企业社会责任理念和企业社会责任管理模式与管理方法工具的融入；重点在于通过企业社会责任认知理念根植与管理模式、方法根植发现新问题、新的解决方案、新的做事方式。以煤改电为例，其是国家电网的一个企业社会责任选题或者一项业务工作，但是不同的模式下煤改电项目具有不同的理念与操作侧重点（见图 2-11）。

企业社会责任议题实践项目	北京雾霾严重、电能替代对于抗击雾霾具有重要意义、公司从服务蓝天行动和改善民生角度出发、开展煤改电、北京有多少户需要改造、公司采取了什么举措、改造了多少户、相当于减排多少
业务工作	公司从增供扩销的角度推进电能替代工作,全面推进北京的煤改电,如何组织的(成立领导小组),如何分工的(各部门),工作流程是什么,各自做了什么工作,最后完成任务
管理创新项目	公司在推进北京煤改电过程中,创新管理方式,从传统的****管理模式转变为****管理模式,创新的管理模式是什么样的,其优点是什么,管理创新后带来的效益是什么
企业社会责任根植项目	识别出煤改电是一个社会问题,以前煤改电存在什么问题,这些问题用技术或商业的方法难以解决,需要运用社会责任根植。根植什么理念、针对每一种理念的具体做法设计、带来什么变化与内外部效果

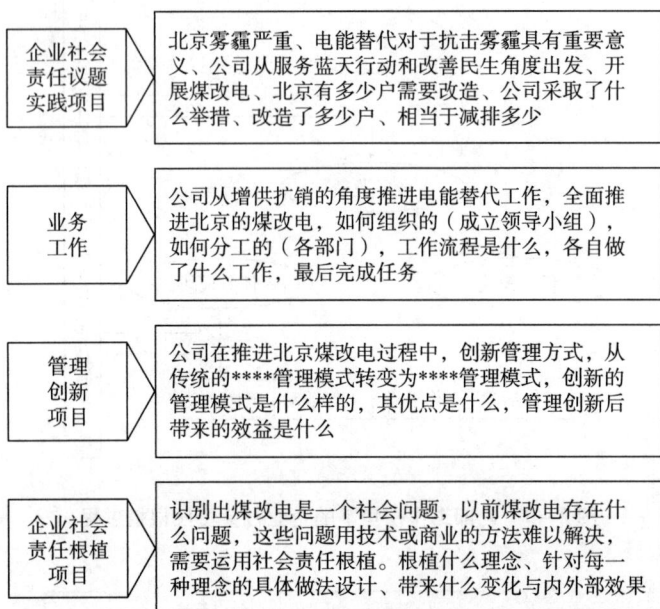

图 2-11　不同项目理念下的煤改电项目操作过程及其重点

第四节　企业社会责任根植的内涵解剖与特征

本节进一步从实现方式、重要环节与实现目标三大层面对企业社会责任根植的内涵进行再解剖与分析。从具体实现方式来看,企业社会责任根植主要包含了企业社会责任认知理念根植,即管理与实践过程中使科学的企业社会责任理念自觉地影响自身的身体行为,自觉地将其作为自身的行为方式;企业社会责任管理的根植意味着在管理过程与议题实践过程中形成与利益相关方的合作机制,充分容纳利益相关方的复杂性和多元化,提升利益相关方的价值认知能力,以及充分发挥利益相关方的价值创造潜能,进而更大限度地创造企业运营的经济、社会和环境的综合价值,促进各种资源的更优配置。

一、企业社会责任根植的内涵再解剖

正如 Rockefeller 所言,企业对社会责任由抵制转为内生行为,关键是企业社会责任要变成企业行为的有机部分，而不是外加的行为，如慈善行为①。因此，企业社会责任根植就是要把企业社会责任作为企业行为实践的重要组成部分，以消除零散的、随意性的企业社会责任管理与实践行为。从内涵上，企业社会责任根植就是将企业社会责任融入企业战略管理、职能管理、基础管理、专项管理、赋权赋能等管理模块，将企业社会责任作为企业内部管理的一项重要内容纳入管理活动的各个环节之中，一方面，通过科学严谨的社会责任理念思维和社会责任方法工具支撑策略，更好地满足社会公众对企业的社会责任期望，积极有效地承担社会责任；另一方面，使企业社会责任更好地为企业的运营业务服务，成为企业创造竞争优势的重要源泉。企业社会责任根植作为一种新的管理思想，当其上升到系统理论时，是一种新的社会责任管理模式，当其应用到现实企业时，是一种新的社会责任议题管理实践，将会给企业管理理论和企业社会责任实践带来重大变化。因此，企业社会责任根植至少包含以下几个方面的内容：

第一，企业社会责任根植的实现方式是将企业社会责任作为企业管理的重要内容进行管理，通过一个个根植项目快速聚焦企业所面对的利益相关方的价值诉求与社会期望，从而更好地开展社会责任管理与实践活动。长期以来，企业承担社会责任被认为是迫于社会压力的不得已选择，而企业社会责任根植就是要将被迫转变为主动，将"心不甘，情不愿"转变为流淌在组织管理与运营业务中的血液，自觉地将企业社会责任作为企业管理的重要内容进行管理，使管理者不得不从战略层面上对其进行规划、设计、执行和控制。

第二，企业社会责任根植的重要环节在于准确把握企业的责任边界，即明确企业的利益相关方边界与组织的责任内容边界，明确组织能做什么、想做什么，明晰组织的利益相关方的价值流向，从而更好地定位组织需要根植社会责任的方向，进而避免企业社会责任根植过程中企业的行为实践与企业的利益相关方的价值期望和社会责任要求相互脱节，使现实中很多企业为之困惑，甚至怀疑企业社会责任是否对企业发展具有正面影响。因此，准确把握社会责任期望是企业社会责任根植的必要环节。

第三，企业社会责任根植的最终目的是改变组织的价值创造绩效，即形成科学的社会责任认知，形成社会责任管理模式与议题实践方式，通过与自身业务关联把企业社会责任从额外负担变成价值创造的重要来源。传统上，未经过企业社会责任根植的社会责任实践与管理行为更多地体现为企业社会责任充其量只不过

①　Williamson O. E. Manageral Disceretion and business behavior ［J］. American Economic Review，1963，53（5）：1032－1058.

是一种工具,用得好能够带来组织期望的经济绩效,用不好则成为组织的重要包袱与累赘。而企业社会责任根植要求从根本上扭转这种工具性的认知观点,强调企业从自身的运营业务与能力优势出发,通过创造更多的企业与社会共享价值和综合价值来承担社会责任,不但丰富了企业和利益相关方价值创造的内容,也使企业社会责任成为企业价值创新的一种重要途径。

从具体实现方式来看,企业社会责任根植主要包含了企业社会责任认知理念根植,即管理与实践过程中使科学的企业社会责任理念自觉地影响自身的身体行为,自觉地将其作为自身的行为方式;企业社会责任管理的根植意味着在管理过程与议题实践过程中形成与利益相关方的合作机制,充分容纳利益相关方的复杂性和多元化,提升利益相关方的价值认知能力,以及充分发挥利益相关方的价值创造潜能,进而更大限度地创造企业运营的经济、社会和环境的综合价值,促进各种资源的更优配置。企业社会责任管理模式的根植就是组织的各层级、各部门、各职能模块需要自觉形成综合价值的创造的社会责任管理目标,组织的各层级、各部门及各模块需要综合考虑利益相关方所关注的经济价值和非经济价值,追求企业发展的经济、社会和环境的综合价值最大化。

二、根植企业社会责任认知理念

根植认知主要研究认知者的心理如何根植于自己身体状态,特别是认知者的思维如何根植自己身体的经验而产生心理内容,获得概念,获得对象的知识,亦即当人思考时,知觉的身体如何影响自己的思维,认知者如何借助当下的环境因素开展或支持自己的思维。即管理与实践过程中使科学的企业社会责任理念自觉地影响自身的身体行为,自觉地将其作为自身的行为方式。另外,根植认知具有情景性。每一个职能管理模块、每一个议题实践项目都有自身的特殊管理或实践情景,因为不同情景下的企业利益相关方的主体构成、价值诉求与行为偏好都呈现极大化的差异。根植认知认为,现实认知活动中,人们的认知活动更多是在具体的情境中认识对象,认知活动实际上根植于不同的知觉模式中,知觉过程根植于行为活动中,人的行为活动则根植于当下相应的环境。它们通过一系列耦合而完成认知活动。即在一个个管理实践项目中能够形成一个个情景切片,在不同的情景中实现企业社会责任认知理念的耦合。

科学的社会责任观是一种基于经济、社会与环境的综合价值创造理念,一种在管理行为与实践行为过程中的利益相关方参与认知理念。从管理的认知理念来看,企业管理认知的形成是一个自我增强的过程,具有相对稳定性和难以改变性，被学者称为管理认知的"认知凝滞"特性①。管理认知是企业战略决策者在进行战略决策时所用到的一组知识结构、知识图示、认知模式。这组知识结构是"一组相关信息的集合"，企业社会责任管理认知通过提供信息搜寻功能、信息解释功能和行动逻辑功能来影响企业战略决策，进而影响企业绩效并决定企业是否具有竞争优势②。同时，管理认知也是一种模式，是企业战略决策者与基层实践者在长期经营过程中形成的主体对特定事物的已经基本成型并影响对象行为的心理特征，是主体对事物根深蒂固的信念、假设和概括，它影响着主体如何理解世界及如何采取行动③。因此，企业社会责任的管理认知理念也是管理者与决策者在管理过程中与决策过程中知识结构的组合，是组织成员个体的心智模式的静态加总，这意味着管理认知根植于战略决策者及组织成员的每一个行为个体，通过形成共同的心智模式，从而在决策过程与管理实践过程中使用这一组认知模式。因此，依托于形成共同的心智模式或认知模式从而推动组织整个知识结构的改变，从而促进组织的决策自觉地符合企业社会责任观（见表2-8）。

表2-8　不同视角下的企业社会责任认知根植观

类别	心智模式观	认知模式观
企业社会责任认知根植的定义	企业社会责任认知根植是组织管理者尤其是战略决策者与组织成员形成共同的知识结构，这组知识结构是管理决策者与组织成员个体心智模式的静态加总	企业社会责任认知根植是组织管理者尤其是战略决策者与组织成员形成共同的知识结构，这组知识结构是管理决策者与组织成员共有的认知模式，具有相对动态性与情景依赖性的特征
企业社会责任认知根植的目的	形成共有的社会责任知识结构，成为一整套思考的方式	形成共有的社会责任知识体系，成为全体成员的内心认知
企业社会责任认知根植的影响因素	知识禀赋、人力资本、社会资本	认知风格、认知偏好、沟通能力
基本假设	管理决策与行为实践是基于共同的心智思考后的产物	管理决策与行为实践是不同情境下的认知的产物

---

① 陈传明.企业战略调整的路径依赖特征及其超越[J].管理世界，2002，18（6）：94-101.

② Walsh J. P. Managerial and Organizational Cognition：Notes from a Trip Down Memory Lane [J]. Organization Science，1995，6（3）：280-321.

③ 石盛林，陈圻.高管团队认知风格与竞争战略关系的实证研究[J].科学学与科学技术管理，2010，31（12）：147-153.

类别	心智模式观	认知模式观
社会责任认知根植的变化过程	相对静态	相对动态
企业社会责任认知根植的基本机制	学习机制	沟通机制、绩效反馈机制与评价机制

资料来源：笔者整理。

企业社会责任认知根植主要是基于认知心理学的基本理论逻辑，企业社会责任管理认知与企业社会责任实践认知的形成是一个不断学习与动态反馈的过程，组织成员基于企业社会责任实践的绩效反馈可以促进企业更好地调整相关的认知根植与认知强化的因素。但是，需要注意的是，认知心理学研究个体的心智过程，而管理认知更多地从属于组织整体的认知单元与情景切片。但由于企业社会责任实践的碎片化，如通过一个个根植项目形成了一个个认知单元与情景切片，而这一过程中会产生组织成员的个体社会责任认知与集体社会责任认知，两者之间的差别阻碍了科学的社会责任观对组织认知根植的解释。因此，企业社会责任认知根植的过程依赖于组织成员共有的社会责任知识，这组共有知识结构是企业在长期社会责任管理与实践过程中通过不断地试错学习、沟通等社会化过程形成的相对稳定的知识结构，企业社会责任管理与实践的科学认知形成以后，将会脱离于现实世界以"模式"的特征而存在。从根植过程来看，企业社会责任管理与实践认知根植过程在性质上是群体性的试错学习过程。企业社会责任管理与实践的认知根植意味着组织成员原有的知识结构的解除、变化和再形成的过程。解除是指企业社会责任管理与实践过程中对知识结构中原有知识的主动遗忘，变化是指企业战略决策者将新知识主动纳入知识结构中形成新的知识结构，再形成是指企业战略决策者将新的知识结构固化和模式化。因此，从本质上讲企业社会责任认知根植的过程是一个知识遗忘、吸收和固化的试错学习过程（见图 2 – 12）。

三、根植企业社会责任管理模式

所谓模式（Pattern），一般而言是指解决典型问题的方法论。模式理论认为，每一种模式都描述了一个特点环境中不断出现的问题，基于某一种方法论能够为解决这些问题提供解决方案，基于这一种固定模式，可以无数次地在各种情景中形成模式转移效应，无须再重新建立新的思考框架，而是根据固有的思考框架建立组织所处特定情景中的解决方案。从这样的意义上而言，模式也可称为范式（Paradigm）。而企业管理模式（Enterprise Management Pattern）是根据企业管理理论，为一部分性质、规模相近的企业设计的一套具有严密性和可操作性的综合管理体系，将一种或一套管理理念、管理方法、管理工具反复运用于企业，使企业在运行过程中自觉加以遵守的管理规则体系[①]。管理模式来源于企业经营管理的互动结构，这一模式是协调企业内外环境的产物，当企业的战略目标和内外环境等因素发生改变时，企业管理模式也相应地面临改变，也就是说，企业管理模式常常面临变革的客观要求。

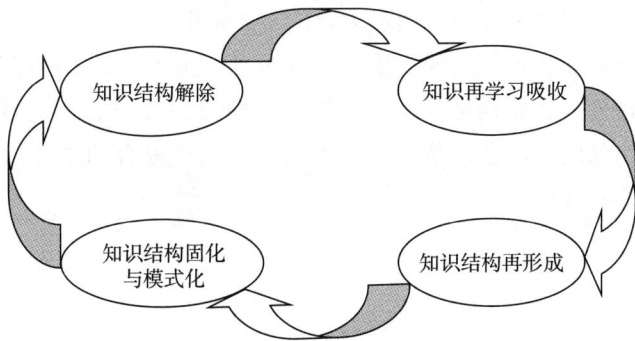

图 2－12　企业社会责任认知根植的基本过程

而企业社会责任管理模式作为一种新的企业管理模式，一是由综合价值（Comprehensive Value）、合作（Cooperation）和共识（Consensus）三要素组合而成的 3C 思想体系；二是由全员参与（Total Staff）、全过程融合（Total Processes）和全方位覆盖（Total Fields）三部分构成的 3T 实施体系。首先，企业社会责任管理模式的根植就是组织的各层级、各部门、各职能模块需要自觉形成综合价值的创造的社会责任管理目标，组织的各层级、各部门及各模块需要综合考虑利益相关方所关注的经济价值和非经济价值，追求企业发展的经济、社会和环境的综合价值最大化。企业应把综合价值最大化作为开展一切活动的出发点和基本指导思想，并将其全面融入企业使命、战略、文化及日常生产经营和各项管理活动。其次，企业社会责任管理的根植意味着在管理过程与议题实践过程中形成与利益相关方的合作机制，充分容纳利益相关方的复杂性和多元化，提升利益相关方的

---

① 熊志坚．"人利义三合"的管理模式［J］．企业管理，2002（2）：57－58.

价值认知能力，以及充分发挥利益相关方的价值创造潜能，进而更大限度地创造企业运营的经济、社会和环境的综合价值，促进各种资源的更优配置，促使利益相关各方认识到相互之间共同利益的存在，并通过创造相互信任、优势互补和有效激励三个前提条件，将利益相关方之间的这种共同利益转化成为合作创造的经济、社会和环境的综合价值。最后，形成价值创造共识，在管理过程与实践中实现经济、社会和环境的综合价值最大化，并愿意接受内外部监督，具有创造社会价值和环境价值偏好的利益相关方才会意识到和相信有可能通过参与企业的运营过程实现个人的多元价值效用，创造更多的社会价值和环境价值。推动企业使命由内部利益相关方扩展到外部利益相关方，是形成可持续发展共识，共同致力于创造经济、社会和环境的综合价值最大化的重要保证。

在企业社会责任管理模式的实施体系方面，全面社会责任管理要真正变成一种新的企业管理模式，特别是全面社会责任管理的3C思想体系要得到实施，根植于各级组织与部门，就必须构建全员参与、全过程融合和全方位覆盖的3T实施体系（见图2-13）。

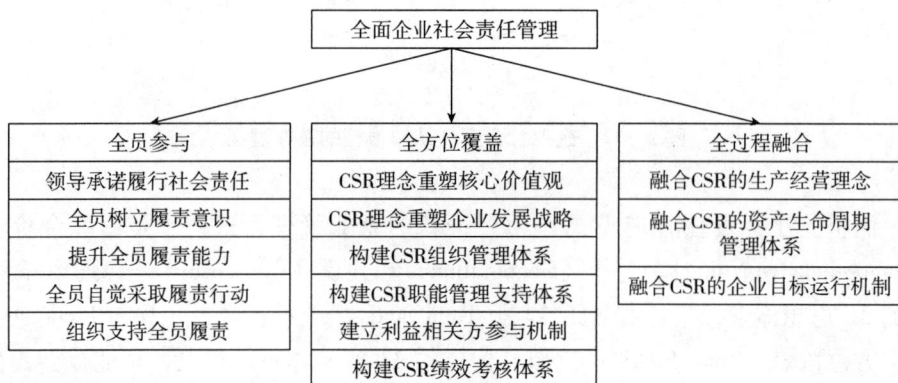

图 2 - 13　全面社会责任管理的 3T 实施体系

在实施每一个企业社会责任项目时，企业社会责任管理模式根植意味着要求项目所涉及的全体成员都有意愿、有能力去落实履行社会责任的要求，并将其化为行动。要求企业将履行社会责任理念拓展到利益相关方，携手利益相关方共同实现综合价值最大化，形成真正意义上的、包括内部员工和外部利益相关方的最广泛的全员参与。全员参与首先包括领导承诺履行社会责任，即形成责任型领导，意味着领导者不仅要关注传统的股东回报（利润），更要对组织外的社会与环境承担社会责任承诺①；意味着组织的领导者与管理者认识到通过对社会责任的积极履行，与组织内外不同的利益相关者达成互信、合作、稳定的互惠关系网，通过满足各方利益相关者的要求，以共享的愿景和协调各方的责任型行为来实现企业可持续发展及各方共同利益的领导行为②。责任型领导与传统的领导模式即变革型领导、伦理型领导、服务型领导、诚信型领导有着极大的差别（见表2-9）。

表2-9　责任型领导与其他相关领导类型的异同点

领导类型	与责任型领导相比的关键相似之处	不同之处
变革型领导	角色模范；关心他人；制定决策时考虑道德因素；建立关系；智力激发	变革型领导：领导者—追随者关系存在于领导者与下属之间；关注组织的长远发展；在追求目标的过程中表现出很强的功利性
		责任型领导：领导者—追随者关系存在于领导者与组织内外各利益相关者之间；关注组织的长远发展，并且考虑价值创造与社会变革的关系；在追求目标的过程中权衡各利益相关者的需求
伦理型领导	角色模范；关心他人；制定决策时考虑道德因素；建立相互信任的关系	伦理型领导：领导者—追随者关系存在于领导者与下属之间；强调道德管理，通过制定道德标准及奖惩措施来影响员工
		责任型领导：领导者—追随者关系存在于领导者与组织内外众多利益相关者之间；强调用自身的影响力与利益相关者开展积极的对话与民主协商，一般不直接使用奖惩措施
服务型领导	角色模范；关心他人；制定决策时考虑道德因素；建立相互信任的关系；组织管理形态通常为网络型；利益相关者的范围更加广泛	服务型领导：研究视角是经济视角；强调服务意识与精神，在某种情况下牺牲自我利益
		责任型领导：研究视角是规范视角；强调与利益相关者积极的对话与民主协商，形成共同的福利

---

①　Miska C., Stahl G. K., Mendenhall M. E. Intercultural Competencies as Antecedents of Responsible Global Leadership [J]. European Journal of International Management, 2013, 7 (5): 550-569.

②　宋继文，孙志强，蔚剑枫. 责任型领导与企业社会资本建立：怡海公司案例研究 [J]. 管理学报，2009，6 (7)：988-994.

续表

领导类型	与责任型领导相比的关键相似之处	不同之处
诚信型领导	角色模范；关心他人；在制定决策时考虑道德因素；建立相互信任的关系	诚信型领导：领导者—追随者关系存在于领导者与下属之间；强调自我意识，不屈从于外在压力，根据自己的价值观影响追随者
		责任型领导：领导者—追随者关系存在于领导者与组织内外众多利益相关者之间；强调在自我意识的基础上考虑他人的情感与价值，影响更加深远

资料来源：文鹏，夏玲. 责任型领导研究述评与展望［J］. 外国经济与管理，2015（11）：38－49.

就与变革型领导比较而言，变革型领导通过设置一个具有挑战性的任务情景影响下属或追随者；责任型领导则会提供一个恰当的场合，通过与利益相关者积极对话与协商来权衡不同利益相关者的需求，进而影响下属或追随者。在责任型领导之下，责任型领导在实现目标的过程中，对员工的关怀更加细致入微，不仅关注员工的职业成长需要，而且关心员工的生活，如购置各种活动设施以满足员工个人及家属的需求。

就与伦理型领导比较而言，伦理型领导通过展示有道德的、合乎规范的行为来影响追随者的态度与认知。责任型领导与伦理型领导的共同之处在于坚持自己的道德准则和价值标准，为员工树立道德榜样。而不同之处在于，责任型领导强调的是领导者与利益相关者的关系，其影响力更加广泛，包括企业的成长绩效、社区环境的关系、社会网络资本等。

就与服务型领导比较而言，服务型领导是"那些把他人的需求与利益放在自我利益之上且首要动机是服务他人而不是领导、控制他人的领导①"。服务型领导与责任型领导的共同之处是都强调与利益相关者之间的积极互动，充分考虑他人的需求。而区别之处在于，服务型领导强调对追随者的绝对式服务，提供追随者实现组织目标过程中需要的资源，在某种情况下可能会牺牲自己的利益。而责任型领导侧重于回应不同利益相关者的需求，使大家在协商一致的基础上形成综合价值共创与价值共享。

就与诚信型领导比较而言，诚信型领导者会展现出自己的坦率、真诚与正

---

① Greenleaf R. K., Spears L. C., Covey S. R., et al. Servant Leadership: A Journey into the Nature of Legitimate Power and Greatness: By Roberts K. Greenleaf New York: Paulist Press ［J］. Business Horizons, 2002, 22（8）：83.

直，并以一种真我的方式行事，与员工建立亲密、互信、和谐的关系，以激发员工的组织承诺从而完成组织的任务目标，即诚信型领导强调自我的真诚的移情效应，促使员工形成真诚的实践方式。而责任型领导在自我意识的基础上关注他人的情感与价值，基于社会价值本位积极地反思自身情感与价值的妥善性，并与社会价值标准做比较进而调整领导方式与行为。总之，责任型领导的关注点从最初的企业内部关系扩展至企业内外各利益相关者关系，所关注的对象更为广泛。

其次，企业社会责任管理模式根植需全员树立履行社会责任意识。树立和深化履行社会责任理念是全体员工转变思维模式和改变自身行为方式的重要基础，是推进全员参与履行社会责任的前提条件。企业的核心价值是企业文化的内核，也是企业生存发展的基石，它培育着企业员工的行为规范，形塑着组织的团队精神，体现了企业的终极追求。企业核心价值观是企业员工在长期生产经营实践中形成的对本企业生产经营行为、职工工作行为及企业公众形象等总的价值判断和价值体认。企业核心价值观作为企业人共同的信念，为企业生存和发展提供了基本的方向和行为指南。以社会责任为核心价值的组织文化内核是企业发展的重要支撑，国家电网公司的企业社会责任管理模式根植要求企业员工必须深刻理解企业社会责任的核心价值理念与意识要求，将社会责任作为国家电网公司发展的应有之道；依靠全员所形成的社会责任核心意识，推动企业社会责任管理模式能够被全员接受与认可，使企业社会责任管理模式真正地根植于组织之中，以提升企业的核心竞争能力。因此，国家电网的各部门组织需要通过全方位培训和内外部沟通交流来培育、增强和深化全体员工的责任意识，帮助员工树立利益相关方视野、系统思考观、长远利益观、合作共赢发展观、节约环保意识和守法合规意识等，使企业社会责任履责意识自觉成为组织成员的行为规范，成为组织的文化内核，成为组织管理模式根植的重要体现。同时，需要提升全员履行社会责任能力。具备履责能力是全员将履责意愿转化为履责行为的基本条件，是决定全员履责绩效的关键，更是企业全面社会责任管理模式能否真正根植的关键。为此，企业要通过推进全员社会责任培训、加强社会责任管理制度建设、开展重大社会责任活动、研发应用社会责任管理工具、加强社会责任的国内外交流及建立社会责任知识管理体系来提升全员履行社会责任的素质能力、执行能力、实践能力、要素能力、动态能力和创新能力。最后，组织支持全员履责。全体员工责任理念的树立与强化、履责能力的培养与提升、履责行为的触发与促进，都离不开组织的强有力支持。为此，企业应为员工培养责任理念、提高履责能力和促进履责行动提供财务支持，为实施全面社会责任管理提供人员保障，通过建立和完善激励约束机制为全员参与履行社会责任提供制度支持。同时，企业要加强责任文化建设，为全员履行社会责任创造良好文化氛围，提供强有力的文化支持，最终形成全员社会责任意识形成—全员社会责任管理模式认可—全员社会责任能力提升—全员社会责任能力保障的全员参与体系。

而在全方位覆盖方面，国家电网的企业社会责任根植意味着企业将履行社会责任的要求全面融入所有的生产经营活动和管理活动，从思想、战略、组织、制度和考核上形成全方位覆盖。全方位覆盖意味着企业社会责任管理模式的根植必须采取六项行动：①基于社会责任理念和要求对企业核心价值观进行重塑。通过对追求综合价值最大化的社会责任理念的理解不断深化，提出融入社会责任理念的企业使命和愿景，优化甚至再造企业的核心价值观，从价值创造的角度科学回答企业因为什么而存在、因为什么而发展这一基本问题。②基于社会责任理念和要求对企业发展战略进行重塑。只有在战略层面保障企业履行社会责任，有效管理企业运营对社会和环境的影响，才能确保企业发展方式的科学与有效。为此，企业战略目标的制定应充分考虑政府和社会的期望与可持续发展要求，综合平衡经济、社会和环境目标，实现目标定位的视角由企业内部转向外部利益相关方；企业战略的实施应从关注企业财务实力转向关注企业核心能力，特别是要与政府、社会、伙伴与员工等利益相关方合作推进企业战略的实施，培育动态的企业能力优势。③建立企业社会责任组织管理体系。企业社会责任组织管理体系是指为服务和促进企业全方位履行社会责任而建立的组织机构与运行程序。建立健全社会责任组织管理体系是企业推行全面社会责任管理的组织保障和强劲动力。从企业社会责任组织管理体系的构成来看，尽管不同的企业所建立的组织架构和运行程序不尽相同，但"委员会＋推进部门"的模式是一个较为普遍的体系构架。④构建企业社会责任职能管理支持体系。全方位履行社会责任要求对企业现有的职能管理体系进行改进、丰富和完善，特别是要把履行社会责任的要求融入人力资源管理、财务资源管理、科技资源管理、信息资源管理、企业文化建设和风险控制体系等企业职能管理支持体系，形成完整的社会责任管理支持体系，为企业推进经济、社会、环境可持续发展提供制度、资源和员工能力素质的全面支持。⑤建立健全利益相关方参与机制。利益相关方参与机制是企业推行社会责任全面管理的核心内容，它是指企业为保证利益相关方的知情权、监督权和参与权，促进利益相关方参与推进可持续发展而做出的制度安排、资源保障和行动部署，旨在提高利益相关方满意度，实现企业发展的综合价值最大化。为此，企业应根据利益相关方参与议题重要性的不同，分别构建战略型利益相关方参与机制和业务型利益相关方参与机制，特别是要针对不同利益相关方分别制定具体的参与制度，包括社会责任信息披露制度。⑥构建企业社会责任绩效考核体系。企业社会责任绩效考核体系是指对企业整体、各部门或各单位及员工个人履行社会责任的行为和结果符合职责要求和考核目标的程度进行具体评价与奖惩安排，旨在建立促进企业履行社会责任的激励与约束机制，由企业社会责任绩效考核制度、社会责任绩效考核组织体系、社会责任绩效考核程序等内容组成。构建企业社会责任绩效考核体系要求企业必须立足社会责任视野，追求综合价值和长远目标，注重多种考核目标之间的平衡。

在全过程融合方面，全面社会责任的管理模式根植要求国家电网公司将履行社会责任的理念融入生产经营的每一个环节，在企业价值链的所有活动中都贯彻落实追求综合价值最大化的要求，并实现企业社会责任理念与企业日常运行机制所有环节的全面融合。全过程融合要求企业必须采取三项行动：①构建融合社会责任理念的生产经营体系。企业应把实现经济、社会和环境的综合价值最大化的要求融入采购、生产和运营等价值链管理的全过程，优化企业生产运营流程，形成融合社会责任理念的生产经营体系。②构建融合社会责任理念的资产生命周期管理体系。企业应把履行社会责任的要求融入资产购置、资产运行和资产处置等资产生命周期管理全过程，形成融合社会责任理念的资产生命周期管理体系。③构建融合社会责任理念的企业日常运行机制。企业应把履行社会责任的要求全面融入企业日常运行机制，实现履行社会责任要求对价值观确定、战略制定、规划制订、综合计划制订、全面预算编制、绩效考核和全员绩效管理等日常管理过程的全覆盖，形成全过程的履责机制，为企业全面履行社会责任奠定体制机制基础。

四、企业社会责任根植的特征

(一) 价值认知融合性

企业社会责任根植强调社会责任理念与企业使命和内部运营流程的融合，对企业而言是一场价值文化革新。融入企业内部各要素的社会责任文化影响企业员工潜层次的精神层，在员工价值偏好层面取得共识，即形成一致性的综合价值创造理念，减少企业内部人际沟通中的摩擦，形成具有社会责任感的员工队伍，像需要利用凸透镜将太阳光线聚集在一处才能点燃火堆一样，具有责任向心力和责任凝聚力的员工队伍才能够及时对外部环境中尤其是利益相关方的多元价值诉求与冲突性利益做出反应，提高企业对环境的适应能力，对公司的价值性是不言而喻的。同时，企业社会责任根植过程要求具有前瞻性价值认知，这种前瞻性价值认知能够提高企业的危机意识，培养长远的眼光，在整个社会大环境下制定企业目标，而不仅仅困于眼前的一方天地，且更加具有履责的创新性和活力，能够从复杂动荡的社会环境中萃取出真正有价值的资源与有价值的责任议题，同时时刻保持着对利益相关方的诉求与社会环境问题的敏感度。

（二）根植过程的组织性

根据物理学的增熵原理，原来基于合理分工、职责明确严密衔接起来的有序的组织结构，会随着系统在运转过程中各部分的摩擦而逐渐从有序走向无序，最终导致有序平衡结构的解体，组织逐渐走向衰落。在企业内部生态系统中，企业社会责任根植意味着具有向心力和凝聚力的社会责任文化的形成、整合与成熟，可以使组织在运营管理中保持责任凝聚力。基于社会责任根植的社会责任的一致性认知会影响员工潜层次的精神层，在员工的意识形态领域形成合力，员工对组织综合价值创造目标和责任价值观的认可趋于一致。这种精神力量相当于一种润滑剂，影响企业价值链的各个环节，降低因不必要的内耗而增加的成本。在潜层次的精神层所形成的凝聚力还会上升至显性层的企业内部运营管理活动中，保持组织的信息流、财务流、物资流在企业内部的正常流动，减少资源的冗余和沉淀，使组织在运营管理中资源的转移、整合与调用都变得井然有序。

（三）基于社会责任理念的"心智模式"

战略性社会责任的向心性、专用性意味着企业的社会责任活动契合企业的根本目标和使命，融入了企业自身独特的战略资源和思维方式，向企业的利益相关方全方位、多维度地展示了企业的形象、产品和价值取向。企业社会责任根植意味着组织成员自觉地与社会利益相关方进行对接和交流，在这一过程中，企业社会关系网络的形成会更加牢固和紧密，知识和信息的流通会更加迅速与畅通，企业独特而富有个性的价值取向及产品性能、员工素质也会在企业社会责任根植过程中得到充分的传播。那些与企业有着相似价值取向的社会性利益相关方会更容易被企业所吸引，企业在社会责任根植过程中所表现的独特魅力不仅能够使组织成员在日常的管理与业务实践过程中形成社会责任理念下的心智模式，即自觉地运营社会责任方法与工具并融入其业务流程之中，增加其业务流程的履责属性，并在利益相关方的心智上打上深深的烙印。

（四）由社会责任的"嵌入性"转变为社会责任的"内生性"

社会责任根植的过程意味着从本源上改变原有的社会责任"嵌入观"，即"嵌入观"下的社会责任管理与实践通过选择性地实施社会责任议题、随意性地开展社会责任管理，虚假式地进行社会责任宣传践行组织的社会责任以获取组织的利益相关方的认可并获取足够的社会声誉与社会环境绩效。而企业社会责任根植意味着企业各层级组织、各部门、各组织成员都能形成一致性的社会责任科学认知，将社会责任内生于自身的工作行为与管理过程之中，从而能够将日常的管理与业务运营过程内生融入到组织的利益相关方网络之中，为企业获取可持续的社会责任管理与实践提供内生性的动力。

五、企业社会责任根植的主要影响因素

（一）企业所处的社会环境

按照社会学的观点，企业作为一个社会单元而存在，其在生存发展过程中不可避免地受到社会的经济、文化、政治和技术等方面的影响，这些背景性因素一方面刺激企业的各利益相关群体产生要求企业承担社会责任的期望，另一方面又构成宏观层面上企业承担社会责任的外部压力和外部动力，使企业社会责任根植如企业社会责任的认知理念根植与企业社会责任的管理与运营根植推行的难易程度有较大差异，进而影响最终的企业社会责任融入组织价值观、融入组织运营管理的水平，最终影响到企业社会责任根植的绩效。就社会环境而言，其一般包含社会政治环境、社会经济环境与社会文化环境。其中，社会政治环境意味着企业社会责任根植需要一个相对稳定的政治环境，当一个国家或地区的政局动荡不安时，企业难以做出较长时间的规划，而企业社会责任的管理与实践也难以在预期范围内获得所期望的社会环境绩效，创造合意的综合价值。当所处环境和平稳定时，企业才会考虑更多地承担社会责任，进而将其与企业经营管理相结合，以谋求长期利益。就社会经济环境而言，经济越发达，社会责任根植的程度越高。社会的经济发展水平比较低时，不管是企业还是利益相关方都会对企业社会责任本身持有较为消极懈怠的态度。正如亚当·斯密所言，"经济人"追求个人利益的行为和动机有利于生产发展和雇佣者积极性的发挥，而社会效益会在每一个社会成员利己心的驱动下，通过市场这只"看不见的手"自然实现，因此不必刻意地去限制人的经济动机，这导致企业社会责任管理与实践与企业经营管理的敌对和脱节。

（二）企业个体的特征

企业所处的生命周期阶段，即企业的初创期、成长期、成熟期与衰退期对于企业社会责任根植的效果具有重要的影响。在企业自身发展的初期和增长期，企业的主要精力放在完善产品和开拓市场，对社会责任需求的满足则被放在不太重

要的位置。而处于成熟阶段的企业已经很难实现业绩的快速增长，企业所处的竞争行业内的产品、服务及市场需求都趋于稳定，激烈的竞争使企业寻求各种可能的方式维持生存，包括将企业社会责任融入企业运营管理的实践模式。而在企业的衰落期，谋求企业的可持续的转型发展变得极为迫切，基于社会责任融入的企业社会责任根植型的成长模式将为企业的转型发展获得更大的利益相关方资源支持。尤其是企业在不同的生命周期下的规模大小具有较大的差异，按照戴维斯（1960）的责任铁律理论，企业的社会权利与企业的规模相匹配。且不同规模企业的社会责任承诺能力、政府关注程度、与利益相关者的合作水平及社会责任的实践能力不同，而对企业社会责任根植的效果取决于不同规模下的企业对于社会责任管理模式的驾驭能力及选择真正落实社会责任管理模式的可能性。

（三）利益相关方期望

企业社会责任是社会公众对企业行为模式的一种期望，希望它们以有益于自身和社会长期发展的方式进行经营。这种期望实际上就是企业社会责任这种特殊产品的市场需求，是企业社会责任根植能否有效的关键影响因素之一。在企业社会责任根植过程中所解决的利益相关方期望项目种类越多、程度越深，融入程度越高。从企业社会责任的发展历程可以看出，社会公众期望的总体趋势为范围越来越广、程度越来越深，企业社会责任根植活动也相应地越来越丰富、效果越来越好，基本上顺应了企业社会责任需求的发展趋势。

第五节　企业社会责任根植的作用机制

一、理念认知入脑：企业社会责任观内化于心，外化于行

企业社会责任根植的核心机制是将企业社会责任科学理念、管理思想与实践模式融入到组织的运营管理过程中，而企业要想真正地将企业社会责任融入到组织战略、融入到组织运营管理过程中、融入到组织的实践之中，首要的就是转变企业管理的理念，将科学的企业社会责任理念导入到组织成员的认知体系与文化体系之中。而在科学的企业社会责任观导入之前，组织管理者需要实现几个视角的转变。

第一，由内部视角转向内外综合视角。内部视角受到视野域的限制，使传统

的企业只看到承担社会责任给企业带来的沉重负担，而对其带来的种种利益视而不见，因而将履行社会责任等同于"做好事"。在内部视角下，企业被假定为原子型企业，即企业本身是一个价值创造的完整实体，可以独立地创造和实现价值①。在这种假设下，当企业发展到一定程度以后，基于企业内部资源和能力的经营达到一个极限，企业发展遇到瓶颈，举步维艰。要突破发展瓶颈，实现持续发展，企业首先要转换视角，变内部视角为外部视角，将关注焦点从企业转向社会，从社会价值网络中寻找更广阔的发展空间。而企业社会责任的理念正是由注重企业内的诉求向注重外部利益相关方的价值诉求转变，从而在外部视角下关注利益相关方的价值诉求变化，更好地捕捉外部环境的资源获取与创新机会，从而实现企业内外资源的对接与整合，创造自身的价值的同时也为外部利益相关方群体创造综合价值。

第二，由静态视角转向动态视角。传统的企业在开展企业社会责任议题项目实践时，因为将企业所面对的利益相关方视为静态的主体、静态的期望及静态的社会资源，因此对待企业利益相关的互动方式也非常单一，在企业社会责任议题实践领域主要体现为企业的慈善行为，缺乏从企业管理与企业运营价值流程的各个模块与各个环节视角去看待与利益相关方的价值创造的动态关系。基于静态简单环境的传统企业经营管理，重点在于具有前瞻性的设计、在于高人一筹谋略、在于认真严谨的执行，而忽略了整个过程中背景环境的变化及社会大众的反应，最后得到的往往是差强人意的折扣效果，以静制动的发展策略限制了企业的步伐。而动态视角的一个基本前提假设是组织的外部环境是动态多变的，是复杂多元的，这就包括了企业利益相关方的价值诉求是动态变化的，企业身处动态复杂的环境中，外部环境的变化和利益相关者的反应必须成为企业制定和实施管理策略的客观依据，企业社会责任根植过程中企业社会责任理念融入就要求企业由静态视角转变为动态视角。

第三，由短期绝对视角转向长期相对视角。在传统企业的运营管理与项目运作中，往往将短期收益作为组织战略决策与行为实践的核心，更多地关注一个投资项目给企业带来的现实收益，从项目运营管理与投资的成本收益角度考虑其投资价值，忽视了长期导向下的综合型收益与未来价值。且在短期绝对视角之下，企业在每一个战略决策与每一个议题项目实施过程中首要关注的就是企业的风险是否在企业可以承受的范围之内、收益大小能否满足企业的利益需求、资源占用

---

① 李海舰，郭树民. 从经营企业到经营社会——从经营社会的视角经营企业 [J]. 中国工业经济，2008（5）：87-98.

会不会对企业的其他经营活动造成影响等。因此，只有将短期视角转化为长期相对视角才能使企业的日常战略决策聚焦于企业的长期发展，价值创造聚焦于长期价值而非短期价值。企业社会责任根植的作用之一就是转变企业的社会责任理念，通过科学的企业社会责任观的融入，使组织聚焦于可持续的长期价值创造。

从企业社会责任的核心理念来看，企业社会责任根植的作用之一就是将科学的企业社会责任理念与企业的日常经营管理理念高度融合。从理论上讲，以往经典的工具理论、政治理论、整合理论和伦理理论从不同角度证明了企业经营管理与企业社会融合的可能性和必要性，企业经营管理和企业社会责任融合具有坚实的理论支撑。工具理论中，企业社会责任是达到经济目标的战略工具，最终达到创造财富的目的，这说明承担社会责任与创造企业价值是相容的；政治理论中的企业立宪、社会契约、企业公民等提法都反映了社会公众期望企业对社会福利与发展承担社会责任与社会义务的强烈愿望；整合理论认为企业的存在、持续性和成长性依赖于社会，企业应该将企业和社会的需求有机结合起来；伦理理论认为伦理需求是连接企业和社会关系的纽带，企业要为缔造一个好的社会而做出贡献。这也就意味着企业社会责任根植的作用过程也是一次组织全员的理念思维的革新。

二、管理模式落地：社会责任管理行为改变

传统的企业社会责任的履行大多是离散的，即使具有一定连续性也不是企业规划的结果。某些企业虽然对企业社会责任给予了特别关注，但也往往是将其作为企业经营战略管理之外的独立单元。而企业社会责任根植的核心作用机制就是将全面社会责任管理模式落地，即将企业社会责任管理融入到组织的运营管理及组织成员的日常行为实践之中。

因此，在传统的企业管理模式之下，企业社会责任管理是一种分离性的组织管理活动，即与组织的日常管理模块如职能管理、基础管理相互割裂与分离，企业社会责任被隔离于企业经营管理之外区别对待。将企业社会责任融入企业运营管理，实际上就是将企业社会责任作为一项重要内容引入企业战略，在所有的企业活动之间建立起一种配称。因此，企业社会责任根植的过程也就是企业社会责任管理与企业日常运营管理相互匹配与融合的过程（见表2-10）。

企业社会责任根植过程中的管理行为融入意味着在企业日常的运营管理过程中发现企业社会责任项目主题、选择社会责任项目并制定项目实施规划、社会责任根植项目的策划与实施及最终企业社会责任根植项目的评价与反馈的各

个阶段。因此，企业首要的问题是对普遍关注的社会问题进行深入理解，认清问题的本质，并在此基础上将林林总总的社会问题进行分类，这种分类要结合当前的社会环境背景特征，还要与企业的产业类型、行业特征、产品特点及其期望性质相联系，以便于企业依据上述特征在社会问题库中进行粗选。企业建立企业社会责任能动项目集合前，还要进行可行性分析。在此环节中，企业要理性审视企业使命、企业宗旨、企业战略等企业目标的体现要素，综合分析企业资源、运作能力等企业能力的体现要素，客观描述企业绩效、企业规模、企业成长阶段、企业性质、企业文化、企业暴露度、政治卷入度等企业特征的体现要素，寻找企业利益与社会利益共赢的和谐区间，选择能有效推动企业可持续发展的相关主题。

表 2 –10 企业运营管理中的企业社会责任根植行为过程

		主题发现与分类	主题选择与规划	主题策划与实施	主题跟踪与评价
企业社会责任根植中的企业社会责任融入	企业社会责任管理融入	——理解社会环境问题，认识问题本质 ——社会环境问题归类，进行可行性分析	——选择企业社会责任根植主题 ——制定企业社会责任根植参与规划	——社会责任根植主题细化分解 ——社会责任根植活动方式匹配 ——利益相关方合作对象选择与行动实施	——社会责任根植活动实施过程和社会反应监控及评价 ——社会责任根植活动主题参与管理过程的动态调整
	企业运营管理	——审视企业目标，分析企业特征 ——寻找企业与社会问题的结合区间	——选择与企业长期发展最切合的主题 ——将企业社会责任项目规划纳入战略	——企业资源的重新分配与调整 ——与正常经营活动的协调与配合	——对正常经营活动影响的监控 ——企业运营管理的监控及评价

而在社会责任主题的设计与计划实施阶段，社会责任根植项目的设计实施是企业能否将企业社会责任管理与企业经营管理进行良好融合的关键环节。如果把企业社会责任活动看作一项普通的投资项目，该过程就是在一系列适合企业投资的优秀项目中，选择一定风险程度下投资收益率相对较高的项目，并将其列入企业的长期发展规划。只有将社会责任问题纳入长期发展规划，企业才能将企业社会责任实践对企业经营管理的有益影响提升到战略层次，从企业的资源分配和管理运作的各个环节对企业社会责任进行统一设计，确保企业社会责任与企业经营管理的深度融合，使企业社会责任实践能更好地为企业的经营管理运作服务。而

在企业社会责任根植的实施执行环节，就是对选定的企业社会责任根植主题进行细化分解，进行根植议题实践方式的匹配和利益相关方合作对象的选择，最后进行活动实施。与此同时，做好企业资源的重新分配与调整工作，以及正常经营活动与企业社会责任活动之间的协调和配合，这对于该环节能否获得良好的导入效果具有非常重要的作用。该环节中主题的细化和分解，就是制定一系列支撑企业社会责任战略规划的具体方案，并为其设定明确、可测量的目标。

而企业社会责任管理根植的控制与评价反馈环节的工作主要包括以下四个方面：①对企业社会责任根植项目的实施过程和社会反应（包括企业的内部反应和外部反应）进行监控和评价，以有利于计划方案的有效实施，并对企业社会责任造成的社会效果进行评价；②对企业社会责任根植主题参与的管理过程进行实时监控并进行动态调整，以有利于及时调整管理方案；③对企业的正常运营管理活动进行实时监控，以有利于对企业社会责任造成的企业效果进行评价，并对难以预见的负面影响及时进行控制；④对企业社会责任根植项目实施后的关键业绩指标进行实时监控和阶段性评价，以有利于定量评价企业社会责任根植议题实践对企业业绩造成的影响。企业社会责任管理根植意味着企业运营管理中企业社会责任融入的根本目的是确保企业社会责任实践与企业的经营管理活动始终保持良好的战略配称，共同推动企业战略目标的顺利实现，而非简单地对实施效果进行事后评价。发现存在问题、制定应对策略、提出改进建议是该过程中更重要的工作。

三、履责能力提升：不断提升企业的履责能力与实践绩效

首先，企业社会责任根植的目的之一在于提升利益相关方的满意度。企业社会责任根植的过程即将企业社会责任融入企业运营管理是一个漫长艰难的过程，其综合效应也是在企业社会责任融入达到一定水平后才能体现出来的。对于企业的社会责任根项目管理来说，最重要的目标就是提高企业利益相关方对企业的社会责任管理与实践的满意水平。当企业的利益相关方对企业的社会责任表现非常满意时，一方面可以避免企业社会责任问题给企业带来的经营陷阱，另一方面还能降低企业经营管理失误对企业造成的负面影响，这些能为"企业战略管理中企业社会责任融入"管理模式的成功引入营造一个良好的内部环境。企业利益相关方的社会责任满意水平体现了利益相关群体对企业社会责任表现的情绪变化，当社会责任满意水平下降时，社会责任矛盾逐步积累，由于信息的不对称，企业的很多社会责任问题处于隐藏状态，使企业与利益相关者之间处于虚假的平衡，一

旦这种平衡被某些突发事件打破，量变升级为质变，就会引发企业的社会责任危机。其次，通过企业社会责任根植能够塑造鲜明的企业社会责任形象。与以往传统的企业社会责任管理相比，企业社会责任的管理根植不仅要求企业积极主动地履行社会责任，打造公众心目中的社会责任型企业，更要求企业的社会责任管理与企业经营管理一样，统一安排，长期规划，塑造鲜明的企业社会责任形象，这也是企业社会责任根植的一个重要目标。企业形象是一种战略性资产，对于企业获取竞争优势具有重要意义。要求企业社会责任形象建设与企业形象建设实现高度融合，具有鲜明的特色，能更好地凸显企业形象。最后，通过企业社会责任根植实现企业履责能力的提升，最终构筑企业的责任竞争力及社会责任战略竞争优势。将企业社会责任作为企业实现差异化的一种途径，通过社会责任管理，培育企业竞争优势。这是该管理模式与传统管理模式差异的集中体现，也是它能有效提升企业承担社会责任的积极主动性的根本原因。但这一优势的发挥需要企业在组织变革中对当前态势和建设成果进行有效控制，使企业在社会责任管理与社会责任实践的过程中不偏离自身的运营管理所面临的社会环境问题，基于社会责任理念创新式地解决所面临的管理与业务问题，最大限度地创造综合价值与共享价值，进而最大限度地提升企业的履责管理与履责实践绩效。

第三章　企业社会责任根植的效果度量维度与阶段

在深入理解企业社会责任融入企业运营理念、融入组织管理与融入组织实践下的企业社会责任根植内涵特征的基础上，需要在总体层面进一步探索有效的度量体系和度量指标，这对于企业提高企业社会责任根植效果与提高企业社会责任融入水平具有非常重要的作用。因而，本章试图在理论层面上构建企业社会责任根植的衡量维度，主要包括企业社会责任的认知融入度、管理与运营的企业社会责任关联度、利益相关方期望的契合度。在此衡量维度上可以确定几种企业社会责任根植效果类型，即无序型的企业社会责任根植状态、工具型的企业社会责任根植状态、管理型的企业社会责任根植状态及统筹型的企业社会责任根植状态。为提高企业社会责任的融入水平即企业社会责任根植的效果状态，进一步分析几种提升根植水平状态的主要策略。

第一节　企业社会责任根植的效果维度

企业社会责任根植包括三个方面的内容：第一，科学的企业社会责任认知理念根植组织全体成员，实现途径是通过企业社会责任根植项目将企业社会责任作为企业运营管理的重要内容进行管理；第二，基本前提是准确把握企业的利益相关方的多元价值诉求与责任期望，通过利益相关方分类管理、利益相关方边界确定与内容层次确定实现对利益相关方价值诉求的调适与满足；第三，通过与自身业务关联把社会责任从额外负担变成综合价值与共享价值创造的重要来源，基于企业自身的业务运营优势与能力资源优势发挥企业社会责任实践的选题优势。因此，企业社会责任根植效果的评价归根结底归结于企业社会责任的认知融入度、管理与运营业务的企业社会责任融入关联度、企业社会责任实践过程中与利益相关方期望的契合度，三者构成了企业社会责任根植效果的度量维度与标准（见图3－1）。

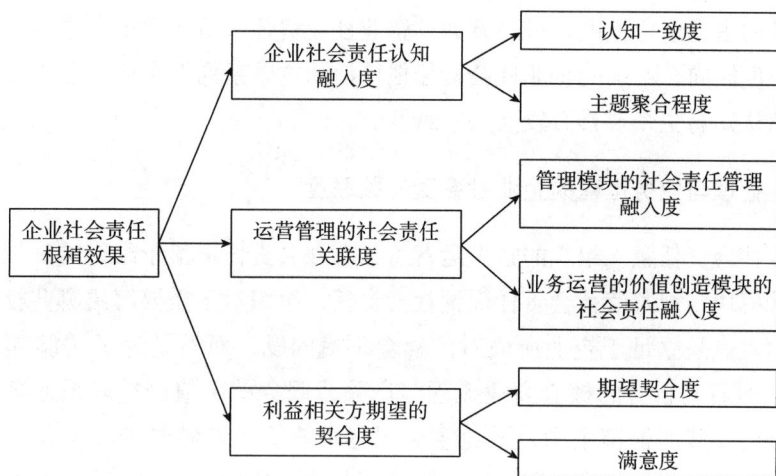

图3－1　企业社会责任根植效果的维度构成与评价标准

一、企业社会责任认知的融入度

企业社会责任认知融入的具体表现为组织中的员工通过自身的感觉主观地对企业所应该在社会中承担的责任进行认识和理解，继而转换成内在的心理认知活动，从而支配人的行为。其认知主要指员工对科学的企业社会责任内涵的关注与认识程度，包括对社会责任概念、内容、定位的认识程度，对社会责任相关的国际组织与企业所面对的利益相关方的了解与关注程度，也包括员工对企业践行的社会责任管理与企业社会责任议题实践所产生影响所持有的态度等。员工对于企业社会责任的认知具有非常重要并且丰富的含义。一方面，认知能力形成的现实基础是其生活和工作环境，员工对其工作组织履行社会责任的认知在一定程度上真实、客观地反映着组织对社会责任的认知融合程度、重视程度与履行程度；另一方面，员工作为企业行为的实施者也充当着企业社会责任"传递者"的角色，形成高责任向心力、高效率的工作队伍能促进企业的可持续发展。因此，员工的社会责任认知融合程度的效果评价这一环节是企业社会责任根植效果中重要一环。

因此，在企业社会责任认知根植的活动中，一方面是组织成员对社会责任理论的认知程度及对于组织利益相关方的了解与关注程度，另一方面是组织成员对于企业社会责任根植活动中所选主题的关注程度。企业一方面在社会责任根植项目的选择上要做到"有所为有所不为"，要有明确的主题，即提高企业社会责任根植活动的主题聚合程度；另一方面，企业社会责任根植活动中所选的主题要有明确的态度倾向，不同的企业社会责任根植活动主题系列下企业社会责任根植活动的价值认知与主张要具有较高的一致性。

二、管理与业务运营的企业社会责任关联度

企业社会责任融入组织的管理运营意味着社会责任根植于组织的管理模块与价值创造模块，规避就社会责任而论社会责任，组织对于需要解决哪些社会问题的基本出发点是立足于企业所面对的社会环境问题，而不是为了"脸面"而做"好事"，是将与自身的核心商业流程与产品或服务的价值创造联系起来的社会责任管理与实践的根植主题，避免企业"尽可能简单地做好事"而使企业社会责任成为企业运营与管理过程中的一种经济与社会包袱。因此，企业社会责任根植效果的一个重要维度是企业管理与运营的企业社会责任关联度，即企业社会责任实践与企业经营管理的结合程度。

具体来看，企业社会责任实践的业务关联度实际上是对企业在社会责任根植过程中所选项目与企业的产品或服务及其相关管理活动或价值创造模块的相关性测度，这可以客观反映出企业社会责任根植过程对企业的产品或服务及其相关管理活动的影响，表现为两个方面：管理模块的影响和价值创造模块的影响。企业社会责任根植的管理模块的影响是指企业社会责任根植活动对企业管理中的各个管理类别如战略管理、职能管理、基础管理、专项管理、赋权赋能管理等管理模块具有多大范围的影响。职能部门组织的企业社会责任活动主要针对某产品（或服务）或某个管理环节，事业部门组织的企业社会责任活动可以影响系列产品（或服务）或多个管理环节，而企业总部组织的企业社会责任活动则会对整个企业的产品（或服务）及其管理活动产生影响。企业社会责任根植的价值创造模块的影响是指企业社会责任根植活动对企业的综合价值创造绩效（经济财务绩效、社会绩效与环境绩效）具有何种程度的影响（包括影响方向和影响深度），即对企业价值创造过程中的核心竞争要素的优势提升具有多大作用，如产品优势、服务优势、人才优势和技术优势等。

三、利益相关方期望的契合度

企业社会责任根植能否产生实效，即企业社会责任能否真正融入组织的运营管理的必要条件是准确把握利益相关方的社会责任期望。如同要提供令人满意的产品或服务首先要了解消费需求一样，企业社会责任根植活动要获得利益相关方的认可与好评，要准确把握利益相关方对目标企业的社会责任期望。企业社会责任根植活动中的利益相关方的期望契合度，实际上是利益相关方对企业的社会根植活动如根植项目所持态度的综合表现量，即企业所选择的根植主题及根植过程能否让利益相关方达到较高的期望契合度，较高的期望契合度可以有效降低企业社会责任根植项目的风险。当企业社会责任根植的期望契合度处于高水平时，说明利益相关方对于企业的社会责任根植活动的态度介于"没有满意"和"满意"之间。一旦企业社会责任实践的期望契合度下滑到低水平，很容易陷入企业社会责任信任危机中，导致期望契合度再度下滑，企业对于社会责任根植管理与实践的积极性也会降低，进而进入恶性循环。

综上，企业社会责任根植的过程就是要将企业社会责任的理念融入组织的价值认知、融入组织的管理模块与业务运营价值模块之中，并最终要契合利益相关方的价值诉求。因而，依据上述维度可以进行企业社会责任根植效果维度的清单式管理，即通过效果清单有效评价企业社会责任根植的效果变化（见表3－1）。

表3－1　企业社会责任根植效果度量的管理构面

企业社会责任根植效果	企业社会责任根植效果度量的管理构面		
	社会责任理念认知融合度	管理与业务运营社会责任关联度	利益相关方期望契合度
效果1			
效果2			
效果3			
效果4			
效果5			

第二节　企业社会责任根植效果的类型

依据企业将社会责任融入组织运营管理、融入组织价值认知、融入组织价值创造模块的紧密程度可以将企业社会责任根植的效果类型分为无序型、工具型、管理型和统筹型社会责任实践。然而，企业社会责任根植的最终效果不仅与企业如何承担社会责任有关，还与企业社会责任的根本来源——利益相关方有关，两者共同决定了企业社会责任根植融入的效果与水平。只有兼顾了利益相关方和企业自身的企业社会责任实践，才可能给企业和社会创造更多的价值。因此，横向企业社会责任根植效果也必须将利益相关方的元素容纳于内，即企业社会责任管理与企业社会责任实践与企业利益相关方的价值期望与诉求的契合程度，因此依据上述维度我们将企业社会责任的根植效果划分为如下类型（见图3-2）。

图3-2　企业社会责任根植效果的基本类型

一、无序型企业社会责任根植状态

该类型的企业社会责任与管理实践中无论是在管理模块的社会责任融入层面还是业务价值创造模块的社会责任关联度都处于较低水平，相关企业社会责任活动缺乏统一规划，活动具有较强的随意性，与企业的产品或服务的价值创造模块及其相关运营管理模块活动的社会责任关联性不强，且企业对于社会责任无任何科学的认知，认为企业履行社会责任只是一种迫于外部压力或者内部压力的被迫选择，没有履责的主动意愿，企业社会责任停留在认知无序状态。在此状态下，企业社会责任与企业的运营管理与业务价值创造模块的交集为空集，因而企业社会责任活动缺乏统一规划，与企业的产品或服务及其相关管理活动的关联性也不强，无法对企业未来发展产生正向推动作用。即使企业开展了一些企业社会责任议题实践，但实质上这一过程无法符合企业内部成员的期望及外部利益相关方的价值诉求，因此与利益相关方的契合度也基本处于低水平状态。而且由于组织成员的社会责任认知度处于缺失状态，即使开展企业社会责任实践活动也会消耗组织的大量资源，给企业的价值创造带来净损失。因此，无序型的企业社会责任根植状态对于组织的可持续发展及综合价值创造效应带来负向影响，是企业社会责任根植的最低层次。

二、工具型企业社会责任根植状态

工具型的企业社会责任根植来源于两类理论观点。一类观点是遵循企业社会责任的嵌入理论，认为企业社会责任需要嵌入到企业的组织管理与运营过程之中，从而带来相应的社会与环境绩效，基于嵌入视角将企业社会责任作为一种基本外部工具期望达到想要的绩效。另一类观点是遵循 Porter 和 Crane 的战略竞争工具观，即企业社会责任作为一种战略竞争工具，通过这一基本工具与企业的竞争战略相结合，成为企业获取竞争能力的重要工具。基于工具型的企业社会责任根植状态企业实施的各项企业社会责任活动都与产品或服务及其相关管理活动有非常密切的关系，但企业社会责任管理与企业社会责任议题实践缺乏整体的导向性、规划性，往往是作为企业在生命周期中的某阶段某部门某管理目的的实现手段，具有较强的依附性和短期性目的，工具性特征明显。企业社会责任与企业战略管理和价值创造的业务模块具有一定交集，但该交集并不是因企业社会责任的内生性认知产生的，而是因为它所服务的某阶段某部门的某管理目的与企业战略管理具有相关性才产生的，因此这一状态下组织成员与组织整体具有了一定的企业社会责任认知，这一认知是企业社会责任即工具，并且这一工具具有多种用途，或用来获取企业形象，或用来回应利益相关方期望，而不是主动满足与平衡利益相关方期望或应对组织的社会风险。此类状态下的企业社会责任根植具有极强的短期目的性，企业社会责任实践活动选取的主要依据就是该类活动在多大程度上有利于某管理目标的实现，某些在特定环境下效果良好的企业社会责任活动会更为企业所青睐，因而被频繁地使用。该种类型的企业社会责任管理与实践活动对短期目标的实现具有积极的正向影响，但整体规划性的缺失使它对企业的综合价值创造绩效的促进作用非常有限。因此，这一状态下的企业社会责任根植为中等层次。

三、管理型企业社会责任根植

该类型的企业社会责任根植状态下，组织对企业社会责任具有了较为深入的认知，认识到企业社会责任融入组织运营管理与组织社会责任实践议题管理的重要程度，意识到履行社会责任来自组织的社会功能，认识到利益相关方对于组织可持续发展的重要性。因此，在这一状态下，企业社会责任与企业运营管理的各个管理模块与业务价值创造模块的整合融合程度较高，企业实施的各项企业社会责任活动与产品或服务及其相关管理活动可能没有短期直接联系，但因为所有活动的实施在同一规划指导下进行，从整体和长期来看，对企业管理的可持续与价值创造绩效的可持续有明确的影响。此状态下企业社会责任实践与企业管理通常有一定交集，并且交集的大小与企业社会责任实践战略目标和企业经营战略目标的归属程度有直接关系，即后者对前者有正向作用。同时，实施该类型企业社会责任实践的企业的最终目的是在最大程度上预防和避免企业社会责任事件对企业正常经营管理活动的负面冲击，即用有计划、有步骤的付出来换取稳定的发展环境。相对于上述两种企业社会责任根植状态，管理型企业社会责任根植在对企业运营战略目标的实现的影响方面有了质的飞跃，该种类型的企业社会责任根植活动具有较强的整体规划性，以最大程度上发挥对企业运营管理与综合价值创造的绩效目标实现的正向作用。因此，此类状态下企业社会责任根植属于中高层次。

四、统筹型企业社会责任根植

该类型的企业社会责任根植状态下，组织对企业社会责任具有科学完整的认知，认识到组织的社会管理与社会责任实践能够创造综合价值与共享价值。因此，从运营管理与业务价值创造的模块关联度来看，该类型的企业社会责任实践无论是操作整合度还是业务关联度都处于高水平，企业社会责任的相关根植活动不但在同一规划下进行，与产品或服务及其相关管理活动也有着有非常密切的关系，不管是短期还是长期，都对企业管理有重要的影响。且该类型企业社会责任根植状态下试图将企业社会责任完全有效地融入到企业运营管理与业务价值创造模块的方方面面，致力于消除承担社会责任与追求企业利益之间的矛盾，不断探索实现利益相关方价值诉求与组织自我驱动、自我调整、自我适应、自我更新的最佳社会责任自组织状态。因此，统筹型企业社会责任根植状态是企业参与社会责任根植的最高层次及企业社会责任根植的根本目的，较高的价值创造的业务模块关联度，使企业社会责任实践摆脱了"包袱"的恶名与"工具论"的广泛批判；较高的操作整合度，使企业社会责任实践对企业发展的作用方向无限收敛。以上特性使企业社会责任实践与企业的经营战略管理关系密不可分，成为企业运营管理与价值创造模块中不可或缺的重要组成部分，对企业的可持续发展具有很强的正向推动作用。

第三节　企业社会责任根植的策略

依据企业社会责任融入度移动路径的不同，我们将企业根植管理中企业社会责任融入分为横向融入、纵向融入和螺旋融入，对应地，我们将企业实现这些变化的一系列举措分别称为修身型提升策略、迎合型提升策略和综合型提升策略。企业社会责任实践适宜采用哪种策略，取决于企业社会责任融入的当前状态及企业社会责任实践的阶段目标，企业应该谨慎选择。

一、"修身型"提升策略

通过横向融入来实现企业社会责任根植管理与实践过程中的企业社会责任融入程度和水平的一系列举措，主要是基于企业管理视角的企业社会责任实践提升，因而称为修身型提升策略。修身型提升策略的实施要点是企业对供应、生产、运输、销售和服务等基本活动，以及企业基础设施、人力资源开发、技术开发和采购等辅助活动进行详细审查，识别企业承担社会责任的结合点，并结合外部环境发展、企业所处行业及企业自身的特征属性，在相关结合点中进行谨慎选择，确定企业社会责任实施环节和履责水平，并制定服务于企业总体战略的企业社会责任实施规划和计划方案。修身型提升策略实施的主要目的之一是使企业社会责任实践建立起与企业的产品或服务及其相关管理活动的有效关联，增强企业社会责任活动对企业效益的影响；目的之二是使企业社会责任实践有目的、有步骤、分阶段进行，给企业树立鲜明的社会责任形象，更好地服务于企业的长短期目标。修身型策略与企业的价值创造链条和价值创造模块相关联，进而通过"修身型"提升策略创造企业社会责任根植的管理模块的影响，即企业社会责任根植活动对企业管理中的各个管理类别，如战略管理、职能管理、基础管理、专项管理、赋权赋能管理等管理模块产生正向影响，职能部门组织的企业社会责任活动主要针对某产品（或服务）或某个管理环节，事业部门组织的企业社会责任活动可以影响系列产品（或服务）或多个管理环节，而企业总部组织的企业社会责任活动则会对整个企业的产品（或服务）及其管理活动产生正向影响。同时，通过"修身型"提升策略创造企业社会责任根植的价值创造模块的正向影响，是指企业社会责任根植活动对企业的综合价值创造绩效（经济财务绩效、社会绩效与环境绩效）具有何种程度的影响（包括影响方向和影响深度），即对企业价值创造过程中的核心竞争要素的优势提升具有多大作用，如产品优势、服务优势、人才优势和技术优势等。

二、"迎合型"提升策略

"迎合型"提升策略主要是面向企业利益相关方的价值与期望，主要是在企业社会责任根植管理与实践过程中基于利益相关方视角的企业社会责任实践提升，因而称为迎合型提升策略。迎合型提升策略的实施要点是企业对利益相关方的社会责任期望进行全面调研，并详细分析行业特征和自身属性对公众社会责任期望的影响，仔细甄别企业社会责任根植项目选题与根植项目实施的过程关键要素，以及利益相关方对上述企业社会责任根植项目的企业社会责任表现的满意程度，通过进一步优化组织并实施相关的企业社会责任根植项目活动，促使利益相关方对企业社会责任表现的态度从"不满意"或者"没有满意"向"没有不满意"和"满意"转变。迎合型提升策略实施的主要目的是帮助企业高层管理人员发现利益相关方对企业社会责任表现不甚满意或者低于行业平均满意水平的环节，进行预警并解决问题，化危机于无形，或者进一步强化企业的社会责任定位，树立鲜明的企业社会责任形象。

三、"综合型"提升策略

综合型提升策略是基于企业社会责任的横向与纵向融入相结合，通过螺旋式企业社会责任认知理念、企业社会责任管理方法与实践模式融入来实现"企业运营与管理中企业社会责任融入"程度和水平进一步提升的一系列举措，主要是基于综合效益视角的企业社会责任根植实践提升，因而称为综合型提升策略。综合型提升策略的实施要点是在全面了解企业所面对利益相关方的企业社会责任期望，准确识别自身在管理与运营过程中社会责任表现强弱项目的基础上，对自身组织的资源能力与战略导向进行全盘反思，仔细斟酌各个有待改善项目的轻重缓急，认真选择对应的改善途径，通过综合型提升策略一方面考虑如何能简单快速地消除企业社会责任表现的弱势点，另一方面考虑如何能将履行社会责任和企业运营管理中的价值创造过程更好地结合，并将其统一在具有同一服务对象的战略规划下，使其对整个组织的管理模块与价值创造模块产生正向的交互影响。综合型提升策略实施的主要目的是通过对基于社会责任期望的企业社会责任根植实践的统筹规划，努力寻找基于企业整体性而非企业某一职能、某一具体项目、某一组织单元需要解决的社会环境问题，基于组织整体的资源优势与能力意愿，进而创造社会和企业共享价值的机会，以对人类和社会负责的模式进行企业的经营运作，在不断提升企业社会责任形象的同时，为企业自身和社会环境创造更多的综合价值与共享价值，实现企业社会责任根植获得最优的组织整体效益。

综合上述三种策略，即修身型提升策略、迎合型提升策略和综合型提升策略各自的适用组织管理情境，在对应组织管理情境下实施相应策略，其实践效果最为显著。因而，具体到每一种基层组织的资源禀赋、实践偏好与组织整合能力都存在极大的差异，因此国家电网公司在具体选择某一种企业社会责任根植策略的过程中需要对组织资源与能力意愿进行全盘考虑，进而形成企业社会责任根植项目的选题构思及概念化的项目构思方案。实际上，企业在将企业社会责任融入企业运营与管理的过程中，很少采取单一的提升策略，而是两种或三种提升策略综合运用。企业在社会责任实践中，一定要结合企业内外部的环境特征，合理选择某一策略或策略组合。

第四章　企业社会责任根植的理论基础

　　企业社会责任根植尽管在国家电网的推进企业社会责任管理与实践过程中已经作为实然性进行了大量的社会责任根植工作。但是却未曾回答企业社会责任根植的理论基础，即探索企业社会责任根植的理论溯源。本章尝试在理论层面上回答上述问题，因此分析了在元认知理论下企业社会责任根植就是形成一种科学的企业社会责任元认知；在复杂适应理论下，基于复杂系统视角研究企业社会责任根植是企业社会责任作为一种系统自我适应组织内部运营管理环境与业务运营环境；在图式理论下企业社会根植的过程一方面是融入企业社会责任认知理念的过程，通过社会责任的根植项目不断地建构和完善组织的社会责任认知结构，实现组织社会责任的认知框架；在基因重组理论下，通过企业社会责任根植实现企业社会责任基因重组，即实现企业社会责任基因整合和企业社会责任基因变革两种类型；基于血液循环理论，通过企业社会责任的根植能够实现企业社会责任理念与方法的落地传输，即将社会责任血液输送到组织的各个模块管理与业务运营体系之中，实现企业社会责任与运营管理与业务实践的有效契合，实现组织社会责任管理与实践的真正落地，最终为组织的可持续发展不断输送可持续的血液；基于自适应控制理论，意味着通过企业社会责任根植这一方式使企业在运行的社会责任战略目标与管理实践活动达到匹配、相互融合的活动过程；从组织变革理论的视角来看，企业社会责任根植的过程也是组织的认知变革、战略变革、结构变革、制度变革；最后，企业社会责任根植的过程也具有组织意义建构过程的特征，企业社会责任根植的过程即通过企业社会责任认知的理解与假设来结合日常的运营管理与业务实践工作形成新的企业社会责任理解。

第一节　元认知理论下的企业社会责任根植

在元认知理论下，企业社会责任元认知能力就是一种企业管理运营的各个业务领域中的元认知能力，这一特殊元认知能力强的个体对其业务领域的任务情况的了解，使自己在做某项业务过程中能够清晰认知到企业社会责任具体到其业务工作中的要求，能够对企业社会责任认知理念下其应该具备的行为准则具有很好的把握，从而能够高质量地调整自己的业务工作与实践行为。因此，对于企业社会责任根植而言，意味着企业社会责任真正在基层落地，真正地融入企业运营管理、融入业务流程、融入社会责任议题实践，就是形成一种科学的企业社会责任元认知，形成一套解决社会环境问题的组织认知框架。组织认知框架的重要特征在于交互共同构成，组织社会责任元认知框架集合了组织对于利益相关方边界、利益相关方参与方式及与组织对利益相关方关系的理解与认知，是管理者之间、组织部门之间与组织成员之间的社会交互，且最终形成一致的社会责任元认知理解模式。

一、元认知的概念及其理解

美国社会认知发展心理学的创立者、斯坦福大学教授 John Hurley Flavel 在对儿童的思维过程进行研究的基础上提出了元认知概念。元认知（Meta - cognition）是指主体对自身认知活动的认知，它包括对自我的认知能力和对当前正在发生的认知过程的认知，以及对两者相互作用的认知[①]。也就是说，元认知可以被广泛定义为任何以认知过程与结果为对象的知识，或是任何调节认知过程的认知活动，它之所以被称为元认知是因为其核心意义是对认知的认知。元认知对人类所有以认知为基础或有认知参与的活动的认知过程进行计划、监督和调节，从而使活动得以顺利完成。广义的元认知过程是指对所有涉及认知活动的心理过程的自我认知和调节的过程，包括对认知过程（感觉、知觉、注意、记忆、思维等）、情感过程（对情绪的状态进行自我觉知和调节，根据情境调整自己的情绪、情感表达使之符合该情景等）和对自己的社会交往与社会实践活动中的自

---

① Flavell J. H. Metacognition and Cognitive Monitoring : A New Area of Cognitive – developmental Inquiry [J] . American Psychologist，1979，34（10）：906–911.

我展示策略进行有效调节等。广义的元认知可以说涉及人类活动的方方面面，只要是需要认知参与的活动就有元认知的影子。而狭义元认知过程是指个体对自身认知过程的自我觉知、自我监控、自我评价和自我调节。其作用限定在心理过程的认知过程中，在感觉、知觉、注意、记忆、思维和问题解决等过程中发挥自我调节作用。

同时，元认知也包含一般元认知与特殊元认知。一般元认知能力是指个体具有的能使用于各种场合中的基本的计划、自我监督和自我调节的能力。它是特殊元认知能力的基础。一般元认知能力强的人善于计划、反省和自我调整，能够在新环境和新任务中通过基于元认知能力的元认知过程建立起自身特点与任务和情境需要之间的快速而有效的动态互动性调节过程，使个体能够快速适应新环境，有效解决新问题；而一般元认知能力弱的人则不能表现出较强的适应性。特殊元认知能力是指个体对某一具体活动所具有的元认知调节能力。它是以具体活动为载体的，其元认知能力结构的相应部分明确而具体。例如，企业社会责任元认知能力就是一种企业管理运营的各个业务领域中的元认知能力，这一特殊元认知能力强的个体对其业务领域的任务情况的了解，使自己在做某项业务过程中能够清晰认知到企业社会责任具体到其业务工作中的要求，能够对企业责任认知理念下其应该具备的行为准则具有很好的把握，从而能够高质量地调整自己的业务工作与实践行为。

总之，元认知实质就是在认知过程发生时，个体调动自己的元认知能力、使用一定的元认知策略对正在进行的认知过程进行计划、监督和调节，旨在达到预定目的的一种心理过程。元认知分为两部分：一部分是作为一种知识体系被运用，另一部分是作为一种动态运行的活动过程。这个活动过程通过监测和控制来实现，监测是指个体获知认知活动中所有信息的过程，控制是指个体对认知活动做出计划、调整的过程。监测和控制的循环交替进行构成了整个元认知活动，使元认知活动趋于完美，进而推动主体认知活动的进行。

二、元认知的基本结构

元认知分为元认知技能、元认知知识、元认知体验三部分。元认知技能是指认知主体对当前所从事的认知活动进行调节的技能，包括计划、监控、调节等。计划是指认知主体根据认知活动的具体情况做出的可行性计划；监控是指主体在认知活动中不断监控和检查自己任务的开展情况，并适当做出调整；调节是指根据监控所得到的信息，对认知活动有误的地方进行修改，以便使元认知活动得以正确进行。这三者都属于元认知的策略。需要说明的是，认知主体的自我调节功能主要体现在监控过程中，也就是主体根据认知活动选取合适的策略解决问题、监控认知活动的过程，不断取得和分析反馈信息并且不断进行相应调整的过程。主体能通过监控过程意识到自己内心的感触、思维的方式、精神的体验，也能意识到自己的目的、计划和行动及行动的效果如何，因此元认知监控过程运用了元认知知识，也发生了元认知体验。例如，主体在做某个重要决定时会给自己列出几种方案，并且认为一种方案会导致一种结果，一种结果会让主体当前处理的事情处于一种情况。在整个过程中，主体通过对方案所产生的后果来判断是否更换另外一种方案时，会用到元认知策略；主体认为某种方案会导致某种结果，这期间会发生元认知体验；发生元认知策略和元认知体验都会用到元认知知识，所以在监控过程中元认知的三个要素都能发生。

元认知是指学习者对自己的认知能力、任务、目标和应采取的策略的了解，是个体通过经验积累起来的关于认知的一般性知识。元认知知识分为认知个体知识、认知任务知识和认知策略知识，这三部分交互影响着主体的认知活动。认知个体的知识是主体关于自己和他人作为认知加工者的所有知识，包括对个体内、个体间认知差异的看法和对人类认知能力普遍性的看法。认知个体知识主要体现在主体在认知活动中的自我效能感上，高自我效能感的主体能运用更好的策略进行自我监控。认知任务知识是对认知任务的性质、内容、目的、要求、难度的认知，主要解决主体对解决问题所使用的策略的应用和选择。认知策略知识是认知主体知道完成任务采取什么策略及其策略的运用条件（何时、何地、怎么用等），这里还存在着策略对主体的反馈及主体对策略的学习和记忆。元认知知识的重要意义在于它是元认知活动的基础，是元认知活动的知识库，为调节主体认知活动的进行提供一种经验背景。

元认知体验是主体在认知活动中经历的认知和情感体验，主要是对认知过程中经历的情绪、情感的觉察，是元认知知识与元认知监控之间的桥梁。元认知体验分为当前认知活动的前期、中期和后期三个阶段。在认知活动的前期，主要是关于任务的难度、熟悉程度和对完成任务的把握程度的体验；在认知活动中期，元认知体验主要表现为对当前任务进展的体验和对自己遇到的障碍或者所面临的困难的体验；在认知活动后期，主要是关于任务的目标是否达到预期的认知期望和效果、完成任务的效率如何及在任务解决过程中收获的体验。元认知三要素既相互区别，又相互联系。元认知知识是产生元认知体验和进行自我监控活动的基础，但元认知知识是元认知活动发生的必要且不充分条件。元认知体验既可导致元认知知识的修正，又可促进元认知活动对元认知策略的监控和调整，是元认知知识和元认知策略的桥梁和纽带。最后，元认知监控可以激发新的元认知体验进而丰富已有的元认知知识，又能使元认知监控的作用发挥得恰到好处。如图4-1所示，虚线表明了元认知各方面的变化是潜移默化、循序渐进的一个过程。

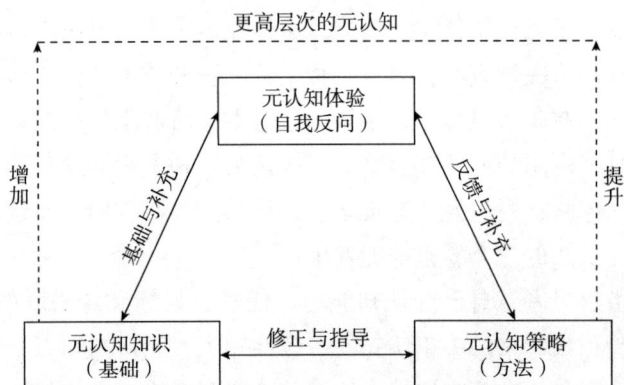

图4-1　元认知三要素的关系

三、元认知的形成过程

可以清楚了解到，元认知在人们解决问题和思考问题中起到了很大作用。另外，元认知作为主体内部最基本的概念，主体会应用其解决遇到的问题，但如果主体原有的元认知不足以解决该问题，则可能会发生关于元认知的概念冲突。主体在理解元认知理论知识并利用元认知进行实践之后，其内部的元认知概念会发生变化并且原有的元认知概念会发生更替或完善。本书在此基础上，通过研究主体解决问题的思维方式，把原有非常离散的元认知理论与实践进行了整合，创建了元认知概念转变的模型，如图4-2所示。

可以看出，几种影响因子会影响主体内部元认知的初始化定义；元认知三要素（先在的、未被主体察觉的）经过主体几次利用，与被初始化的元认知一起经过转化成为主体内部的元认知。当主体遇到外界问题或者高级的认知活动需要元认知的参与时，就会发生元认知新旧概念的碰撞，新概念会替代和丰富原有的元认知概念。重新组合后新的元认知概念在主体内部分为两部分：一种被误解，成为主体内部错误的元认知概念；另一种被主体加以调整理解，成为正确的元认知概念。正确的和错误的元认知概念经过主体内部各种策略的重新解释及因主体理解层次的不同，也会相互转化，完成元认知新旧概念的转化和完善，达到元认知概念的转变。由此可见，将元认知应用于管理实践问题解决的过程中，对提高主体元认知能力和元认知概念有很大帮助，同时也说明主体的元认知能力、元认知理论及元认知实践是相互影响、互相促进的。

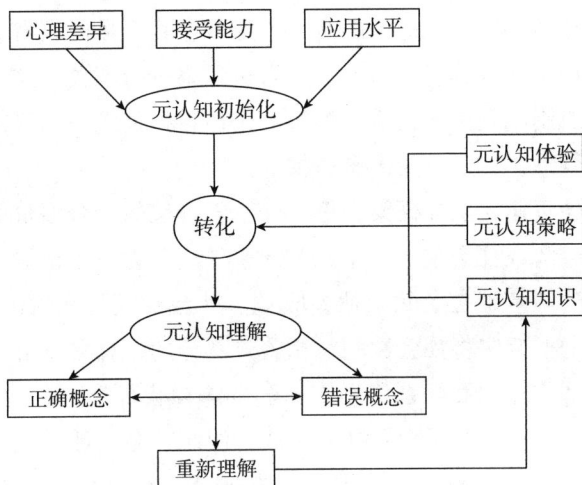

图 4 - 2　元认知的形成过程模型

四、元认知理论下的企业社会责任认知根植

因此，对于企业社会责任根植而言，意味着企业社会责任真正在基层落地，真正地融入企业运营管理、融入业务流程、融入社会责任议题实践，就是形成一种科学的企业社会责任元认知。根据企业社会责任的元定义，企业社会责任是在特定的制度安排下，企业有效管理自身运营对社会、对利益相关方、对自然环境的影响，追求预期存续期内最大限度地增进社会福利的意愿、行为与绩效。这意味着组织成员在开展业务活动与企业社会责任实践过程中需要形成个体社会责任元认知框架及组织社会责任元认知框架。

就个体社会责任元认知框架而言，个体在复杂的组织环境中，如多重社会问题的解决方案及多重利益相关方的价值冲突的情景进行决策时，即通常面临的决策背景情境中充斥着多源的模糊信号。而个体面对此类复杂环境时，会选择降低认知消耗，利用元认知策略来加工决策相关信息，从而更好地理解所面对的情境。当决策任务的复杂程度不断增加时，个体的信息加工过程逐渐从知觉型转为分类型，认知模式也转为图式驱动，主要加工知觉中的类别、模式和图式的信息。由于个体的有限理性，决策者在决策过程中不能够全面地了解任务情境中的所有信息，则他们会利用认知框架来形成对客观环境的主观表征，以此为其进行战略决策和行动的依据。通过认知框架作用，决策者缓解了复杂环境中的多重模糊信号造成的困难局面，还能够根据情境本身来解读信息的内涵与内嵌属性。个体在对知觉信息和新环境信息进行综合时，通常会将个体的已有经验与知识作为整合基础，并通过主动且具有创造性的结合过程来进行解读。这个主动且具有创造力的过程中介机制就是个体的认知框架。个体根据情境中的客体特征对客体和环境进行标签化管理，形成一定的解读模式。

而组织的社会责任元认知框架大多整合了管理层的综合型价值创造动机，组织会根据可能的经济或社会收益，将此关键事件理解为一个机遇，当组织在一个以盈利为目的的公司基础之上赋予社会收益、社会价值与环境价值更大的权重，则说明组织本身的框架中将社会性利益相关方部分的信息着重解读，并且将社会收益理解为与经济收益相互联系，形成一套解决社会环境问题的组织认知框架。组织认知框架的重要特征在于交互共同构成，组织社会责任元认知框架集合了组织对于利益相关方边界、利益相关方参与方式及与利益相关方关系的理解与认知，是管理者之间、组织部门之间与组织成员之间的社会交互，且最终形成一致的社会责任元认知理解模式。但是，在实际的社会责任根植的管理与实践情景中，组织的认知框架的重构即形成社会责任元认知框架会受到多种限制因素的影响，实践中的管理者往往只倾向于使用一个框架（即组织的主导框架）进行管理决策，因为组织的实践过程总会隐藏某种主导的框架，且该框架指导着管理者的思维及组织整体的行动模式。因此，社会责任根植的过程中就涉及原有框架的解冻和重构两个阶段，组织中的管理者必须在框架解冻阶段成功"去学习"掉组织原有的主导框架，在具体的管理和决策任务情境中依据现有的信息，重新建构新的框架进行问题处理。

第二节　复杂适应理论下的社会责任根植

霍兰教授（John H. Holland）于 1994 年在美国圣塔菲研究所（Santa Fe Institute，SFI）成立 10 周年时正式提出了复杂适应性系统的概念。我们把系统中的成员称为具有适应性的主体（Adaptive Agent），简称为主体。所谓具有适应性，就是指它能够与环境及其他主体进行交互作用。主体在这种持续不断的交互作用的过程中，不断地"学习"或"积累经验"，并且根据学到的经验改变自身的结构和行为方式。复杂适应系统（CAS）理论把系统的成员看作具有自身目的与主动性的、积极的主体。更重要的是，CAS 理论认为正是这种主动性及其与环境的反复的、相互的作用，才是系统发展和进化的基本动因。宏观的变化和个体分化都可以从个体的行为规律中找到根源。

一、复杂适应系统理论的基本内容

（一）具有适应能力的主体

CAS 理论最基本的概念是具有适应能力的主体，简称主体。它不同于早期的系统科学中的部分、元素、子系统等概念，部分或元素完全是被动的，其存在是为了实现系统所交给的某一项任务或功能，没有自身的目标或取向，即使与环境有所交流，也只能按照某种固定方式做出固定的反应，不能在与环境交互中"成长"或"进化"。主体则随着时间而不断进化，特点一是能"学习"，二是会"成长"，这就使 CAS 理论与以往的系统观有了根本性差别。

（二）主体与环境的互动作用

主体的"活"性体现在它与环境的互动关系中，理论基础是最简单的刺激—反应模型（如图 4-3 所示）。生活在特定环境中的主体不断从环境中接受刺激，并根据经验做出反应。反应的结果可以是成功的——达到预期目标，也可能失败——没有达到预期目标。CAS 理论的独特之处在于主体可以接受反馈结果，据之修正自己的"反应规则"。这一观点与传统的人工智能、知识库的概念完全不同。传统的知识管理把一致性、无矛盾作为基本要求，使之成为固定的、僵化的机制，而不是"活"的、具有生长和发展前途的机制。CAS 理论突破了这种框架，能够更真实地描述、观察、理解这一类活的复杂系统（见图 4-3）。

二、复杂适应系统理论的主要特点

第一，主体是主动的、活的实体。首先，如此定义的主体具有发生、形成和发展的过程，从而具有动态的生命特征，这是 CAS 理论和其他建模方法的关键性区别。正是这个特点使它能够更适合于经济、社会、生态等其他方法难以应用的复杂系统。

第二，个体与环境（包括个体之间）的相互影响、相互作用是系统演变和进化的主要动力。以往的建模方法往往把个体本身的内部属性放在主要位置，而没有对个体之间及个体与环境之间的相互作用给予足够的重视。

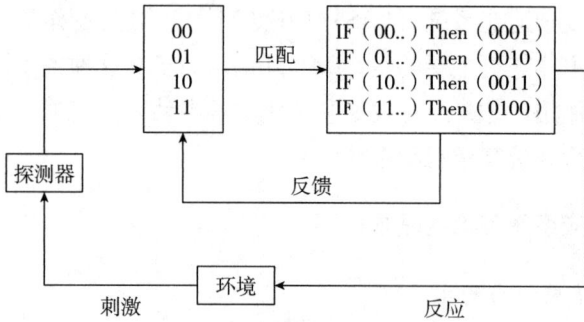

图 4 - 3　刺激—反应模型

第三，这种建模方法不像以往许多方法那样，把宏观和微观截然分开，而是把它们有机地联系起来。它通过主体和环境的相互作用，使个体的变化成为整个系统变化的基础，统一地加以考察。

第四，在复杂适应系统中，所有个体都处于一个共同的大环境中，但各自又根据它周围的局部小环境并行且独立地进行着适应性学习和演化，个体的这种适应性和学习能力是智能的一种表现形式，所以有人也把这种个体称为智能体。在环境中演化着的个体，为了生存的需要，不断地调整自己的行为，修改自身的规则，以求更好地适应环境选择的需要，大量适应性个体在环境中的各种行为又反过来不断地影响和改变着环境，结合环境自身的变化规律，动态变化的环境则以一种"约束"的形式对个体的行为产生约束和影响，如此反复，个体和环境就处于一种永不停止的相互作用、相互影响、相互进化过程之中。

复杂适应系统中的个体可以自动调整自身的状态、参数以适应环境，或与其他个体进行协同、合作或竞争，争取最大的生存机会或利益，这种自发的协作和竞争正是自然界生物"适者生存，不适者淘汰"的根源。这同时也反映出复杂适应系统是一个基于个体的、不断演化发展的演化系统，在这个演化过程中，个体的性能参数在变，个体的功能、属性在变，整个系统的功能、结构也产生了相应的变化。由此可见，复杂适应系统中具有智能的个体与个体间及个体与环境之间的相互影响、相互作用是系统演变和进化的主要动力。

三、复杂适应理论下的企业社会责任根植

复杂性逐渐成为各个研究领域面临的共性问题。复杂性科学即是在这种背景下逐步发展起来的以复杂性为研究对象的横断学科。复杂性科学的出现使人类对客观事物的认识由线性上升到非线性，由简单均衡上升到非均衡，由简单还原论上升到复杂整体论①。复杂适应系统理论强调主体是具有学习和调整能力的能自主行动的实体，认为主体与主体之间、主体与环境之间在不断地进行着各类交互活动，基于复杂系统视角研究企业社会责任，企业仿生学和系统科学的发展为社会责任融入公司战略、组织制度及运营管理体系提供了新的研究视角，研究核心在于构建系统性企业社会责任根植模式。

根植主体与对象的复杂性与集聚性。在利益相关者理论范式下，传统公司已将企业履责目标的定位由股东利益最大化拓展为考虑更广泛的利益相关方的综合价值最大化。即此时的企业社会责任根植过程中的涵盖主体对象包括股东、经理、员工、债权人、供应商、顾客、政府、社区、社会团体等在内的所有利益相关者。但值得注意的是，传统公司社会责任的逻辑起点仍然是某一个公司（即某一个点）。而基于复杂适应系统的网络化利益相关方价值创造关系使企业社会责任根植过程中的主体对象更加复杂，各利益相关方的结点互为利益相关方，利益相关者之间进行双向或多向的互动治理，诸多利益相关方相互作用，由点通过线扩展到面形成一个复杂的根植主体网络。

根植过程的参与主体适应性。企业社会责任根植过程实质上是组织成员或项目成员全方位参与的过程，也是所涉及的利益相关方参与的过程。每个参与主体既要产生对企业社会责任根植过程中的参与主体的价值诉求与价值创造结果的反馈的适应性，又要产生对企业社会根植过程中所面对的外在环境的适应性，企业社会责任根植过程中所有参与主体的各自适应性构筑成了组织整体的适应性。各个合作主体既需要主动地适应社会责任根植过程系统内外部的各类反馈行为，也需要做出一些被动适应的行为来进行应激性的管理和内部提升。同时，主体间的适应性主要体现在社会责任管理能力的适应性和社会责任认知能力的适应性。社会责任管理能力的适应性主要是指根植过程中的参与主体在进行交互的过程中，由于各部门、各模块及各组织成员管理能力的差异较大而得到系统环境的负反馈从而对自身进行调整。社会责任认知能力的适应性是指企业社会责任根植过程中

---

① 宋学锋. 复杂性科学研究现状与展望［J］. 复杂系统与复杂性科学，2005，2（1）：10－17.

各合作主体对社会责任的知识存量，以及对获取社会责任有效知识从而进行自我社会责任行为实践所展现出来的适应性。

根植过程的积木规则。基于规则的主体不可能事先准备好一个规则，使它能够适应所遇到的每一种情况。社会责任根植过程中的参与主体通过组合已检验的规则来描述新的情况，那些用于可供组合的活动规则就是积木，使用积木生成内部模型，是复杂适应系统的一个普遍特征。企业社会责任根植的过程也是适时调整和改变治理结构、公司战略、组织结构、管理体制、规章制度、组织文化、运营流程、技术等的过程，这些要素都是社会责任根植复杂适应系统中的积木。企业通过社会责任根植即在企业社会责任认知融入、企业社会责任管理模式、社会责任实践方式的基础上产生适应性社会责任行为与组织社会责任绩效，利用治理结构、公司战略、组织结构、规章制度、企业文化、技术创新等积木，组合形成社会责任回应的新规则。新规则被作为一种主体标识固定下来，通过"染色体"复制和非线性作用，成为代表了整个系统的共同基因，在"涌现"现象作用下，产生企业与利益相关方的综合价值共创网络。

第三节　图式理论下的社会责任根植

图式是人脑中既有的动态知识结构、用以进行认知活动的认知结构。基于图式理论，企业社会责任根植的过程是融入企业社会责任认知理念的过程，通过社会责任的根植项目不断地建构和完善组织的社会责任认知结构，实现组织社会责任的认知框架。按照图式理论，社会责任根植的过程也是一个与利益相关方形成一个双方共同认可和持有的图式。

一、图式的基本概念

图式理论（Schema Theory）由德国古典哲学家 Immarmel Kant 于 1781 年提出，他在著作《纯推理批评》中指出："新的概念只有同人们已有的知识建立关系，才会变得有意义。"20 世纪 60 年代瑞士教育学家皮亚杰（Piaget）提出"同化"（Assimilation）和"顺应"（Accommodation）的概念，他认为图式能够不断吸收新知识，通过同化和顺应构建新图式，以调整适应新环境。20 世纪 70 年代以来，图式理论在语言学、人类学、心理学和人工智能等领域获得广泛应用①。图式是指个体用来有效解码和描绘所接收信息的，关于具体概念、实体和事件的动态的认知结构②，是个体用以分析所处环境，包括对人和事物的理解的基本认知框架。总体来说，可以将图式看作人脑中既有的动态知识结构，用以进行认知活动的认知结构。从认知心理学的角度来看，人类的大脑是一个复杂的信息加工系统，该系统最基础的程序就是对外界刺激和外部信息进行分类。人类大脑会将单个的刺激与大脑中的知识原型进行比较、归类和编码。每个知识原型并非孤立，而是通过各种方式联系起来的一个完整而系统的认知结构，即为图式，它通常包括一个实体自身的各种属性及与由此发散开去的其他实体的关系。

二、图式的基本类型

一般而言，图式分为四种类型，分别为自我图式、他人图式、角色图式及事件图式。1977年，马库斯首先提出了自我的概念。自我图式是关于自我的认知结构，它来自个体对于过去的经验和信息的加工，在自我认知过程中形成的有关自己个性、外表及行为的信息。自我图式既包括以具体的事情和情境为基础的认知概括，又包括来自他人的评价和个体自己的认知概括。个体的社会认知加工过程会受到个体已有的认知结构的影响，因此，自我图式也会对有关自我的信息加工产生影响。马库斯等研究指出，自我图式对自我认知加工具有组织指导作用，且具有以下特点：①对涉及自我的信息具有高度的敏感性；②对涉及自我的刺激加工快而且自信程度高；③对涉及自我的信息能够产生较好的回忆和再认；④个体能够对自我有关的领域进行行为预测、归因和推理，且具有较高的自信程度；⑤对自我图式之外的信息产生抵触③。

他人图式是指有关他人行为特征和人格类型的信息。在对他人的认知过程中，一个最主要的概念就是"印象"，个体通过与他人接触，对他人的言谈举止、仪表神态及行为方式等方面的知觉形成印象，在个体内部通过对这些信息进行加工而形成对他人的认知结构，即他人图式。

角色图式是指具有特定身份、职业、年龄等的特定人群在思维方式和行为习惯等方面的社会认知表征。角色图式是人们用恰当的标准和行为等组织起来的认

①　魏薇，刘明东. 图式理论的发展及应用［J］. 湖南第一师范学报，2007，7（1）：8.

②　Markus H. Self – schemata and Processing Information about the Self［J］. Journal of Personality and Social Psychology，1977（35）：63 – 78.

③　蒋重清，李文辉. 自我图式的实证研究综述［J］. 辽宁师范大学学报，2011，34（2）.

知结构，因此具有一定的稳定性。角色图式主要有两种形成途径：一是通过个体直接与该角色成员接触；二是由于人们带偏向性地用社会角色为参照系对社会群体成员进行归类，当角色成员与正面的或负面的特征联系紧密时，个体就会对角色成员形成刻板印象。

事件图式主要是关于某类事件及其子事件发生、发展的一种认知结构，是"人对各种社会事件中的典型活动按先后次序所做的有组织的认知"。事件图式的主要作用在于，当认知主体受到外来事件刺激时，即调动关于该类事件的既有的认知经验，并对该刺激进行解释。事件图式会影响个体对事件的记忆，也会影响个体对新信息的加工。

三、图式的基本功能

图式对人类的认知有四方面的功能：选择功能、整合功能、理解功能和计划功能①。

（一）选择功能

第一个功能是选择功能。图式的选择功能指的是图式能够决定人们从外部世界所提供的海量信息中选择接收什么，这个信息选择的过程包含注意、编码和检索三个环节。注意是指加工能力的指向和聚焦；编码是对信息进行加工和存储；检索是从现存记忆中提取信息。实际上，能够被人们注意到的只是这个大千世界提供的大量信息中的一小部分，而且只有被注意到的信息才会被编码，编码后的信息才可能会被检索。这三个环节中信息的选择不是随机的，这个过程中图式起到了关键性的作用，它就像一张滤网，决定了人们会接收什么信息、存储什么信息、检索什么信息。换言之，图式的选择功能可以影响人的记忆，图式影响着记忆的内容、速度和容易度。图式在记忆里组织信息，影响着人们会记住什么、忘记什么，当人们试图回忆的时候，比较容易快速地回忆起那些和既有图式相符的事实。

（二）整合功能

图式的整合功能是指人们通过认知图式，将外部信息与既存知识进行比较、分析、整合，对杂乱无章的外部信息进行加工整理的过程。在这个过程中，人脑将自动提取存储的内部信息，与外部信息综合，利用内部信息对外部信息进行分析处理。20 世纪 60 年代瑞士教育学家皮亚杰提出了同化—顺应理论（见图

---

① 乐国安. 图式理论对社会心理学研究的影响 [J]. 江西师范大学学报（哲学社会科学版），2004，37（1）：19－26.

4－4）。认知图式包含三个基本过程：同化、顺应和平衡。同化是指个体对外部信息输入的选择或理解过程，即个体把外部信息整合到自己原有的认知结构内的过程；顺应是指当外部环境改变时，原有的认知结构无法同化新的环境信息，引起个体的认知结构改变与顺应的过程。换言之，同化是认知图式的扩充，而顺应则是认知图式的改变。平衡则是当人们面对新的刺激时，首先会尝试用现有的图式去同化该信息，如果同化成功就得到暂时的平衡；否则个体就会选择顺应，也即重建一个新图式以实现平衡。图式正是通过不断地同化、顺应、平衡而逐步向更高一级发展。

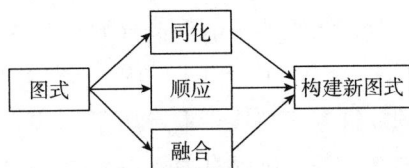

图4－4　图式的同化与顺应

（三）理解与计划功能

图式的理解功能指人们结合自身图式对外界信息做出的理解和判断，当信息不足时，还会依据现存图式自动补充缺失的信息。图式的理解功能主要有三个特点：首先，不同的认知图式所能理解的外界刺激的范围是不同的；其次，不同的认知图式对同一事物的理解角度是不同的；最后，不同的认知图式对于相同信息理解的深度和广度是不同的。图式还影响着人们对他人或其他社会实体做出推论，当知识出现欠缺的时候，图式会自动补充缺失；一个完整的、正确的图式，还可以帮助推测新的事实。图式的计划功能是指当人们需要某些信息时，可以按照现存认知图式的指引，有目的、有计划地在外部环境中寻找所需信息，这使人们的信息搜寻行为变得更加高效，从而减少了外部刺激的复杂性。当然，计划功能限定了人们寻找信息的范围和目标，也有可能导致信息搜寻的片面性和局限性；同时，不同个体搜寻信息的能力和效率依据个体图式的不同而不同。

四、基于图式理论的企业社会责任根植解析

（一）基于图式理论的企业社会责任根植特征解析

社会责任的根植具有情景依赖性。由于企业社会责任的根植受到各级组织所运营的业务范围、资源能力社会问题及外部环境情景的影响，不同的组织所面临的内外部管理情景与实践能力都呈现极大化的差异。每一个组织、部门及成员在面临不同的组织情景时会形成不同的社会责任知觉，即形成依靠社会责任认知与方法解决问题的具体方案也会呈现极大化的差异，因此所构建的社会责任根植情景图式也会有较大的差异。这也意味着社会责任的自我驱动图式的启动需要有赖于组织情景的刺激，在遇到特定的组织情景后，组织成员便会按照所建构的社会责任图式实施社会责任行为，从而实现组织所建构的社会责任目标，创造合意的社会责任绩效。

社会责任根植具有异质性。尽管社会责任根植的最终目的是确立科学的企业社会责任认知图式，进而通过企业社会责任管理模式与实践模式构建可持续的利益相关方价值创造网络，改变组织的价值创造行为，最终实现综合价值最大化的目标。但实质上，在各层次的组织中，由于组织的运营环境具有较大的差异，组织成员个体对社会责任的践行方式与践行重点都存在不同的理解。自我图式中的内容也不相同。社会认知会受到个体已有的知识结构的影响。由于个体之间与组织部门之间已有的社会责任知识结构与知识存量不同，在接受社会环境问题的刺激时，个体对社会环境问题的理解不相同，因此社会责任根植的具体方式也会不同，因此形成的社会责任图式也会不同。

社会责任根植具有动态性。图式是个体在与其他利益相关方的积极交互作用中逐步建构起来的，是组织内成员个体已有的社会责任知识、经验不断与组织对利益相关方的社会责任相互渗透、调整和平衡过程中完成的。个体从内部图式出发，在管理与实践的过程中不断地对组织内外部的信息进行加工与合并，并与内部图式进行整合，使自我图式能够不断地得到丰富和发展。组织成员个体通过企业社会责任根植项目，与组织所涉及的利益相关方互动的过程中，经过对新信息的加工与整合，会调整个体的社会责任的内容，即在此过程中，个体的行为方式和社会责任认知观念等会因此发生改变，使自身行为方式等能够与社会责任标准相契合，与组织的综合价值创造最大化的目标趋于一致。

(二) 基于图式理论的企业社会责任根植的过程解析

基于图式理论，企业社会根植的过程一方面是融入企业社会责任认知理念的过程，通过社会责任的根植项目不断地建构和完善组织的社会责任认知结构，实现组织社会责任的认知框架。另一方面，按照图式理论，社会责任根植的过程也是一个与利益相关方的关系形成一个双方共同认可和持有的图式（见图4-5）。图式的形成和变化实质上就是组织的社会责任的认知发展，受同化、顺化和平衡过程的影响，这种内在可变性有助于解释企业业务运营与管理过程中通过社会责任根植如何构建可持续性的利益相关者关系网络的动态性关系。根据符号互动论，社会主体在互动过程中根据自身对外界客体意义的理解（即图式）做出响应，并且对客体意义的理解能够随着互动过程的演进日益完善。由此，在每个阶段，之前的图式能够驱动企业和利益相关方准确把握自己、对方或情境的心理定位，再决定下一步的行为反应。随着从启动、培育到融合阶段的转换，企业与利益相关方对自己、对方和情境的社会责任认知是一个循序渐进的完善过程，往往会在持续互动之后进一步修正原有图式，或者建立新的图式。企业与利益相关方通过企业社会责任根植的过程中的社会责任认知图式与企业社会责任实践理念、方法与管理模式图式重构至少涉及同化与顺应两个基本过程，其中企业或利益相关者通过同化，将对方展示的信息整合到自己原有图式中；当原有图式无法同化所涌现的新信息时，认知结构平衡即被破坏，进而需要修改或创造新图式（顺应）以实现新的平衡状态。由此，企业和利益相关方之间的关系在认知结构（图式）经历多轮"平衡—不平衡—新平衡"状态转变的循环中得到不断丰富、提高和发展，并逐渐融入利益相关者网络的综合价值创造过程之中。

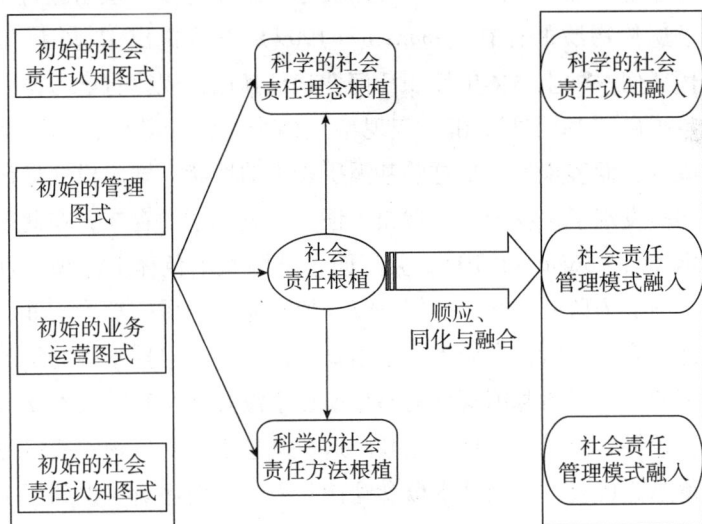

图4-5　图式理论下企业社会责任根植过程

第四节　基因重组理论下的社会责任根植

Aurik 等（2002）首次提出了企业基因重组的概念并较为系统地阐述了企业基因重组的战略，从而创建了企业基因重组理论。但企业基因的概念在此之前早已出现，国内外学者仿照生物基因的构造构建了许多经典的企业基因模型，这些模型对企业基因重组理论的产生和发展起到了重要的推动作用。

一、基因的生物学原义

基因的含义起源于生物遗传学，最初由孟德尔（1866）在其豌豆杂交实验中发现。实验中孟德尔将豌豆一些易于区分的性状分别用不同的字母表示，并用简单的字母代表豌豆的不同性状组合，通过实验发现，豌豆杂交的子代当中出现的性状组合具有很高的统计学意义，就此他提出了生物的遗传单位是遗传因子，并在后续研究中相继提出遗传学分离定律和自由组合定律，这一切标志着生物遗传学的诞生。自孟德尔之后，许多学者利用孟德尔定律对多种植物进行了实验，结果切实证明了遗传物质的存在。Johnson（1909）首次提出"基因"这个名词，并用它来指代任何一种生命体中控制任何性状且其遗传规律符合孟德尔定律的遗传因子，并且提出"基因型"和"表现型"两个术语。其中，基因型是指一个生物的基因成分，而表现型是指这些基因所表现的性状。摩尔根（1910）通过对果娟遗传学实验发现了生物的突变现象，证实了突变型的存在，在此基础上提出了基因连锁定律（Morgan，1910），并证明了基因在染色体上呈现线性排列。生物基因理论逐渐成为研究的热点，但仍仅停留在遗传物质的功能层面，即可以控制生命体的外在表现性状，未能解开基因真实的面貌，包括基因的组成成分和内部结构。如上所述，经典基因概念的不足就在于没有涉及基因的本质及何种基因如何产生何种效果，只是笼统地采用基因这一概念来说明生物的遗传现象。

从以孟德尔为代表的基因基本概念延伸开来，人们逐渐认识到了基因的结构问题，从而开始从基因如何发挥其遗传功能的角度研究基因的定义。Watson 和 Crick（1953）提出了著名的 DNA 双螺旋结构，并从分子层面解释了基因的结构、自我复制、相对稳定性、变异性及其如何储存和传递遗传信息等问题，明确了基因是 DNA 分子中的有效片段。20 世纪 70 年代起，随着 DNA 体外重组技术和基因工程技术的成熟，人们对基因的结构和功能有了更多的认识，涌现出断裂基因、重叠基因、假基因、跳跃基因和印记基因等基因的多元概念。基因结构还具有某些基因的重复多拷贝性，研究证明，人类基因近半是由于基因重复形成的，而根据进化理论推断，重复基因会使生命体产生适应环境的新功能。随着分子生物学的进一步发展，人们目前明确的基因结构特点主要包括间隔性、跳跃性、重叠性、重复性。

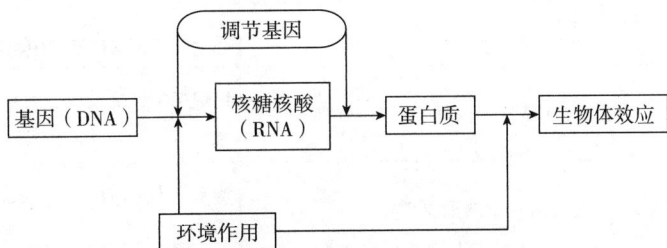

图 4-6 基因影响生物的作用途径

可见，在生物体的演化过程中，基因起了关键的作用。基因对生物体的功能、结构有着先天性的影响，对生物体抵抗外界侵害的能力有着重要影响。如果基因存在某种缺陷，那么生物体在某些方面就特别脆弱，特别容易病变。可见，基因对于生物体的寿命有着可不替代的制约作用。

二、企业基因的内涵

基因在生物界的进化与演变过程中起着重要的作用，深刻影响着生命体的健康及对外部环境的适应能力。同样地，对于企业而言，也有其自身在成长过程中的企业基因，基因在企业的成长壮大及运营管理过程中发挥着重要的作用，可以说，企业基因是否优秀决定了企业的市场竞争优势及能够获得足够的可持续发展的动力。Tichy（1993）最早提出了企业基因的概念，他建立了由决策、社交架构组成的企业基因密码模型。随后，不同的管理学派别基于自身理论基础对企业基因给出了诸多的解释（见表 4-1）。

表 4-1 企业基因的相关概念及要素

研究者	企业基因的概念模型	基本涵盖要素
Tichy（1993）	企业遗传基因就是企业的基因密码	包括决策架构和社交架构
哈默等（1997）	存在于每位经理人员脑海的对于产业获利方式、竞争对象、顾客需要及有用的技术等的意见、假设及设想	如信念、价值观和准则等

续表

研究者	企业基因的概念模型	基本涵盖要素
纳尔逊等（1997）、许晓明等（2008）	惯例是一切规则和可以预测的行为方式，是企业基因	技术管理、员工雇佣和解雇、订购的商品、投资研发和推广的程序和政策
Aurik 等（2002）、王维（2005）	企业价值链中对企业的生产率产出具有关键贡献及独立贡献的业务能力要素	制造、品牌、管理、采购
Baskin（2002）	企业的 DNA 遗传模型	公司的运营程序及组织构架
Neilson 等（2005）	企业 DNA 遗传模型	组织架构、决策权、激励机制及信息传导机制
周阵等（2002）	决定企业生命的重要要素	资本、劳动力、企业家、技术和企业文化
李欲晓（2008）	决定作为生命体的企业基本稳定形态和发展乃至变异的种种特征的内在因素	文化、人力资源、制度、管理方式、技术、非人力资源
刘德胜（2011）	由不同要素构成的具有一定结构的能够实现企业生命体的遗传、变异和控制的DNA，能够决定企业如何生产、如何销售和如何配置等各种企业职能与行为的遗传因素	企业家资源、人力资源、知识资源、技术资源与财务资源

从企业的价值链视角来看，企业基因是企业价值链中可以为企业带来特定产出的价值元素，这些价值元素源于一定的资源基础，如知识、资产或流程。本质上讲，企业的各个基因（能力要素）本身也在组合成企业基因组，这些企业基因组有自己的产品、服务和顾客，在资源的使用上也更为集中。企业的每条价值链实际上都是由许多企业基因组成的，企业应该在能力要素水平上进行基因组的重建。企业基因重组理论认为价值链可以分为三个层面：物质层、交易层和知识层。从物质的价值链来看，物质价值链由所有主要生产流程组成，遵从于规模经济逻辑，其中包括原材料供应、部件生产制造、产品装配、分销销售和仓储等。交易价值链由所有交易流程组成，遵从的是信息经济逻辑，这些交易流程包括了像订货、计划、发货确认和工作程序辅助这样的信息流程。知识价值链包括了更多的创新元素，如新产品研发、产品设计、品牌管理及组织文化的传播等。在知识价值链层面，存在着隐性知识与显性知识，其中显性知识是能够客观捕捉的结构性的知识，如公司的制度文件、研发程序、生产流程操作等；隐性知识是不易

口语化与形式化表达的知识，需要通过个人的经验、文化、习惯等体现与表达出来。对于企业基因而言，关键性的隐性知识被视为组织成长与发展的关键，主要体现为两个关键层面：一是组织技术层面的知识，包括应用于特定情境的具体的诀窍、做法、工艺和技能。这个层面的默会知识表现为企业经验。二是认知层面上的"心智模式"，即组织成员个体头脑中关于企业运行管理与实践的模式，包括帮助个人认知的范式、信念和观点等（见图4-7）。

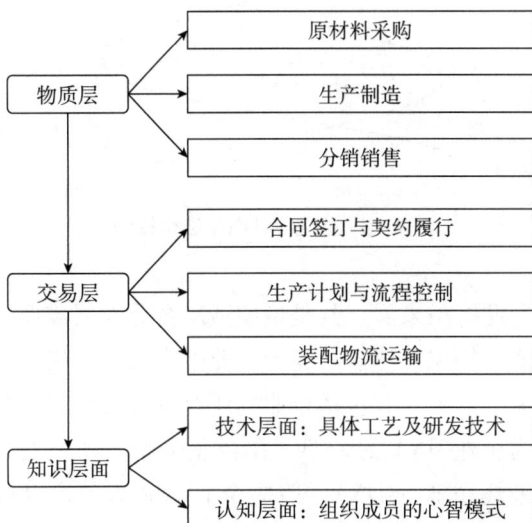

图4-7　企业理论下的企业价值链条的三大层次

三、企业基因理论下的结构模型

在生物体中，DNA是主要的遗传物质，储存着生物体的遗传信息，而基因作为具有遗传效应的DNA片段，控制着生物体遗传性状的表达。同其他自然界生物体一样，企业也有其固有的生命周期，企业可持续成长的内在决定因素是企业的遗传物质，即企业DNA。通过类比生物DNA的特征来界定企业DNA构成模型。如图4-8所示，企业DNA由双螺旋平行双链组成，构成基本骨架：一条是链人力链（Human Resource），另一条是资金链（Capital）。企业DNA的碱基组成为企业机制（Corporate Mechanism，M）、企业文化（Organizations Culture，O）、信息系统（Information Systems，I）、技术能力（Technology，T）。

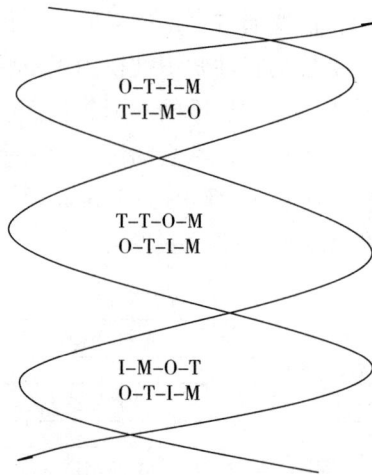

图4-8　企业的 DNA 结构模型

从组织的人力资源链条来看，其是指能适应企业发展需要，具有能满足企业生产经营要求的技能、知识、体能，能为企业生产与服务提供企业所需智慧、知识、管理、服务和劳务的人，它包括企业的所有者及其组织成员。从企业的资金链来看，资金链作为企业 DNA 的骨架，在企业生命活动中处于重要的地位，一旦资金链断裂，会破坏企业的 DNA，造成企业生命活动难以得到保证。提高资金的利用效果，加强对资金链的管理，建立健全企业资金链的有效机制，能够为培育和提高企业核心竞争能力提供有力的保证。而企业技术能力碱基是指企业在技术的选择获取、消化吸收、改进和创新过程中，有效地学习、积累和使用技术知识的能力。技术要素必须通过人的作用才能发生作用，同时技术作为一种资本存在于企业生命体中。技术能力碱基包括：寻找可靠的可选择技术，并决定最合适的引进技术的能力；对引进技术实现从投入到产出的转换能力；改进以适应当地生产条件的能力；实现局部创新的能力；开发适应当地的 R&D 设备的能力；制定基础研究计划并进一步提高改进技术的能力。而信息结构碱基则是组织内信息处理、传递并使用信息的机制和渠道，通过建立一个高效的企业信息系统确保企业做出正确决策。在企业的生产经营销售活动过程中的每个环节，能否根据市场变化的规律和企业自身的特点做出科学的决策是成败的关键。企业经营决策的过程实际上是一个信息收集、分析、选优、利用的过程，也就是信息系统化管理和利用的过程。

企业的运行机制是企业内各构成环节或要素之间有机结合、相互制约而形成的自我运行机能和系统，一般包括企业的产权制度、经营机制、管理组织结构、人力资源机制、激励机制等。运行机制决定了企业生存和发展的内在机能和运行方式。而企业隐性基因即文化碱基是具有本企业特色的价值观念、思维方式和行为习惯的总和。从管理学角度看，企业文化是指企业成员共同拥有的、用来指导彼此行为的价值观系统。企业的管理与行为实践往往由其特色的价值观驱动，重要的是企业的价值导向往往具有极大的异质性，即即使运营管理的机制保持一致，但是由于人员价值观系统的差异，组织的价值创造价格也呈现出极大的差异。

四、企业基因理论下的企业社会责任根植

在完成对企业基因的界定后，需要从基因层面解剖企业社会责任根植的内涵。

（一）企业社会责任基因的作用机理

企业可持续成长的基本单位是什么，即在企业转型成长动因的影响和目标的指导下，企业需要对何种基本因素进行革新才能促使企业各功能模块的转型从而实现整个企业的可持续竞争能力构建及可持续成长？上述问题是进一步探讨企业可持续成长机理和模式的前提和基础，能够直接反映可持续成长的本质。在对企业社会责任基本的内涵进行界定之后，问题的答案已不难揭晓——社会责任基因（即具有综合价值增值作用的业务单元能力要素）是成长的基本单位。原因在于，与生物基因类似，企业社会责任基因也可以通过"遗传中心法则"——根植机制，创造企业的"蛋白质"——各企业功能模块，进而决定企业的社会责任成长和演化能力（见图4-9）。

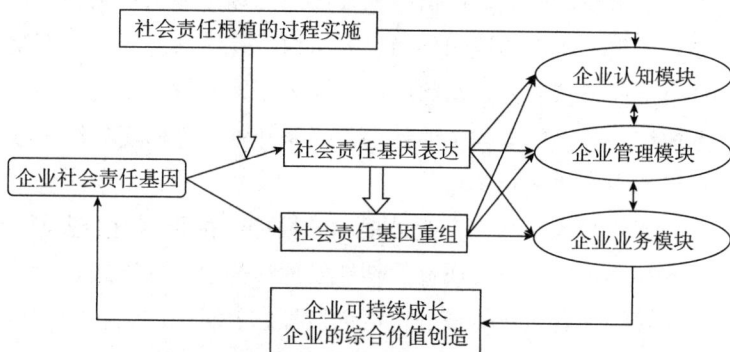

图4-9 企业社会责任基因的作用机理

就企业基因本身的特征而言，企业的基因相较于企业的其他实体资源更多地带有隐性的特征，企业基因处于最为核心的层次。同时，企业的基因由于具有高度的默会性，因而一定程度上基因也是企业获取可持续竞争能力的关键要素，竞争对手难以完全模仿。同时，企业的基因往往不是独自存在，而是依附于组织成员、组织结构及组织制度体系之中。更为重要的是，企业基因不是一蹴而就的，而是通过不断地组织学习形成组织基因，进而将基因复制到组织的部门、成员的运转体系之中。

（二）企业社会责任基因的显性特征与企业社会责任根植

第一，企业社会责任是国有企业尤其是中央企业与生俱来的重要基因。国有企业自诞生以来就承载着市场功能与社会功能，需要在创造经济价值的同时创造社会与环境价值，这是由国有企业的天然性质决定的。企业社会责任基因作为国有企业与中央企业的重要内核，能够随着国有企业的不同发展阶段与行业属性，通过社会责任管理认知根植、社会责任管理模式根植及社会责任议题实践强化等不同手段实现企业社会责任基因融合于组织运营管理的各项流程、制度体系及行为规范体系之中，并通过社会责任基因融入组织的各项资源整合的过程中，从而不自觉地实现对利益相关方的价值创造效应，使中央企业的社会责任基因避免成为"空中楼阁"，能够成为企业行为与发展演化的重要成长基因。

第二，社会责任基因可以复制与遗传。在企业的成长当中，企业社会责任基因深深地植根于企业的每一个部门、每一个系统乃至每一个员工当中，在企业进行扩张时，首先被复制的就是企业核心价值观。这种复制实质上就是所谓企业的"内部学习功能"。而内部学习功能的实现则依赖于组织能否将企业社会责任的基本认知根植于企业中的每一个部门、每一个系统及每一个员工之中，实现组织的价值创造理念与组织成员个体价值理念及部门的创造理念一脉相承，在组织的结构层面、要素层面及组织的认知层面融入组织运转体系之中，从而实现社会责任基因通过社会责任根植的方式在组织的职能体系、结构体系及认知体系之中复制与遗传，形成统一的、科学的企业社会责任认知观，进而实现组织成员行为自觉地与社会责任的内涵要义相契合。

第三，社会责任基因是国有企业最根本的性能。由于国有企业具有"公共"属性，毫无疑问社会责任是公共属性的功能发挥最为根本的方式。通过社会责任基因的作用，能够将国有企业的核心价值创造理念、组织的运转结构体系、组织的规章制度及组织的产品与品牌在组织的全体部门与全体成员中形成一致性的"公共性"理解，这也意味着企业社会责任基因能够实现组织的战略蓝图构建，即通过社会责任融入组织战略从而完成国有企业的基本性能。

第四，社会责任基因一定程度上也具有异质性。就生物体而言，每一个生物体都有其特定的基因，每一个特定的基因都不可能完全重合，从而创造了丰富多彩的生物世界。对于国有企业而言，由于国有企业的行业属性、生命周期、成长阶段及特定组织功能使命不尽一致，因此国有企业尽管都有着一般性的企业社会责任基因，但是本质上企业社会责任基因都是"同形异构"，即其社会责任都体现为创造社会福利及公共价值（社会价值与环境价值），但是具体到每一种类型的国有企业如一般商业性即竞争性的国有企业而言，经济责任成为社会责任的主要内容构成，而对于特定功能类的国有企业，其不仅需要发挥国有企业履行社会责任的一般性功能，还应该在其特殊的经营领域内发挥社会责任应有的使命及价值。因此，国家电网公司尽管是大型的中央企业，并处于关键性的垄断性的行业之中，更加需要通过各级子公司（省公司、市公司及县供电公司）的社会责任基因的"同形异构"实现社会责任实践议题符合特定公司的社会责任实践领域与管理情景，即应该通过具体地区、具体所面对的社会环境问题进行差异化，最终实现企业社会责任基因的多样性表达与多形态共存。

第五，企业社会责任基因也具有突变性。这意味着企业社会责任基因在向企业的部门、员工和子企业精确地遗传和复制的过程当中，虽然保持了最根本的性状，但或多或少会发生一些微小的变化，这些微小的变化就是企业基因的突变。即在基因传递的过程中由于外界环境的剧烈变化如组织衰退或组织死亡导致组织社会责任基因覆灭，或由于部门利益冲突或资源整合失效产生社会责任基因突变，同时由于组织成员在社会责任基因的复制传导过程中也会因为个体学习能力及理解程度的差异从而形成错误的社会责任认知理念及行为方式，导致企业社会责任基因产生突变。因此，企业社会责任基因也需要充分与组织外界环境和组织内的管理情景相匹配，有利于组织内综合价值创造种群的进化和保留，同样，企业基因复制中发生的变化实际上也有利于企业的成长。与生物进化一样，当环境发生改变时（这样的环境改变是不断连续发生的），企业社会责任基因向某个方向的微小变化更加适应环境，这个变化就受到选择和强化，最终使企业向适应环境变化的方向进化。

通过以上分析可以看出，企业社会责任基因与生物基因是极其类似的，但也存在一些差异，如生物基因是分为隐性基因和显性基因，而企业基因主要表现为隐性的；生物基因由核酸物质构成，而企业社会责任基因是由企业综合价值创造理念、社会责任管理模式与议题实践模式构成；生物基因的形成过程时间很短，而企业社会责任基因的形成与强化则需要较长的时间。生物基因与企业社会责任基因的对比如表4-2所示。

表4-2 企业社会责任基因与生物基因的异同特征

	区分要素	生物基因	企业社会责任基因
差异之处	构成	物质（核酸）	价值创造理念（综合价值与共享价值）
	形成过程	时间较短	时间较长
	基本性质	显性基因与隐性基因	隐性为主，显性为辅
相似之处	基本特征	与生俱来；可复制与可遗传；决定其成长的根本特征；具有异质性；具有突变性	
	基本作用	对生物体/企业的可持续成长具有决定性作用	

资料来源：项目组整理。

（三）企业基因理论下社会责任根植的类型

根据企业社会责任基因的作用机理，可以看出可以通过企业社会责任根植实现企业社会责任基因重组，即实现企业社会责任基因整合和企业社会责任基因变革两种类型，因此分别系统阐述两者的含义。

企业社会责任基因整合。企业社会责任基因整合是指企业社会责任基因在整个组织中的重新排列组合，即企业社会责任基因的排列顺序或组合方式的重新组织，从而提升或转变企业价值链与价值创造网络的基本性能，实现企业功能模块优化和企业可持续成长。根据企业社会责任基因与企业价值链的关系，企业社会责任基因整合主要有两种类型：一种是聚焦于组织内部的资源链的内部价值链社会责任基因的重组整合；另一种是企业价值链之间企业社会责任基因跨越企业边界的跨组织边界、组织联盟式的联合。组织内部的价值链的社会责任资源整合意味着从组织的采购体系、产品生产制造体系到产品销售与服务体系的全链条式的社会责任基因整合，通过社会责任根植融入组织的价值创造链条，从而实现负责任的采购体系、负责任的生产制造、负责任的产品服务，按照一定的结构排列组合形成功能模块。综合价值的创造绩效则是这些功能模块的一种集合体（见图4-10）。

企业社会责任基因变革。企业社会责任基因变革是指在企业运管管理过程中，为了能够更好地适应环境变化，企业主动寻找和培育决定性企业社会责任基因并充分挖掘提升非决定性基因价值潜力的过程，即通过对企业某个模块、某个流程、某个部门的社会责任能力要素的培育和开发，将企业带向一个新的竞争力

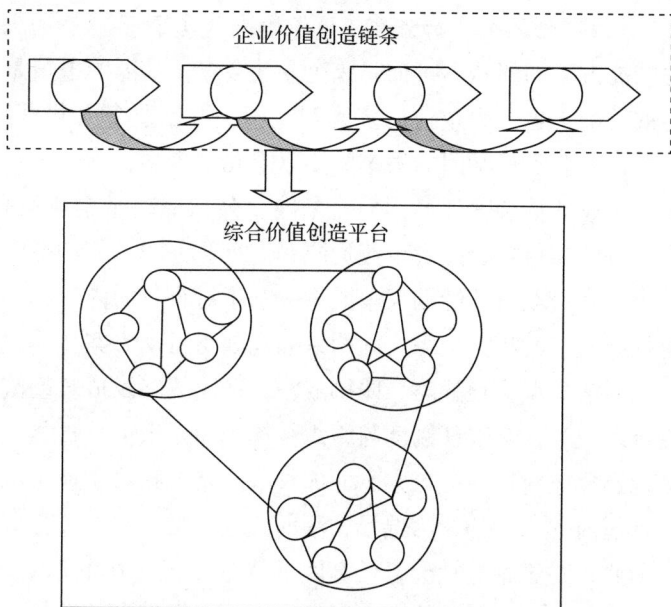

图4-10　基于企业全价值链的企业社会责任基因的整合过程

水平。总而言之，企业社会责任基因变革的过程即企业社会责任基因价值提升的过程。与着眼于价值链进行的企业基因整合不同，企业基因变革强调单个能力要素的战略。企业社会责任基因变革过程即企业决定性基因的创造过程和非决定性基因价值提升的过程，改变了企业原有主导竞争的基因组织结构和权重顺序，而这种改变会通过基因的"遗传机制"改变企业的功能模块特性，从而促进企业可持续竞争能力的提升。对于企业社会责任根植而言，意味着可以通过设置具有优势性的企业社会责任根植项目，通过单个企业社会责任根植项目，带动某一个模块变革其运转的原因的社会责任基因，将科学的企业社会责任基因植入到其运转的体系之中（见图4-11）。

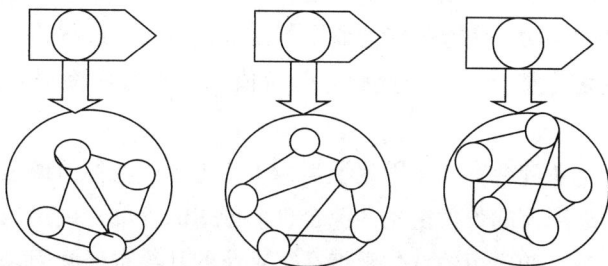

图4-11　基于企业单元模块的社会责任基因变革

（四）基于基因理论的企业社会责任根植的基本过程

根据企业的能力基因的基本特征完成企业社会责任基因的根植是企业保持可持续竞争能力的关键，也是为企业的多元利益相关方创造多方共赢价值的过程。从基因理论来看，社会责任基因的根植需要以下几个步骤：

首先，确定企业的社会责任基因组合战略。公司战略是企业最高层次战略，是确定企业发展方向和目标、配置企业资源、进行业务间协调的战略。而企业社会责任战略是企业为获取可持续的竞争能力，基于对企业的内外部利益相关方的定位，对企业社会责任的相关组织实施的系列规划与行动方案。一般而言，企业社会责任战略包括消极反应型战略、防御战略、适应战略及成长型战略。适应战略是不主动变革组织的社会责任制度与组织结构，而是根据利益相关方的诉求期望的变化被动地选择应对行为与方案。而成长型战略意味着企业采取一种积极的应对方案、一种超前的主动的行为选择，超前式地满足利益相关方要求可能出现的动态变化。因此，对于企业社会责任基因根植而言，一个首要的步骤是确定本组织的社会责任战略，在公司总体的发展战略下，根据自身的业务与所面对的利益相关方选择不同的社会责任基因根植的方式，而这一方式是通过各类企业社会责任根植项目选择不同的社会责任基因重组方式。在两种能力基因重组战略、在基于组织单个模块或能力要素的战略或基于全价值链能力要素组合的战略之间进行选择，从而确定能够最大化发挥本企业核心能力效用的社会责任基因重组战略。

其次，对社会责任基因根植过程中涉及社会责任根植所需要的能力、资源与要素进行分解。分解过程实际上是企业基于现有价值链的运行状态对自身社会责任能力要素所进行的自我剖析与诊断过程，企业需要对价值创造过程中存在的社会环境问题及利益相关方诉求进行全面的考虑，进而发现影响的具体能力要素，并重点发现企业所欠缺的社会责任能力要素，为企业通过与外部利益相关方构建价值创造网络，进行社会责任能力基因的重组提供依据。企业社会责任基因能力要素分解过程是对企业业务能力要素的模块化重构的过程，通过企业内外的资源和能力的模块化整合，为企业的综合价值创造平台网络提供可行的内外部"接口"。

最后，进行企业社会责任基因重组是为了改进企业各价值模块的综合价值创造能力，通过发现现有的价值链条的综合价值创造的评估，确定最优的基因重组方案。社会责任基因的重组的评估重点在于企业的社会责任基因是否与企业的社会责任战略目标匹配、是否与组织的制度体系相融合、是否与组织的业务运营相契合，以及是否与组织的内外部利益相关方的意愿及价值诉求相吻合。而在根植社会责任基因的效果检验方面，除了要通过企业财务绩效指标、社会环境绩效指标对社会责任基因重组后的能力要素发挥效果进行评价和检验，还需要评估社会责任基因的稳定性，才能够构建有效的、稳定的综合价值网络。

第五节　血液循环理论下的社会责任根植

在医学理论中，血液循环的主要功能是完成体内的物质运输，血液循环一旦停止，生命体各器官组织将因失去正常的物质转运而发生新陈代谢的障碍。血液循环的正常维持依赖于健康的血液系统，而血液循环理论则主要描述了血液系统的运行机理。伴随着生命科学的发展与医学技术的进步，人们对生命体的血液系统已经形成较为完善的认识，血液循环理论也已发展到较为成熟的阶段。

一、血液系统的构成与运行

血液系统是组成生命体的功能系统之一，其又可进一步分为造血系统与血液循环系统这两个子系统。造血系统的核心功能是为生命体提供血液，而血液循环系统是血液在生命体内流动的通道并产生推动血液流动的动力，其是由血液、血管（包括毛细血管）与心脏组成的一个半封闭式的"运输系统"。

血液循环系统中，心脏是提供动力的核心组件。构成心脏的心肌有节律地收缩和舒张形成心脏的搏动。心肌收缩时，推动血液进入动脉，流向全身；心肌舒张时，血液由静脉流回心脏。心脏的搏动推动着血液的流动，是血液运输的动力器官。血管作为血液循环系统的另一组成部分，是指血液流经的一系列管道。血管主要发挥引导血液流动方向的作用。生命体中的血管分为动脉、静脉与毛细血管三种。动脉起自心脏，不断分支，口径渐细，管壁渐薄，最后分成大量的毛细血管，分布到全身各组织和细胞间。毛细血管再汇合，逐级形成静脉，最后返回心脏。动脉和静脉是输送血液的管道，毛细血管是血液与组织进行物质交换的场所，动脉与静脉通过心脏连通，全身血管构成封闭式管道。携带有营养物质的血液通过动脉血管与毛细血管进入到全身各组织和细胞间，将自身所携带的营养物质转移给各组织与细胞，再通过静脉血管逆向回流至心脏。健康的血管内部十分柔软，血液能够在其中顺畅流动。血管的病变（如硬化、堵塞）将阻碍血液的正常流动，或将导致肌体的部分坏死。

因此，血液循环的功能主要是人体内的物质运输，这些物质包括机盐、氧、细胞代谢物、激素、酶和抗体等。然而，这些物质是以什么作为载体的呢？发挥这种载体作用的正是血液。这些物质存在于血液的血浆之中，随着血液的流动实现在生命体内的转运。血液是营养的一种载体，流经全身将营养带到各个组织器官（见图4-12）。企业的血液流经企业的各个组织，形成企业各个组织相互联结的体系。企业循环系统的血液包括资金流、物资流、精神流和信息流。

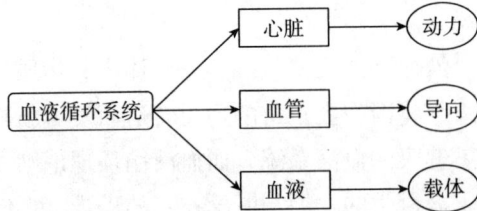

图4-12 生命体的血液循环系统

二、血液循环理论下的企业社会责任根植

履行社会责任是国有企业的天然使命，而企业社会责任根植则是将企业社会责任的认知理念与管理方法、实践模式转换为企业可持续发展的血液。虽然企业的产品和服务、人力资源、人才和管理对于组织生命体的维持具有关键作用，然而，如果缺乏企业社会责任的血液，上述要素也会丧失可持续发展的循环动力。正是社会责任理念在驱动着国家电网的方方面面，如同血液在滋润着身体的所有组织一样。要让身体保持健康并具有充沛的生命力，必须有恰当量与质的血液来支持。要让企业保持活力，必须使其拥有恰当量与质的血液维持生命体的运转。

国家电网通过企业社会责任根植，一方面能够将社会责任理念源源不断地输送到基层组织之中，使组织保持可持续的竞争能力。另一方面，从基层公司的社会责任根植项目实践来看，通过企业社会责任根植项目实践，能够与企业的利益相关方形成血液循环系统；尤其是通过社会责任的根植理念如利益相关方参与理念、价值共创与共享理念、平台化履责理念等处理企业与相关各利益相关方之间的关系来实现整个组织的血液循环。其主要体现为资金链的血液循环，如通过与企业债权人、股东等社会责任议题的根植实践，实现企业资金财务链条的血液循环；通过组织内部成员的管理模块与价值创造模块的社会责任议题的根植实践，从而实现组织价值创造链条的血液循环。同时，通过企业社会责任根植也能够形成企业的社会责任精神文化系统；通过塑造企业社会责任文化作为精神流无形之中流动到组织的各个层级体系、各个部门及各个组织成员之中。通过社会责任理念与方法的根植，能够把个人价值创造目标与企业的价值创造目标协调起来，从而发挥社会责任文化对组织的激励、约束、凝聚与辐射功能（见图4-13）。

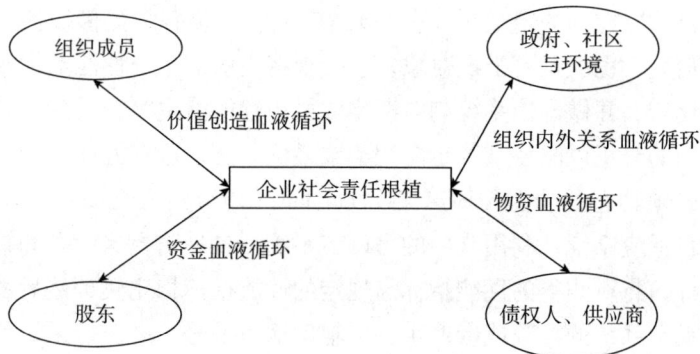

图4-13　血液循环下的"企业社会责任根植"

因此，基于血液循环理论，通过企业社会责任的根植能够实现企业社会责任理念与方法的落地传输，即将社会责任血液输送到组织的各个模块管理与业务运营体系之中，实现企业社会责任与运营管理和业务实践的有效契合，实现组织社会责任管理与实践的真正落地，最终为组织的可持续发展不断输送可持续的血液。

第六节　自适应控制理论下的社会责任根植

自适应控制是在系统工作过程中，系统本身不断地检测系统参数或运行指标，根据参数的变化或运行指标的变化，改变控制参数或控制作用，是系统运行于最优或接近于最优工作状态。通过企业社会责任根植，实现各级组织、各级部门与各级员工的社会责任战略目标的引导子体系即自适应控制系统中的目标参考模型，设计"社会责任目标—社会责任管理—社会责任实践"为一体的社会责任引导体系，通过社会责任根植这一方式引导各层级的组织与员工形成自我社会责任管理、自我社会责任学习、自我社会责任实践与自我社会责任纠偏，从而提升组织成员的社会责任履责能力，最大限度地实现组织综合价值创造的目标。

一、自适应控制系统的概念理解

自适应控制技术一直处在与其他技术整合与自身发展过程之中。不同的学者根据自己的观点提出了各自关于自适应控制的定义。Gibson（1962）提出了一个比较具体的自适应控制的定义①：一个自适应控制系统必须提供被控制对象当前状态的连续信息，也就是要辨识对象，它必须将当前的系统性能与期望的或者最优的性能相比较，并做出使系统趋向期望或最优性能的决策，最后，它必须对控制器进行适当的修正以驱使系统走向期望或最优状态，这三方面的功能是自适应控制系统所必须具有的功能。1974 年，Landau（1974）提出了一个更加具体的定义：一个自适应系统，利用其中的可调节系统的各种输入、状态和输出来度量某个性能指标，将所测得的性能指标与规定的性能指标相比较，然后由自适应机构来修正可调节系统的参数或者产生一个辅助输入信号，以保持系统的性能指标接近于规定的指标。定义中所指的"可调节系统"应理解为"可以用修正它本身的参数或内部结构，或修正它的输入信号来调节其性能的子系统"②。考虑到上述自适应控制定义的一些共同特征，如"系统的不确定性""信息的在线积累"和"过程的有效控制"，自适应控制可以简单地理解为：在系统工作过程中，系统本身不断地检测系统参数或运行指标，根据参数的变化或运行指标的变化，改变控制参数或控制作用，使系统运行于最优或接近于最优工作状态。

二、自适应控制的模型与方法

虽然自适应控制一直处在发展中，但是经过众多学者的不断的实践分析和理论推导也取得了很多的重要成果。自 20 世纪 50 年代末期美国麻省理工学院提出第一个自适应控制系统以来，先后出现过许多不同形式的自适应控制系统。在此，重点介绍模型参考自适应控制方法和自校正控制方法，这两种重要方法的思想为后面自适应库存控制的提出提供了理论依据。模型参考自适应控制方法的主要特点是将参考模型作为系统的目标，其基本结构如图 4 - 14 所示。其分为两个环路部分：一个内环路部分用来控制自身，特点是具有可调节性；另一个外环路

---

① Gibson J. E. Nonlinear Automatic Control [M]. McGraw - Hill, 1962.
② Landau I. D. A Survey of Model Reference Adaptive Techniques（Theory and Applications）[J]. Automatic, 1974, 10 (4): 353 - 379.

部分用来与参考模型进行比较，由此可以看出与目标之间的差距。其基本工作原理是：系统运行过程中，由于外部条件的不确定性和系统的不稳定性，在外环路部分中进行被控对象的输出 y_p 与参考模型的输出 y_m 的比较，从而产生了广义误差 e，然后在内环路部分中，根据 e 和自适应规律修改调节器的参数或产生一个辅助的控制信号，继而减少或者消除广义误差 e，最后达到可调系统与参考模型输出相一致的目的。

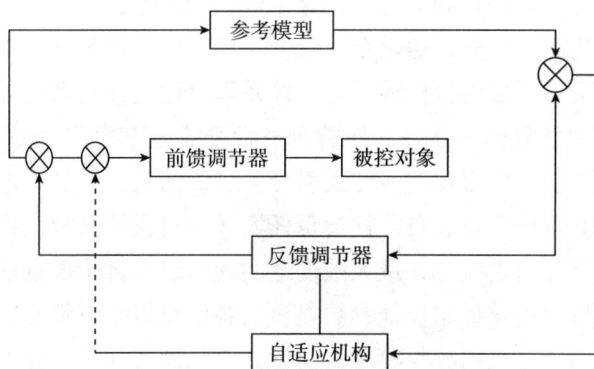

图 4－14 基于参考模型的自适应控制方法

另一种方法是基于调节器参数的自适应控制系统。结构如图 4－15 所示，也是由两个环路组成，类似于通常的反馈控制系统的内环由调节器与被控对象组成；而外环由递推参数辨识器与调节器参数设计计算机组成。它的基本工作原理是：根据被控对象的参数在线辨识的结果设计调节器参数，并根据设计结果修改调节器参数以有效地消除被控对象参数扰动所造成的影响。因此，自校正控制系统是将在线参数辨识与调节器的设计有机地结合在一起。自校正控制方法的难点为在线参数辨识方法的选取，常见的参数辨识方法有极大似然法、随机逼近法、递推最小二乘法、辅助变量法等，调节器的设计须保证系统的稳定性。

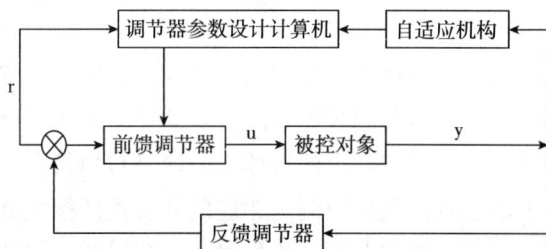

图 4－15 基于调节器的自校正控制方法

三、自适应系统下的企业社会责任根植

企业社会责任根植的过程也是将企业总体的社会责任战略目标、社会责任的管理模式与科学的企业社会责任认知融入到基层部门与基层员工的行为实践过程，这也就意味着通过企业社会责任根植这一重要机制实现组织的社会责任目标的自适应控制，使企业的社会责任战略目标与管理实践活动达到匹配、相互融合的活动过程，它是一种企业调节力量，是企业社会责任管理与社会责任实践运行方式的监督约束机制。首先，通过企业社会责任根植，实现各级组织、各级部门与各级员工的社会责任战略目标的引导子体系即自适应控制系统中的目标参考模型，设计"社会责任目标—社会责任管理—社会责任实践"为一体的社会责任引导体系，通过社会责任根植这一方式引导各层级的组织与员工形成自我社会责任管理、自我社会责任学习、自我社会责任实践与自我社会责任纠偏，从而提升组织成员的社会责任履责能力，最大限度地实现组织综合价值创造的目标。通过社会责任根植的目标引导控制设计参数集合为各层级组织自觉开展社会责任管理与社会责任实践活动提供引导与参考，引导其自觉地将社会责任的基本理念、基本方法应用到个人的工作行为与组织整体的运营业务流程、价值创造模块及制度体系之中（见图4–16）。

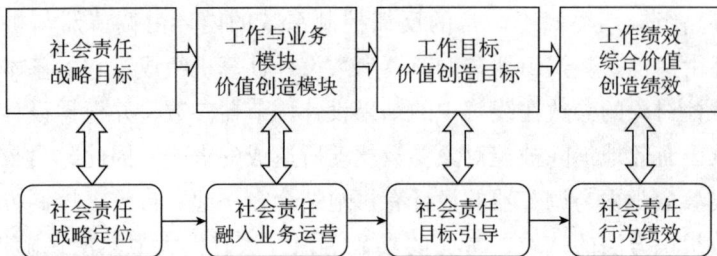

图4–16 自适应系统下的社会责任目标参考模型

其次，通过社会责任根植培养各层次组织的社会责任学习管理子体系。在开展根植项目的过程中，对其运营的环境及所面对的社会问题进行分析与评估，这一过程中需要构建社会责任知识学习的自体系。通过对标科学的社会责任观、社会责任管理的基本方法，从而更好地制定相应的社会责任根植方案。同时，在根植项目的开展过程中，随着组织及组织成员对于社会责任认知理解的加深及运营社会责任方法与工具的能力提升，需要根据社会责任目标参考模型与调节参数系

统继续优化组织的社会责任能力提升方案，进一步根据根植过程中的组织成员与利益相关方对于社会责任管理与实践的反馈与沟通，精准定量地分析组织的社会责任认知状态及社会责任方法与工具的运用成熟度，分析其中的偏差，为组织成员继续提升社会责任认知理念及个人的社会责任实践能力提供优化的方案，并基于社会责任知识的学习系统提供个性化的数据支撑，最终使组织的社会责任行为进一步提升利益相关方的满意度，实现组织的社会责任能力与绩效的提升（见图4－17）。

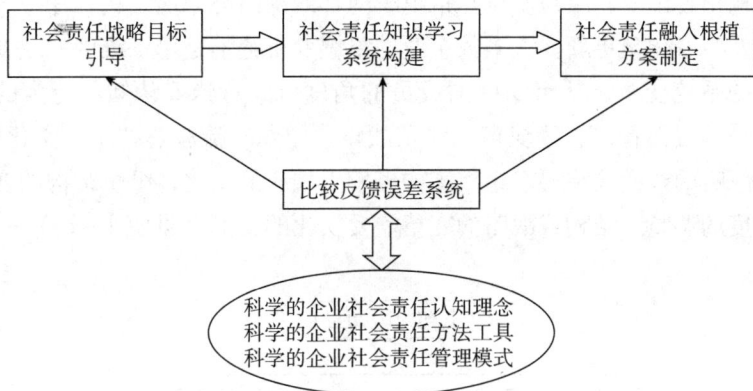

图4－17　自适应系统下的社会责任学习管理与监测反馈子系统

第七节　组织变革理论下的社会责任根植

组织层面的变革也涉及战略、组织、流程、技术、文化等方面，企业社会责任根植的过程强调社会责任的认知理念融入组织价值观与组织文化、社会责任管理的方法工具融入组织运营管理、社会责任的实践融入组织的社会行为，进而最大限度地改变组织的社会责任认知理念，重塑企业运营的管理模式及变革企业社会责任的践行方式。因此，从组织变革的视角来看，企业社会责任根植的过程也是组织的认知变革、战略变革、结构变革、制度变革。

一、组织变革的基本概念内涵与分类

由于企业经营所处的内外部环境总在不断的变化之中，组织变革就成为一种历史的必然，它既是企业生存的条件，更是企业发展的动力，领导者只有具备科学预见的能力，遵循特定环境背景下要求的组织制度构架，适时进行组织变革，组织才能焕发生机，在激烈的市场竞争浪潮中掌握主动权。因此，组织变革即组织在不断变化的环境中，为适应生存而调整、更新自身及外界等可能存在重要影响与关键作用的要素的过程，确保组织能够生存，并达成组织目标①。由于外界环境的不稳定性与动态性，组织内部的组织战略、管理结构、制度体系、技术能力、文化价值观体系需要进行变革，从而改变自身的运营状态或者改变环境。如从组织架构角度出发，组织变革是指组织内部的部门与职能结构、任务分配、人员分配等发生变化与更新。大多数企业的组织变革绝不是单一维度的改变，而是整个企业的系统变革，从组织中的成员的角度看，意味着认知和行为的相应变化，从组织的层面看，这些变革也涉及战略、组织、流程、技术、文化等方面，比如企业战略的改变往往要求组织结构也发生相应的变化，组织结构的变化也常常导致制度的调整，结构或战略的变革需要文化的支撑（见图4-18）。

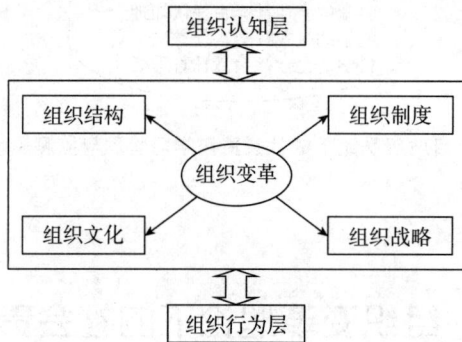

图4-18 组织变革的维度框架

从组织内部的不同层面可以将组织变革分为多种类型：个体层面的内容变革主要指的是人员的实际工作任务、岗位调配等发生调整；团队层面的内容变革主要指的是团队的拆分、合并、重组等人员的变化，或者发生实际职能的调动等；组织层面的内容变革主要指的是组织整体结构的渐进式变化与颠覆式变化，或者是组织的业务流程、业务领域的调整与更新等。从过程视角来看，组织变革包含

---

① Ven A. H. V. D. , Poole M. S. Explaining Development and Change in Organizations［J］. Academy of Management Review, 1995, 20（3）：510-540.

了三个阶段，即解冻—变革—再冻结，变革与组织的大部分流程任务相同，具有鲜明的阶段性。解冻阶段就是通常所指的组织变革准备期，此阶段中组织及成员需要通过个体的认知框架与外界环境学习的共同影响来认识与认同变革的重要性，通常组织需要克服内部所产生的结构惰性来准备变革，保证自身组织行为的可变性。变革阶段中，组织及其成员共同通过各种学习方式来增加组织的适应力，在学习的过程与结果阶段调整自身的结构、资源配置等，形成新的组织格局与外界情境适应。在再冻结阶段，组织及其成员需要将变革阶段中摸索形成的新组织结构、流程模式等有效保持，使组织在变化之后的环境中形成具有适应力的状态。因此，组织变革作为一个动态过程，既受到外部环境动态变化的影响，也受到组织内部各层级特征的影响。从过程角度出发，组织变革的多重影响因素之间的作用得到了进一步的实证支持。

二、组织变革的驱动因素

组织变革的驱动因素具有强烈的情境特殊性，根据不同的组织内部状态、组织外部环境，组织变革的驱动因素也具有较大的差别。通常对于组织的外部环境的变化而产生相应的变革反应时，组织呈现出集体的变革状态，以集体形式来对外界做出适应性变化；从组织内部而言，组织的内部情境、内部结构及内部流程等都是影响组织变革具体形式的重要因素。

（一）组织的外部环境驱动

组织变革的产生可能由于不同的外部环境因素而产生，这与组织本身所处的产业环境与组织层级等相关，可能由于累积的外界压力而被迫进行组织变革。因为同产业的所有组织都以增加设备的方式在发展成长，组织之间必须通过战略与结构的变革使自身企业具有更高的识别程度，更具竞争力，为自身的长期发展提供动力。一般而言，外界环境的变化对组织产生间接或直接的影响，但是并非单独促成组织变革，内部因素与外部因素共同合成情境变量，才是组织变革成功的适应性变革驱动力。外界环境的不同只是引导组织变革的前置因素，主动参与变革的具体措施更能够影响组织变革的实际情况。从企业社会责任的研究视角来看，一方面，全球化时代的到来使市场空间日渐饱和，经典意义上的市场机会变得越来越稀缺，也越来越难以把握；另一方面，越来越多的社会问题日益凸显，现有的制度安排很难有效解决，企业只有对此做出积极响应才能获得生存和发展的空间，这些因素正是组织变革的外部情景动力。

（二）组织的内部因素驱动

在外部环境因素的驱动作用之外，组织本身的内部驱动机制也是组织变革的有效主导因素。与组织本身已有的特征性变量相比，如何知觉组织变革和如何解读组织变革的必要性是有效降低组织变革阻力，驱动组织变革进程的决定性组织因素。组织本身对于变革采取革新的方式理解，将过去经验与未来机遇中的变革信息解读成必需品，并且关注组织在变革与发展进程中可能会产生的组织惰性，才能够快速并且主动地推进变革进程。而如现有研究提及的，组织内部或内部因素与外部环境共同作用来推动组织变革时，组织结构的惰性都是必须解决的阻力，来自组织内部成员的阻碍和排斥可能导致组织变革和传承的失败。即使组织的结构、认知等层面都已经主动推动变革，但是如果变革的方向与组织的战略方向、认知状况、绩效水平不符合，此类战略变量会成为组织变革的内部阻碍，与组织惰性等共同阻碍组织变革的推进。

从制度视角来看，Greenwood 和 Hinings（1966）从新制度理论（Neo – institution Theroy）的视角提出了组织变革动力机制模型（见图 4 – 19）。该模型认为，情景动力对组织变革的作用是通过组织动力的中介才得以实现的。为了更加清晰地说明问题，他们将组织动力分解为触发动力与使能动力。前者是组织变革发生的直接动因，可以将其形象地理解为变革的扳机；后者是组织变革发生的情形条件，可以将其形象地理解为变革的土壤。同时指出，触发动力包括利益不满和价值承诺两个因素，使能动力包括权力依赖和行动能力两个因素，利益不满和价值承诺之间存在相互影响的关系，组织的价值承诺模式为竞争承诺或改进承诺时，组织就会启动变革，但是变革的程度和效率会受到权力依赖和行动能力的影响。这一理论模型既强调内部因素的决定性作用，又肯定组织的多重利益目标的实现程度会影响到组织变革的发生，是生命周期理论和目标理论融合的产物。

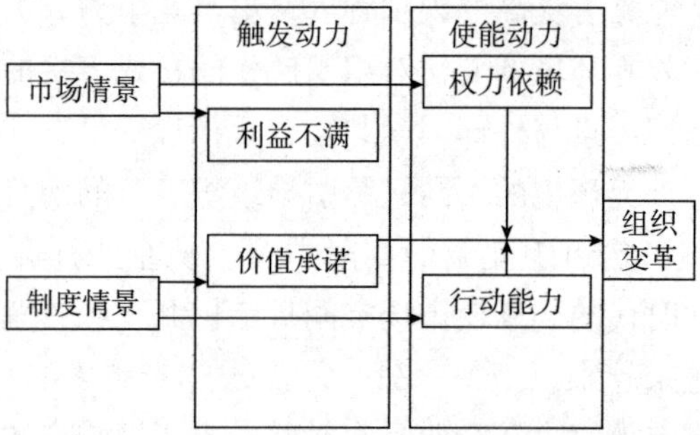

图 4 – 19　新制度理论下的组织变革动力模型

从企业的利益相关方视角来看，在当前的社会环境下，企业的权力已经不可能仅仅由股东掌握，其他的利益相关者也会通过各自的方式提出不同的利益诉求，因此利益相关者可以通过拒绝合作或增加合作成本的方式削弱企业的能力，触发企业的变革。更为重要的是，企业的一切市场活动都嵌入于社会背景之中，许多战略的执行都会与社会制度因素密切相关，社会将对企业的行为和活动提出诸多无形的要求，如果不能满足就连生存都会出现问题，企业为了满足这些要求也需要启动相关变革，因此企业变革的驱动力量表现维度在于社会价值的实现。顾客、供应商、员工、股东和政府都是掌握着战略性资源的关键利益相关者，是企业社会嵌入的主要对象，但是也应注意到，在不同的历史阶段和经济制度下，利益相关者的相对地位是不断变化的，因此成为组织变革的重要诱致因素。

三、组织变革视角下的企业社会责任根植维度及其过程

企业社会责任根植的过程强调社会责任的认知理念融入组织价值观与组织文化、社会责任管理的方法工具融入组织运营管理、社会责任的实践融入组织的社会行为，进而最大限度地改变组织的社会责任认知理念，重塑企业运营的管理模式，以及变革企业社会责任的践行方式。因此，从组织变革的视角来看，企业社会责任根植的过程也是组织的认知变革、战略变革、结构变革、制度变革（见图4 –20）。

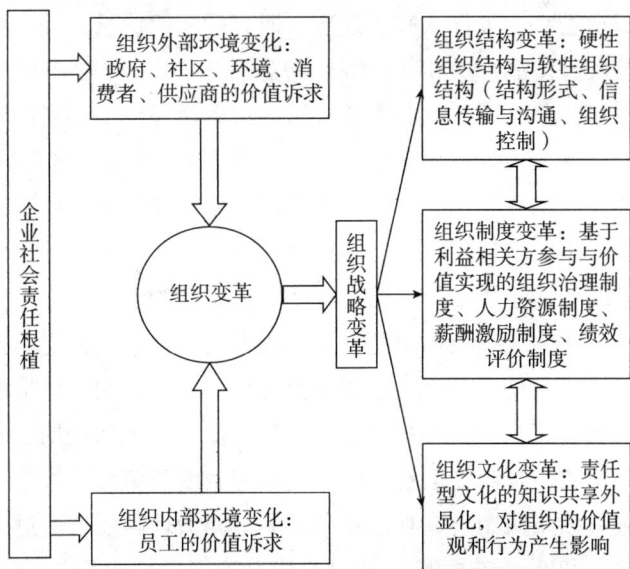

图 4 – 20　基于企业社会责任根植的组织变革传导体系

从组织的战略变革来看，企业社会责任的履行协调与各个利益相关者的关系，企业的行为是企业中所有利益相关者的行为相互耦合作用的结果，而每个利益相关者的行为又都是追求一定的目标。因此，基于社会责任的企业组织的战略是企业中各利益相关者所追求的目标互相耦合而成的企业整体目标追求，表现为企业的价值取向、企业的发展战略与战略目标的确定及企业内部形成的共同的价值与行为准则等。因此，组织社会责任战略要用一种创新性的思维和独具市场直觉的洞察力把公司、顾客、市场和竞争者等放在一个动态的相互作用中融合起来，从而形成一个明确的行动目标和远景规划，将社会责任战略目标融入组织的运营过程之中。

从结构变革来看，企业处在社会化的竞争的环境下，利益相关方的价值诉求不断发生变化，因此组织结构流程就要随着利益相关方环境的变化不断发展，进行组织结构的流程再造。结构变革意味着企业社会责任根植过程中组织结构的变革，组织硬性的变革包括成立专业的社会责任推进部门或社会责任专业委员会。通过设置社会责任推进部门协调组织其他部门的社会责任管理与社会责任实践行为，促进企业社会责任的管理模式融入组织的管理构架之中。而软性的组织结构变革包括建立社会责任知识的学习型组织，通过组织成员不断地学习企业社会责任知识，搭建组织内的社会责任跨部门、跨组织边界的交流平台，实现企业的价值创造与利益相关方的诉求趋于融合，从而无形之中实现社会责任管理的软性根植，实现组织成员的社会责任认知的改变，所有的组织成员之间、部门之间与组织的外部利益相关方之间形成相互影响、利益共享的价值创造共同体。

从组织的制度变革来看，社会责任根植的过程也是组织制度的责任化。组织的内部制度体系包括人力资源制度体系、激励制度、企业治理制度体系、绩效评估制度。在人力资源制度体系方面，组织的制度变革应当更加重视制度管理和人员激励两方面的作用。责任型组织的管理制度是以责任使命为导向，在对外部环境的适应且不断优化的过程中形成的，有利于组织社会责任目标的实现和组织各要素的协调运作。在组织的激励制度方面，依据责任型组织构建的需求必须建立基于责任权重的激励制度。对于责任型企业组织来说，薪酬设计是围绕着"责任权重"展开的，因为素质与能力如果不与责任适配，就无法证明它对企业组织贡献的价值。从组织的治理制度来看，社会责任的制度根植意味着在公司治理过程中引入利益相关方参与机制形成利益相关方的共同治理制度，通过分析多元利益相关方主体的价值诉求，进而制定公司的战略决策。从组织的绩效评估制度来看，社会责任的制度根植意味着组织的绩效制度发生变革，由传统的注重经济效益如组织的盈利能力（每股收益）、偿债能力（资产负债率）、运营能力（应收账款率）及成长能力（净利润增长率）等经济价值创造指标转向注重社会环境价值的社会效益指标，如是否遵循了法律制度、产品的安全质量体系是否达到了组织的利益相关方如消费者的满意、组织的运营管理是否对环境造成破坏、是否对环境做出了积极贡献。

从组织的文化变革来看，企业社会责任根植的过程就是重塑组织的文化价值观驱动体系，基于责任型领导和责任文化认知通过以身作则的榜样示范，以及言教、身教、境教的具体方式和相应的组织文化制度保障，从而将责任型文化的知识共享外显化，对组织的价值观和行为产生影响，进一步驱动形成企业社会责任行为。作为企业的"行"，社会责任文化融入型的企业文化模式在传统文化理念和价值观影响下还包含了对社会价值创造文化的推广、社会价值观的引导等。在对利益相关方的表现维度上，对于员工的培训教育发展问题更加重视责任型文化教育和责任价值观引导，也将对员工家人的关怀作为企业的基本行为与责任。

第八节　组织意义建构理论下的企业社会责任根植

意义建构理论认为组织是一个意义建构的过程，通过回溯性地创造真实意义为自己正在做的事情找到合理的理由。该理论作为一种强调以过程为导向的组织研究方法已经被用作分析组织中的变化过程的一种新的思维方式。对于组织意义建构理论，我们认为企业社会责任根植就是企业与利益相关者共同进行的意义建构过程。这是因为意义建构的启动与情境紧密相关，从而消解了企业社会责任概念的模糊性，更加符合各层级组织、各个部门及各组织成员对于企业社会责任科学内涵的理解不确定性。

一、意义建构（Sensemaking）的内涵

意义建构由美国密歇根大学卡尔·维克（Karl E. Weick）教授提出，其将松散联结（Loose Coupling）与意义建构引入组织理论的研究之中，基于过程视角的组织理论引入了一种对组织全新而有趣的看法，改变了人们对组织的传统认识。与传统的组织定义强调"组织是拥有相对具体目标追求的集体"和"组织

是一种相对而言高度正式化的集体"不同，维克教授将组织界定为"在设定的环境中，通过相关过程的联动行为消解歧义"①，同时，"模糊、不确定和歧义的信息输入是组织运行处理的主要原料，不论这些信息是来自实物载体还是固执的顾客、上级布置的任务、工会的意见，其共同特点是具有多种可能性、有不同的可能结果。组织就是缩小可能性的范围，减少可能出现的结果的数量。组织的目的就是将确定性提高到可处置的水平"②。意义建构理论认为组织是一个意义建构的过程，通过回溯性地创造真实意义为自己正在做的事情找到合理的理由。意义建构具有三个层次，一般涵盖组织个体层面的意义建构过程，也可以是整体层面组织与环境互动的过程。组织意义建构过程包括设定、选择、保留三个固定的社会性循环过程：设定意味着组织参与者的信息处理过程最终创造一种组织必须要适应环境；选择过程包括决策者过滤数据，减少信息的模糊性；保留决定着什么样的信息决策将会再次引用（见图4-21）。

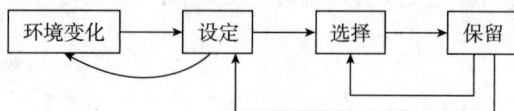

图 4-21　组织意义建构的一般过程

同时，维克认为组织意义建构过程一方面受行动驱动。承诺是行动驱动意义建构过程的重要机制。承诺是一个使明确的行为不可逆转的过程。一旦一种行动成为必然，那么人们就会选择一种信念为这种行动进行辩护。承诺通过"聚焦注意力，揭示现实未被注意的特点和赋予现实以价值观"的机制驱动意义建构过程。组织意义建构过程另一方面受信念驱动。辩论和期望是信念驱动意义建构过程的两种形式。辩论是从一种观点推导另一种观点的一个过程，在辩论过程中，组织成员需要解释行动的理由。与辩论驱动意义建构机制不同的是，期望是通过"引导解释和影响目标事件"的机制驱动意义建构过程。因此，从意义建构的视角来看待组织问题的价值在于：第一，它可以研究微观组织机制随时间的发展所带来宏观的变化；第二，组织的认知与行动是完成组织整体层面的目标的社会化过程，且认知和行动密切联系；第三，实现了组织研究范式的转变，改变了对组

---

① Weick K. E. The Social Psychology of Organizing [M]. Mass：Addison-Wesley, 1969：40.

② Weick K. E. The Social Psychology of Organizing [M]. Mass：Addison-Wesley, 1969：91.

织核心属性与组织过程的认识,这种奠程转向实现了对组织静态的结构研究向动态过程研究的转变,强调组织的动力、变化与发展;第四,组织的意义建构理论强调组织中的行动者在行动的过程中为组织创造意义,通过组织的社会化的意义建构也强调了企业作为实现利益相关者构成的社会实现他们的目的这一观念(见表4-3)。

表4-3 组织意义建构与传统假设的区别

	组织意义建构	传统假设
组织成员	组织成员能够在面临外部情景变化如社会问题变化时自觉地采取战略行动	员工的行动受到组织的驱使
如何看待组织的变化	组织是一个意义建构的过程,是与外部利益相关方与外部环境互动的一种建构模式,空间、利益、价值观与认知影响着组织意义建构的顺畅程度	组织内部的因素影响着组织与外部的互动
如何看到社会环境的变化	社会环境的变化是组织与外部情景的一种互动流,具有持续性以及交流的特征	社会环境变化只是组织变化的一个插曲,能够通过正确的方法加以管理和精心安排
组织战略领导的作用	等级和权利差异是一种组织因素,权利是在行为互动中形成的	领导者能够改变组织的文化在意义建构过程中领导者和员工都是行动者,他们相互影响

资料来源:笔者整理。

二、组织意义建构理论下的企业社会责任根植

组织意义建构理论标志着一种新的组织管理语言的诞生,该理论作为一种强调以过程为导向的组织研究方法已经被用作分析组织中的变化过程的一种新的思维方式。基于意义建构视角来研究企业社会责任根植的可行性可以做如下分析:

企业社会责任是企业与利益相关者共同进行的价值决策过程,基于组织意义建构理论,我们认为企业社会责任根植就是企业与利益相关者共同进行的意义建构过程。这是因为意义建构的启动与情境紧密相关。当企业社会责任概念引入企业中时,企业的管理者、员工将会面临一种新的情景,它将影响着企业的整个过程及各个部门,依据以往的程序已经无法管理企业社会责任这种新的问题。企业可能会因为对企业社会责任了解得太少对企业社会责任的性质和可能带来的结果

不确定，也可能是面对的企业社会责任信息过多而对于如何承担社会责任过于模糊。因此，为了消解企业社会责任概念的模糊性，更加符合各层级组织、各个部门及各组织成员对于企业社会责任科学内涵的理解不确定性，以及对履行社会责任的过程的模糊性，即企业履行社会责任应该从哪开始？如何与组织所面对的利益相关方进行共同决策？如何更好地协调与满足利益相关方的价值诉求？组织涉及哪些重要的社会环境议题？因此，通过企业社会责任根植即企业社会责任认知理念根植、企业社会责任管理模式与管理方法根植能够很好地消解组织与利益相关方共同进行的组织意义建构过程中的模糊性与不确定性，通过不同类别的根植项目设定组织的意义建构情景，从而使社会责任的理念与方法在组织中完成社会化建构，使组织的社会责任认知框架逐步稳定并能对外部的社会情景有自发的启动功能，能够形成社会责任融入的基本方法与基本经验，使组织成员在面临新的工作情景时具有价值决策过程中的社会责任理念与方法的自发启动性（见图4－22）。

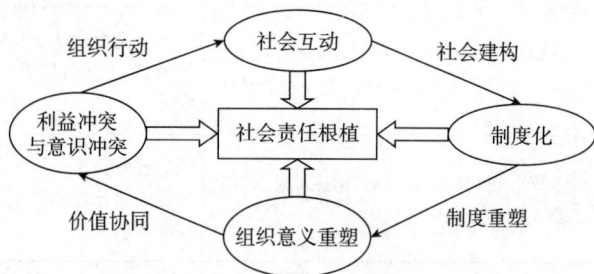

图4－22　组织意义建构下的企业社会责任根植机理

从企业社会责任根植的过程来看，企业社会责任根植的过程也具有组织意义建构过程的特征。首先，组织建构理论认为组织的外部情景不是被组织成员被动认知到的客观事实，而是依据自己的认知倾向、信念和假设积极地理解和描述现实的意义，企业社会责任根植的过程即通过企业社会责任认知的理解与假设来结合日常的运营管理与业务实践工作形成新的企业社会责任理解。其次，企业社会责任根植具有情景的设定性，即组织需结合自身的业务特点与资源优势，且由于每一个层次的组织所面对的利益相关方都有着自身的特殊性，即利益相关者的偏好、特殊的解析方式、价值观都是特殊的。企业社会责任根植的意义建构过程强调组织通过社会责任根植项目下的组织行动进一步深化对于企业社会责任的整体认知，如在开展企业社会责任根植活动中通过创新利益相关方的沟通与参与方式，获取对企业承担何种社会责任的更为深层次的理解。再次，企业社会责任根植过程是一个持续性的意义建构过程，企业应该不断地去获取社会责任意义建构的"执照"，只有不断地与利益相关者进行共同的意义建构，进行透明化的运营，尊重社会和自然环境才能拥有一个合法的运营环境。最后，企业社会责任根植的意义建构过程受到组织的管理者及利益相关者对管理运营的组织环境中所提取的信息的修饰、组织管理者与外部利益相关者之间互动选择和行动等因素的影响。

三、组织意义建构理论下的企业社会责任根植的驱动要素

（1）组织的社会责任承诺。组织的意义建构过程是围绕着特定组织行动，即组织是一个产生行动的行为系统。就企业社会责任根植的意义建构过程而言，需要面对利益相关者对企业的价值需求，企业必须通过根植行动才能明确利益相关者的价值需求对企业而言究竟意味着什么，即将组织所面对的社会环境的一个个关键情景转化为组织社会责任根植过程的具体的社会责任管理议题与实践议题，而根源于行动的意义建构过程始于组织的社会责任承诺，承诺聚焦于解释组织为何要对这种行为负责，是驱动组织开展企业社会责任实践的重要要素。对于大型中央企业国家电网公司而言，其组织的公共性特征决定具有统一的社会责任承诺，这种社会责任承诺驱动着组织在经营管理过程中将注意力转向关注利益相关者对企业的价值要求及企业决策对利益相关者的影响，并通过企业社会责任的根植活动发现利益相关者参与能够发现更多的市场和机会，并且能够认知到组织的运营管理过程和组织的社会目标是能够融合的，企业承诺是组织对利益相关方的一种高层次旳参与，而通过企业社会责任根植将企业社会责任承诺内生于组织的层级体系之中是促进企业的行动与外部情景相融合的关键社会化过程。

（2）组织的利益相关方期望。依据维克的研究，我们认为企业的利益相关方期望是驱动以企业社会责任根植实现企业社会责任意义建构过程中的重要因素，期望更具有引导性。布鲁纳（1986）认为，"期望就像一个强大的过滤器，它的形成和启动对意义建构来说十分重要"。它意味着人们把一些事情看作他们必须要做的事情，从而使人们产生一种选择性的注意力，会影响人们的推论和记忆，更为重要的是它会影响已经完成的事情。期望是通过"引导解释和影响目标事件"驱动企业通过社会责任根植实现企业社会责任的组织意义建构。

因此，企业的利益相关方期望在企业社会责任根植的过程中发挥重要的作

用，面对外部利益相关者多样性和变动性的价值需求，企业承担社会责任的目标不确定只能延迟企业社会责任行动，而明确的战略目标的形成能够将这些不稳定的因素转化为内部的稳定因素。一旦企业社会责任的战略期望形成，将会在很大程度上驱动企业社会责任根植过程中的价值决策过程。

第五章　企业社会责任根植的框架体系

　　基于企业社会责任根植的理论基础的分析，即企业社会责任根植具有理论的合理性与合法性，进一步需要明确的是企业社会责任根植过程中需要具备的核心理念及需要掌握的核心方法。首先，对企业社会责任根植的几个基本理念进行详细解剖，认为企业社会责任根植应当遵循的核心理念可以归纳为"2+7"画卷模型。"2"代表画卷的两卷轴，分别是"外部视野"和"可持续性"，它们也是企业社会责任根植实施过程中应当遵守的最基础理念；"7"代表展开的画卷内容，即社会责任根植应当遵守的七个层次递进的关键理念，从低到高依次是"守法合规""社会与环境风险防范""综合价值创造""透明运营""利益相关方参与和合作""社会资源整合与优化配置"和"健康生态圈"。而企业社会责任根植的方法与工具主要是责任边界管理、战略融合、全生命周期管理、跨界合作、平台化履责及"互联网+"等。本章最后探究了企业社会责任根植作用机制的整体模型，即通过企业社会责任根植将企业社会责任科学理念、科学方法及管理实践模式融入到组织的认知体系、组织的管理体系与组织的业务运营实践体系之中，一定程度上是经济和社会可持续发展的必然选择，进一步构建了企业社会责任根植的基本机制驱动模型。

第一节　企业社会责任根植理念

　　企业社会责任根植中的议题落实作为企业社会责任实践的主要方式，以及企业社会责任议题管理作为企业社会责任管理的重要内容，都意味着企业社会责任根植需要秉持社会责任的基本理念与原则。因此，企业社会责任根植的基本理念就是企业在处理社会责任议题时应当遵循的基本原则，这些原则凝聚了当前关于社会责任的最新思潮和基本共识。运用这些理念管理企业的社会责任议题，有助于企业用更开放的思维、更全面的立场和更具前瞻性的眼光处理企业面临的各类问题，创造新的价值增长点。

一、理念模型构建思路

社会责任根植包括社会责任认知根植与社会责任管理模式根植，核心理念源自对社会责任概念的理解。按照 ISO（2010）的界定，社会责任是指组织通过透明和道德的行为，为其决策和活动对社会和环境的影响而承担的责任。这些行为致力于可持续发展，包括健康和社会福祉（Social Welfare）；考虑利益相关方的期望；遵守适用的法律，并与国际行为规范相一致；融入整个组织，并在其关系中得到践行。根据这一定义，履行社会责任一是需要企业进行视角的转换，从原来关注企业自身的内部视角，转向考虑"利益相关方""社会和环境"的外部视角；二是需要企业的行为"致力于可持续发展"，即从外部视角来看，企业的行为必须具有可持续性；三是需要企业的行为"遵守适用的法律，并与国际行为规范相一致"，即要满足守法合规的底线要求；四是需要企业为其决策和活动"对社会和环境的影响"承担责任，包括最小化"消极影响"和最大化"积极影响"，前者意味着企业要最大限度地防范自身行为对社会和环境带来的风险，后者表明企业要尽可能地多创造正的"综合价值"；五是需要企业行为保持"透明"，即企业应当坚持透明运营，并尽可能地推动利益相关方参与和合作。此外，如果将企业社会责任中的"企业"看成一个整体，那么实践企业社会责任的宏观效应就是企业社会责任的资源配置功能，即企业社会责任是一种弥补市场失灵、政府失灵和社会失灵的资源配置机制（李伟阳和肖红军，2012），能够实现社会资源整合与优化配置；而无论是企业与利益相关方的和谐共处，还是企业与社会的共生，实际上都需要企业的行为有利于构建形成一个可持续的健康生态圈，实现相互之间的自组织、自运行、自生存和自发展。

二、"2+7"画卷模型

根据以上对社会责任的理解，企业社会责任根植应当遵循的核心理念可以归纳为"2+7"画卷模型（见图5-1）。"2"代表画卷的两卷轴，分别是外部视野和可持续性，它们也是企业社会责任根植的过程实施应当遵守的最基础理念；"7"代表展开的画卷内容，即社会责任根植应当遵守的七个层次递进的关键理念，从低到高依次是守法合规、社会与环境风险防范、综合价值创造、透明运营、利益相关方参与和合作、社会资源整合与优化配置和健康生态圈。

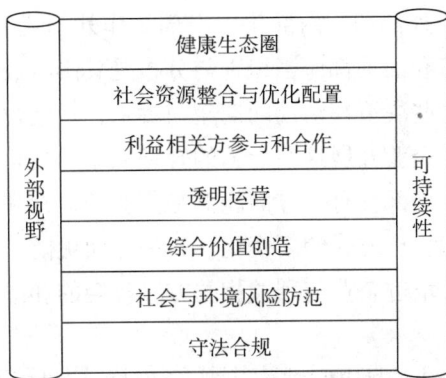

图 5 - 1　企业社会责任议题管理理念的画卷模型

（一）外部视野理念

外部视野是企业社会责任根植的最基础理念之一，也是企业社会责任根植的起点。外部视野理念无论是对企业社会责任根植下的议题管理，还是对企业全面社会责任管理，甚至对整个企业管理都具有极其重要的指引性意义。

传统的企业行为方式和管理方式更多采用内部视野，从企业自身视角出发考虑问题，往往基于有利于企业自身或企业行动最为方便的角度行事，突出体现是企业员工通常采取任务导向，将工作仅仅看成内部开展业务活动和完成特定任务，按照如何最有利于自身完成任务或者执行规定的任务动作开展工作。比如，虽然许多企业都口口声声地自诩"以客户为中心"，但它们采取的仍然是内部导向，对客户需求的满足也是基于"我们认为客户需要什么"，而不是真正通过调查客户、与客户沟通交流、让客户参与来了解客户真实的需求，结果是客户真正需要的与企业提供的并不相符。又如，20 世纪 90 年代，业务流程再造（Business Process Reengineering）理论一经 Hammer 和 Champy 提出，就得到众多企业的推崇和追捧，但现实是许多企业的业务流程再造工程都以失败而告终，其中很重要一个原因就是这些企业固守内部视野，流程再造是以如何最大化企业自身盈利、如何最有效提升企业自身效率为导向，而没有真正做到以外部视角的最大化"客户价值"为着眼点设计流程。

企业通过落实社会责任根植项目来开展社会责任根植实践活动，要求企业必须从传统的内部视野转向外部视野，进行换位思考，从利益相关方视角和社会视角考虑企业运营与管理问题，不仅要在运营与管理中考虑外部利益相关方和社会的期望与诉求，而且要从为利益相关方和社会创造价值的角度审视企业的运营与管理成效，切实做到"外部期望内部化，内部工作外部化"。利益相关方视野意味着企业开展任何决策和活动都应当识别与分析受其影响或影响其的利益相关群体，考虑它们对企业这些决策和活动的期望与诉求；社会视野意味着企业的任何行为都应当考虑社会对企业开展这些行为的合理期望，将增进社会福利的要求融入企业的运营和管理。外部视野一方面能够为企业的运营和管理提供新视角与新思路，由此带来运营和管理方式的新变化，另一方面更能彰显企业运营和管理的社会价值和外部功能，增进企业与利益相关方和社会的和谐互动。

专栏 5-1：国网无锡供电公司基于利益相关方视野开展电网项目环境和谐性评估

国网无锡供电公司从利益相关方视角出发，创造性地开发出了电网建设项目推进的"五点三机制"的工作思路与方法，其中"五点"是建设项目影响点识别、利益相关方关注点分析、建设过程风险点评估、建设过程隐患点控制、流程管控关键点考核；"三机制"是信息披露机制、诉求表达机制、利益协调机制，增强电网建设项目与利益相关方的互动性，让关键利益相关方参与到整个建设过程当中，及时缓解和控制潜在风险，营造良好的社会舆论氛围，推进项目建设的科学、高效、绿色和可持续（见图 5-2）。

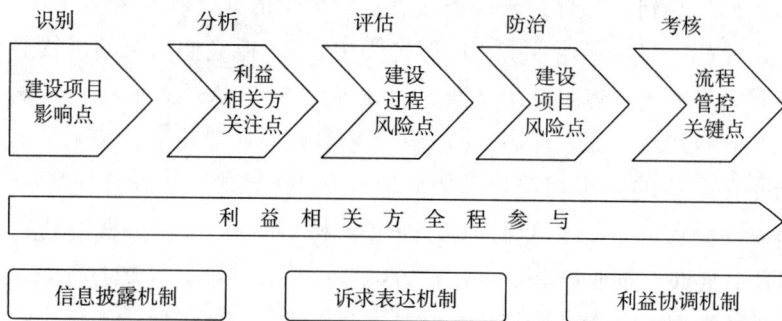

图 5-2 "五点三机制"工作思路与方法

（1）建设项目影响点识别。考虑电网建设从规划到竣工各阶段影响谁的基础上，分析电网建设项目受谁影响、谁会参与、谁会支持等，同时综合运用专家分析、实地调研访谈等方法，识别出电网建设项目所涉及的利益相关方。经过梳理和分析，国网无锡供电公司电网建设所涉及的利益相关方主要包括政府相关部门（规划、城建、国土、环保、水利、交通、铁路、航道、林业、农业等）、上级单位、乡镇政府、村（居）委会、用户、供应商及自然环境等。

（2）利益相关方关注点分析。采用历史数据分析、调研访谈、问卷调查、会商等相结合的方法，收集相关信息，系统梳理上述关键利益相关方的主要关注点。如被征地居民，一方面要求征地拆迁补偿标准尽早落实、尽快公开；另一方面希望可以适当提高补偿标准；施工单位，更为关注工程周期的长短和施工合同能否全面履行。

（3）建设过程风险点评估。积极开展施工现场勘探，同时征询地方政府各职能部门、有关工程设计、环保、水保专家意见，评估电网建设过程主要风险因素可能发生的概率和影响利益相关方的程度，并对其进行等级划分，分别确定关键利益相关方充分参与的风险控制方法。

（4）项目风险控制点缓解。通过信息披露、诉求表达和利益协商等相关机制的设置，保障利益相关方的知情权、表达权，给予受影响的各方充分表达其诉求的渠道和方式，推动电网建设项目达到多方共赢、稳步推进、顺利竣工。

（5）流程管控关键点考核。为配合新增流程和环节，国网无锡供电公司新增加了施工公告到户率、安全施工率、利益相关方支持率、利益相关方调研覆盖率、农民工工资到位、征地安置补偿金落实到位等定性、定量的考核指标，将利益相关方的需求和期望融入电网建设绩效管理，反映出建设工程为利益相关方创造的综合价值，实现了绩效指标的可感知、可理解。

资料来源：国网无锡供电公司 2014 年社会责任根植项目《建设项目环境和谐性评估》总结报告。

（二）守法合规理念

守法合规是企业行为的底线要求，任何企业在任何情况下都绝不能跨越这一底线。同样，企业对任何社会责任议题的落实也必须坚守守法合规这一底线。如果违背了这一底线，企业社会责任议题的落实就会陷入名不副实地对社会负责任之中，也必然会严重背离实施社会责任议题的初衷。

长期以来，学者们围绕着"法律责任是否属于企业社会责任的组成部分"这一问题一直存在争议，既有把法律责任排除在企业社会责任之外，将其看作与社会责任地位并列的观点，也有将法律责任看作企业社会责任内容之一的观点。

对于前者，Sethi（1975）提出，应当区分社会义务和社会责任，社会义务是企业对市场力量和法律规定做出回应的行为，而社会责任则是对社会义务的超越。Brummer（1991）将企业责任区分为企业经济责任、企业法律责任、企业道德责任和企业社会责任，并认为它们相互独立。Mcwilliams 和 Siegel（2001）指出，企业社会责任是企业采取的旨在促进超越企业的经济、技术、法律利益的社会利益的行动。对于后者，Carroll（1979）认为，"企业社会责任包括社会于一个时点上对企业在经济、法律、伦理和自愿方面的期望"①，因此企业承担社会责任的内容应包括经济责任、法律责任、伦理责任和慈善（自愿）责任四个层面。而 ISO（2010）在社会责任国际标准 ISO26000 中更是指出，尊重法治和尊重国际行为规范都是组织社会责任的基本原则，任何个人或组织都不得凌驾于法律之上，即使是政府也必须服从法律；组织宜在坚持尊重法治原则的同时，尊重国际行为规范。分析来看，由于法律义务是法定化的且以国家强制力作为其履行现实和潜在保证的义务，这种义务在法律中不仅有具体的内容和履行上的要求，而且对于其怠于或拒不履行也有否定性的法律评价和相应的法律补救，因此它实际上是对义务人的"硬约束"，是维护基本社会秩序所必需的最低限度的道德的法律化（卢代富，2001）。这意味着无论企业开展何种行为，也无论社会责任是自愿性的还是强制义务性的，在履行过程中都必须满足法律的硬约束要求，比如，即使是企业开展慈善活动，也必须遵守国家出台的慈善法。

所谓守法合规，就是企业对所适用法律法规、制度规定和职业操守的普遍遵从。遵守法律与合规经营作为企业行为的底线，企业的任何决策与活动都不能跨越。无论是因为漠视、投机主义还是由于管理不善，企业一旦跨越守法合规的底线，不仅难以获得可持续发展，而且可能出现致命的失败；反之，如果企业能够严格地守法合规，确保企业行为能够符合制度约束的"游戏规则"，就会为企业实现基业长青奠定关键的根基。企业社会责任议题的落实亦是如此，如果企业在社会责任议题实施过程中，连最基本、最底线的守法合规都不能满足，即使企业在该项社会责任议题上做出了大量社会创造，贡献了可观的综合价值，企业对该社会责任议题的落实也是失败的，甚至可能使企业成为众矢之的。企业只有把握住了守法合规的底线要求，企业通过落实社会责任议题创造的社会价值才真正有意义，企业落实社会责任议题才可能实现真正对社会负责任。

---

① Carroll A. B. A Three – dimensional Conceptual Model of Corporate Performance ［J］. Academy of Management Review, 1979 (4): 497 – 505.

专栏 5-2：两家跨国公司在守法合规上
截然不同的做法与后果

2013年7月，著名的跨国制药企业葛兰素史克（以下简称 GSK）因涉嫌严重商业贿赂等经济犯罪，GSK 中国部分高管被依法立案侦查。调查显示，作为大型跨国药企，GSK 中国在华经营期间，向个别政府官员、少数医药行业协会和基金会、医院医生等大肆行贿；还通过虚开增值税专用发票、假发票等方式实施违法犯罪活动。案发后，GSK 除了形象蒙灰之外，业绩也受到重创，2013年第三季度以来，GSK 中国业绩迅速下降。不仅如此，公司还要面对中国、英国和美国的巨额罚款，经营亦陷入困境。除在中国涉嫌腐败案件，GSK 还曾在美国、意大利、新西兰等国涉嫌违规行为被处以高额罚款。

与葛兰素史克不同的是，总部位于德国的全球领先的化工公司巴斯夫，则将合规经营作为其实现可持续发展的核心理念。巴斯夫于2000年在全球范围内发起"合规计划"（Compliance Program），在巴斯夫价值观和原则的基础上建立了约束员工行为的准则，该合规计划包括《行为准则》、外部第三方热线、员工合规培训及定期的沟通交流等内容。2002年，巴斯夫总部任命了一位合规执行官，负责确保"合规计划"在全球范围内一以贯之地执行。巴斯夫的首席合规官直接向执行董事会主席汇报，并负责协调和制定公司的"合规计划"。2003年，巴斯夫成为国际透明组织（一个监察贪污腐败的国际非政府组织）德国分会会员，积极支持反贪污活动。2008年起，巴斯夫积极参与世界经济论坛达沃斯年会中的"反贪污伙伴倡议"活动。巴斯夫积极履行企业社会责任，不断推进企业合规计划，得到了社会的广泛认可。

资料来源：根据相关报道整理。

践行守法合规理念意味着企业必须把守法合规作为业务开展的前提、检验过程的标准、审视效率的尺度和评价程序规范的依据。根据社会责任国际标准 ISO26000 的要求，守法合规要求企业宜遵守企业运行所在地的所有司法管辖区的法律要求，即使这些法律法规并未得到充分执行；确保其各种关系和活动符合所期望和适用的法律框架；知悉所有的法定义务；定期评价其遵守适用法律法规的情况。比如，无论是国有企业、民营企业还是在华外资企业，都必须了解中国的法律法规体系（见图 5-3），找出并满足其中适用的法律法规要求。此外，ISO26000 对企业遵守国际行为规范也提出了明确的思路和要求，包括五个方面：

在法律或其执行没有提供充分的环境保障和社会保障的情况下，作为最低限度，企业宜努力尊重国际行为规范；在法律或其执行与国际行为规范存在冲突的国家中，企业宜尽最大可能地尊重国际行为规范；在法律或其执行与国际行为规范存在冲突，并且不遵照这些规范会造成重大后果的情况下，企业宜在可行并适当的情况下评价其在该司法管辖区内的关系与活动的性质；企业宜考虑利用合法的机会和渠道寻求影响相关组织和当局，以纠正任何此类冲突；企业宜避免在不符合国际行为规范的其他组织的活动中成为同谋。

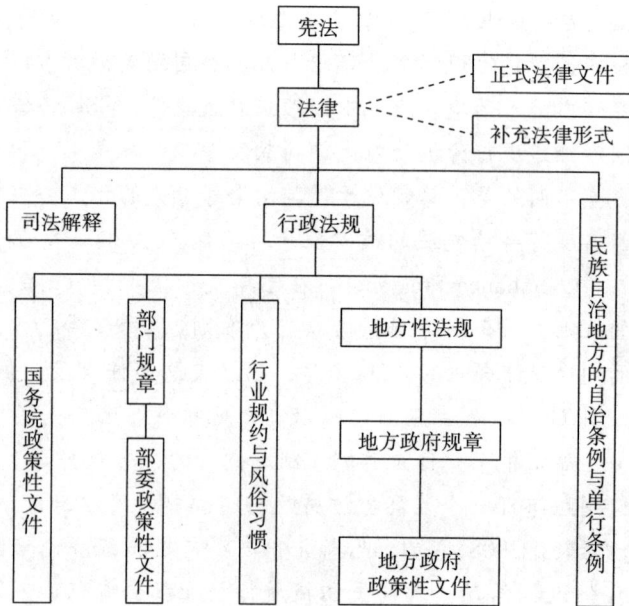

图 5 – 3   中国的法律法规体系

资料来源：国家电网公司《企业社会责任指标体系研究》课题组（2009）。

（三）社会与环境风险防范理念

企业作为社会大系统的重要组成单元，与整个社会大系统持续保持着交互作用与相互影响。企业要做到对社会负责任，必须有效管理自身决策和活动对整个社会大系统的消极影响，最大限度降低自身行为对社会和环境造成的不良后果。企业对社会责任议题的落实更应如此，必须将社会责任议题落实可能蕴含与产生的社会与环境风险降至最低，最大限度地做好防范与管控工作。

按照 Beck（1986）首次提出的"风险社会"（Risk Society）概念，现代社会已经是一个风险社会，并具有两个方面的突出特征，即拥有不断扩散的人为不确定性逻辑，以及促使现代社会结构、制度和关系朝着更加复杂、偶然与分裂的状态转变。在风险社会中，风险可以说无处不在、无时不在，风险结构由自然风险占主导演变为人为的不确定性占主导，而社会分配则由财富分配转向风险分配。人们对风险的认知受到风险、风险事件与社会制度及文化之间互动的影响，并经过所谓的"风险的社会放大框架"（Roger 等，1988），造成风险的放大或弱化，进而影响社会制度的制定和实施，最终引发诉讼、抗议等社会后果。风险的社会放大路径就是风险信号的发出、接收、解读和传递的过程（Renn 和 Burns，1992），其基本原理如图 5-4 所示。

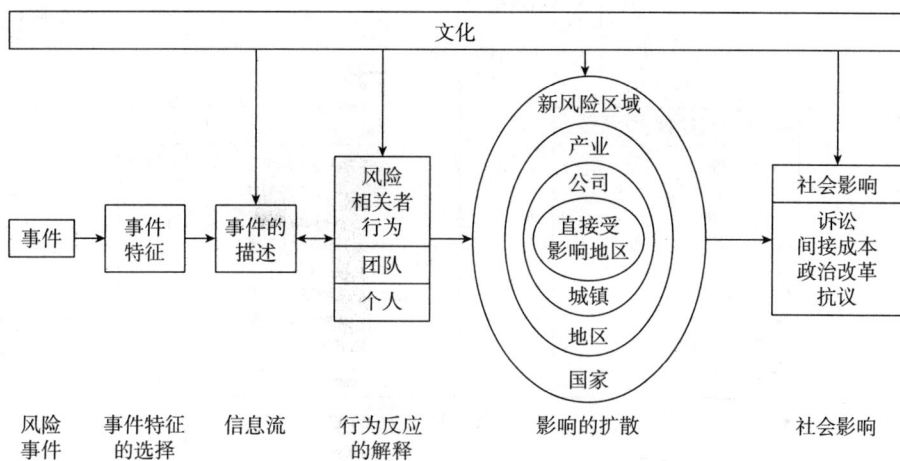

图 5-4 风险的社会放大原理

资料来源：Renn 和 Burns（1992），转引自王京京（2014）。

　　根据"风险的社会放大"理论，任何风险事件均可能导致风险结果的出现。企业在与整个社会大系统的互动过程中，包括企业在落实社会责任议题过程中，其各项决策和活动均可能包含风险事件，由此也就可能通过"社会放大"而造成社会影响，进而形成所谓的社会风险与环境风险。其中，社会风险是个体或组织的行为对社会生产及人们生活造成损失的风险，而环境风险则是个体或组织的行为造成的、通过环境介质传播的、能对环境产生破坏与损失乃至毁灭性等不良后果的风险。社会风险与环境风险在风险社会里普遍存在，而且个体与组织的行为所造成的社会风险与环境风险可能种类繁多，如社会稳定风险、道德伦理风险、公共安全风险、生态破坏风险、空气污染风险等。因此，为了规避社会风险与环境风险的出现，以及最大限度降低社会风险与环境风险发生后的破坏性，个体与组织均应对其决策和活动可能引发的社会与环境风险进行防范、管控和治理。在这一点上，Renn 等（2011）提出的综合型风险治理框架能够提供帮助，它基于包容性治理模型，将物理、社会、科学、文化及利益相关方的知识纳入其中，把风险防范、管控和治理的过程分成预评估、风险评估、承受程度和接受程度判断、风险管理及风险沟通等组成部分，具体如图 5-5 所示。

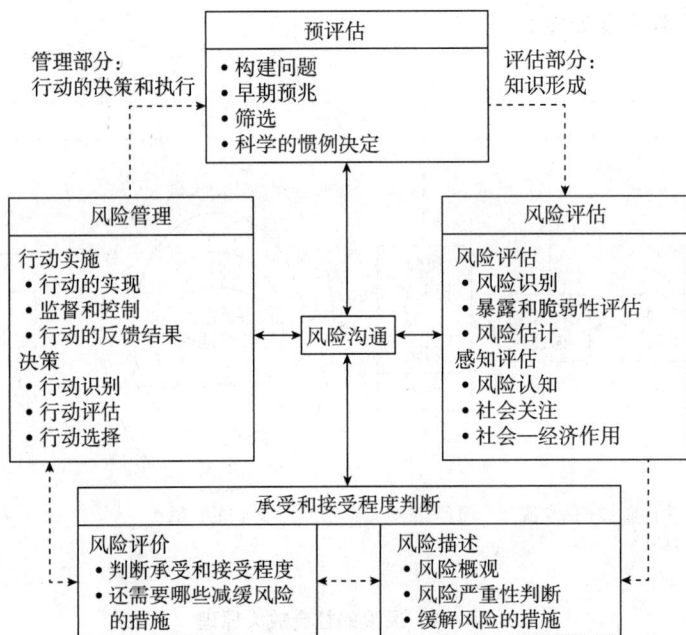

图 5-5　社会与环境风险的综合型治理框架

资料来源：Renn 等（2011），转引自王京京（2014）。

　　实践社会与环境风险防范理念要求企业对于任何决策的制定及任何活动的开展都应树立社会与环境风险意识，必须评估决策和活动可能对社会与环境造成的消极影响，包括造成消极影响的可能性和程度，形成社会与环境风险的科学预测，并针对可能发生的每一项社会与环境风险制定应对策略与举措。对于重大决策和活动，尤其是与外部关联性、互动度较高的重大决策和活动，都应当形成可能的社会与环境风险评估报告，以及相应的风险应对预案。而在决策和活动的实施过程中，则需要对社会与环境风险做好监控和管理，必要时启动和实施风险应对预案，科学运用风险管理工具，确保社会与环境风险的可控、能控、预控、在控，最大限度地规避企业决策和活动引发的社会与环境风险。实践社会与环境风险防范理念还要求企业拓展全面风险管理的范畴，将社会与环境风险纳入企业的全面风险管理体系，实现对社会与环境风险的全员、全过程、全方位、全时空的管理。

专栏 5 - 3：社会与环境风险管理成就壳牌百年基业

风险管理是壳牌公司治理框架的核心之一，也是奠定壳牌百年基业的精髓所在。壳牌公司对制定的每一项重大决策，都要经过严谨科学的风险评估程序，将可能出现的问题及风险列入风险矩阵加以评估和分析，并针对这些假设问题制定出相应的措施。壳牌公司各管理层会定期开展风险分析及讨论，并制定风险矩阵表和各种应对方案，这项内容也是各业务部门年终述职报告中的重要部分。

环境与社会风险管理是壳牌公司风险管理框架中的核心内容，对于决策往往具有一票否决权。壳牌公司制定了《壳牌商业原则》《壳牌行为准则》《HSE 政策》和《壳牌可持续发展政策》等一系列制度，对每一个投资项目都要开展严格细致的环境影响评价与社会影响评价，综合评估项目可能带来的社会与环境风险及价值贡献，在平衡短期与长期利益，平衡经济、社会和环境影响的基础上做出负责任的决策。同时，对于识别的社会风险，提前与利益当事人沟通、协调，及时化危为机，为企业营造和谐的社会环境。例如，在中海壳牌南海项目的融资谈判中，发现项目所在地存在征地移民补偿款被当地村干部挪用的社会风险和舆情。融资谈判小组积极配合危机处理小组走访村民，调查情况，用两三个月的时间及时化解了危机。之后，壳牌公司到当地社区与村民共建学校，教孩子学英语，取得了村民的信任，项目得以顺利进行。

资料来源：根据相关资料整理。

（四）综合价值创造理念

对消极影响的管理是企业对社会负责任行为的基本层次，负责任的企业不能仅仅停留在这一层次。企业作为社会文明与进步的重要推动者，需要以创新的思维、担当的精神、理性的行动增进自身运营对经济、社会、环境的积极影响，最大限度地创造综合价值，促进社会福利的改善。

从某种程度而言，企业社会责任理论与实践的发展历程就是一个对企业价值问题的不断探讨和深化的过程，经历了从最初以财务价值、股东价值为中心的狭隘工具论，到以社会价值为目标的泛功能论，再到现在以经济价值、环境价值和社会价值多方协调、平衡的综合价值论。综合价值创造成为企业履行社会责任的一种新的思维方式、行为准则和核心内容。然而，要正确理解综合价值创造理念，首先需要正确理解价值与综合价值概念。实际上，不同学科对价值的界定千差万别，这反映出价值是一个极具张力的范畴：价值是一个关系范畴，它"反映的是某一物体的客观用途与人的主观需要之间的关系，任何东西有无价值及其大小，总要以它是否及在多大程度上能满足人们的某种需要或欲望为转移"（晏智杰，2001），所以价值必须反映价值主体和价值客体之间的双向关系。从价值主体来看，可以是个体和整体，前者包括企业（组织）和利益相关方个体，后者包括利益相关方整体和社会整体，由此就有企业价值、利益相关方价值和社会整体价值之分。从价值客体来说，无论是企业、利益相关方还是社会整体，任何价值主体实际上都不只拥有单维偏好，相反都具有多维度的效用，并通常涵盖经济价值偏好、社会价值偏好和环境价值偏好，即所谓的综合价值偏好。由此可见，综合价值就是经济价值、社会价值和环境价值之和，反映了个体或整体的经济与非经济的多元需求，企业价值、利益相关方价值和社会整体价值都包含经济价值、社会价值和环境价值三个维度，都是综合价值的体现。

综合价值创造理念的核心要求包括：一是最大化积极影响。综合价值创造要求企业从积极的、正面的视角审视企业与社会关系，主动将企业行为对经济、社会、环境的积极影响最大化。虽然企业的决策或活动对经济、社会、环境的影响可能是多维的，在不同维度上的影响属性也不尽相同，但综合价值创造要求企业对经济、社会、环境的综合型影响必然是积极的、正面的。这意味着企业在做出任何一项决策或开展任何一项行动时，都需要考虑其如何才能最有效、最大限度地创造积极的、正向的综合价值，增进社会整体福利。二是强调价值平衡性。综合价值创造要求企业从单纯追求财务价值向创造经济、社会与环境综合价值转变，是平衡多方利益和诉求的一种理性和最优的选择。企业任何一项决策或活动的实施，都可能给一部分利益相关方带来价值效用而让另一部分利益相关方受损，或者可能给社会文明与进步带来贡献，却让环境为之付出部分代价。用综合价值的视角来思考问题，就是要平衡这些正面的价值和负面的损失，让综合型结果趋于最优，也就是综合价值最大化。三是突出增量价值。一方面，基于综合价值创造的思维方式和工作路径往往能带来相较于传统价值理念下更多的增量的价值贡献。企业在做出决策或开展活动的时候，不再是单纯考虑传统的财务价值或单一的经济价值，而是兼顾与环境社会的和谐，兼顾利益相关方的诉求，其必然带来更加多元化的价值产出，也必然带来更多潜在价值的充分释放。另一方面，综合价值创造要求企业在做出任何决策或开展任何活动时，需要审视这些决策或活动可以为经济、社会、环境及利益相关方带来的价值增量贡献，并将其作为决策或活动对社会负责任程度的重要依据。

企业行为对经济、社会、环境综合价值的积极促进主要有两种模式：共享价值模式和纯粹利他模式。从共享价值模式来看，根据 Porter 和 Kramer（2011）提出的"共享价值"思想，人们总是狭隘地看待企业社会责任，将企业所创造的价值局限于短期财务绩效，把社会议题视为边缘而非核心的，而解决这一问题的方案是要遵循共享价值的原则。当前，各种社会需要越来越多，而企业是解决所面临紧迫社会议题的最重要力量，对企业而言，最为重要的是识别这些社会需要，通过提供新技术、新方法和创新管理方式来解决社会议题，同时提升自身生产力并扩大市场，为企业和社会创造共享价值，这才是获得合法性的最好机会。显然，共享价值模式一方面意味着企业对企业与社会关系有积极、正面的认知，在参与解决社会问题的行动中对社会施加积极影响，创造积极的、正向的综合价值；另一方面也意味着企业在参与解决社会问题的行动中受益，获得了更多商业机会或创造了更多的财务价值。可以认为，共享价值模式是一种企业受自我利益驱动与社会使命感驱动相结合的综合价值创造模式，它立足于企业自身所拥有的资产、资源、专长和知识来解决特殊的社会需求。从纯粹利他模式来看，它意味着企业也是从积极、正面的视角去审视企业与社会的关系，但其驱动力的来源是纯粹的道德驱动，没有掺杂从参与解决社会问题的行动中获取自我利益的意念。在纯粹利他模式下，企业毫无疑问也能通过参与行动对社会运行和进步产生积极影响，能够为解决社会问题做出积极贡献，创造积极的、正向的综合价值。纯粹利他模式虽然暗含着企业不求回报的无私奉献，但实施的结果往往也能为企业带来社会形象、品牌声誉的提升，因为利益相关方和社会对企业的纯粹利他行为通常会给予肯定，并形成企业具有社会责任感的印象。

专栏 5-4：华为推出 Phone Lady 项目消除数字鸿沟

信息化、数字化发展大大便利了人们的沟通与连接方式，然而在新兴市场的边远地区，许多农村居民由于缺乏信息接入的方式，无法融入现代化的经济生活。据统计，全球还有近 2/3 的人口没有接入互联网，数字鸿沟成为全球化的一道裂痕。为此，华为从创造共享价值的角度出发，与孟加拉国当地最大运营商合作推出 Phone Lady 项目。项目在农村地区签约了大量业主（大部分是妇女，即 Phone Lady），由业主拥有并运营移动通话设备，当地银行提供小额贷款，运营商提供操作和计费培训，从而以低成本方式解决农村地区的通信问题，使农村居民可以与亲人、朋友、农贸伙伴进行有效的通信。Phone Lady 项目实施多年以来，收获了经济、社会等多方价值：项目不但给孟加拉国农村创造了一个人人有通信的机会，也解决了超过 280000 人的就业，业主的平均收入明显高于孟加拉国人均收入的 3 倍；同时，华为与本地运营商在移动服务方面也获得了良好的商业回报。

资料来源：根据相关报道整理。

（五）透明运营理念

企业无论是防范社会与环境风险的努力或成效，还是创造综合价值的行动与结果，都需要被利益相关方和社会所了解、认同，才可能变得真正有价值，这意味着透明运营对于企业具有十分重要的意义。而且，按照 ISO（2010）的观点，组织社会责任是透明和道德的组织行为，因此透明度（Transparency）原则是重要的社会责任原则。这意味着企业在影响社会和环境的决策和活动方面应当是透明的，保持透明理应成为企业开展运营与管理的基本理念和要求。这一理念和要求同样适用于企业社会责任议题落实行动，企业也应当在这些行动中保持合理的透明。

透明度是企业影响社会、经济和环境的决策和活动的公开性，以及以清晰、准确、及时、诚实和完整的方式进行沟通的意愿（ISO，2010）。这一界定包括两个层面的含义：第一个层面是企业宜以清晰、准确和完整的方式，合理并足够充分地披露其负责的政策、决策和活动对社会和环境的已知和可能的影响；第二个层面是对那些已受到或可能受到组织重大影响的人员来说，企业所披露的信息宜是可容易获取、可直接获得和可理解的，且应当及时、真实、清晰和客观，以便它们能够准确地评估企业决策和活动对它们利益的影响。显然，透明度既涉及信息披露方，也涵盖信息接收方，两者在信息披露与信息需求上的匹配程度决定了透明度的高低。如果从过程来看，透明度涵盖了从企业信息生成一直到接收方接收信息的全过程，包括信息生成、信息披露、信息传递、信息接收与信息分析四个阶段（黄速建等，2014）。基于对透明度概念的理解，透明运营就是企业在运营过程中对影响社会、经济和环境的决策和活动应当保持合理的透明度，以保证利益相关方的知情权和监督权。

透明运营既是利益相关方和社会对企业开展运营的期望与要求，也是企业获得"合法性"及赢得利益相关方了解、理解、认同、支持的必然选择。透明运营要求企业全面加强透明度管理（Transparency Management），确保企业的信息发布与利益相关方的信息接收能够高度匹配和契合。透明度管理要求企业回答三个方面的基本问题：

一是透明什么。透明并不意味着企业需要无底线的透明，而是应当做到合理的和恰当程度的透明。社会责任国际标准 ISO26000 明确指出，企业宜透明化的内容包括：企业活动的目的、性质和场所；对企业活动中任何可控利益的确认；决策的制定、实施和评价方式，包括确定企业不同职能部门的角色、责任、担责和权限；企业评价其社会责任绩效的标准和准则；企业在与其相关的重大社会责任议题方面的绩效；企业资金的来源、规模和使用；企业决策和活动对利益相关方、社会、经济和环境的已知和可能的影响；企业的利益相关方，以及企业在利益相关方识别、选择及参与方面的准则和程序。透明运营并不要求企业公开披露专有信息，也不要求披露机密信息或违反法律、侵犯商业利益、危及企业安全的信息或个人隐私。

二是对谁透明。利益相关方是企业开展透明运营的基本对象。企业不同决策和活动会涉及不同的利益相关方，每类利益相关方在不同决策和活动中受到的影响、发挥的作用都有所不同，因此透明的对象也需要遵循一定的差异化原则，如表 5－1 所示。

表 5－1　不同类型利益相关方的透明管理侧重点

利益相关方类型	透明的内容侧重点
受到企业运营直接影响的利益相关方	潜在的和实际的影响、造成这些影响的基本背景信息、化解影响的政策和行动
关注企业运营的利益相关方	实际的影响、化解影响的政策和行动
参与协助企业运营的利益相关方	潜在的和实际的影响、造成这些影响的详细的背景和工程技术信息、化解影响的政策和行动

三是如何透明。利益相关方沟通是企业开展透明运营的主要方式，也是企业透明度管理的核心内容。企业应针对不同利益相关方制定和实施有针对性的沟通方案并相应定制有效的沟通体系，积极探索系统化、规范化、结构化、制度化的沟通模式。特别是要梳理和分析不同利益相关方的不同沟通需求，明确不同的沟通目的和定位，确定沟通频率和时机，设计差异化的沟通程序、内容和方式，制定效果评估流程和指标，形成针对不同利益相关方的规范化和结构化沟通方案，并将其制度化形成沟通体系。与此同时，企业需要创新沟通方式，全面加强日常沟通、重大沟通、危机沟通、突发事件沟通，实现沟通过程与沟通效果的全面提

升，如表5-2所示。

表5-2 利益相关方沟通方式的转变

要素	传统方式		创新方式	效果
沟通主体	自说自话		第三方代言与口碑宣传	提高沟通的可信度
沟通对象	广大公众		利益相关方聚焦	提高沟通的针对性
沟通内容	内部工作		外部影响和期望	提高沟通的实质性
沟通渠道	单一单向		多元互动	提高沟通的参与度
沟通方式	工作表达		社会表达	提高沟通的有效性

为提升透明运营效果，企业开展利益相关方沟通应当遵循实质性、针对性、可靠性、价值性、一致性、客观性、清晰性、互动性、实效性和改进性十项原则，具体如表5-3所示。

表5-3 利益相关方沟通应当遵循的十大原则

沟通原则		要求
沟通内容方面的原则	实质性	进行沟通时选取对于利益相关方具有实际价值和意义的议题进行沟通，并采取有效方式和方法保证沟通成效能够落实到企业的管理改进中去
	针对性	针对不同的利益相关方设计和选择不同沟通方式，明确沟通主题和目标，保障沟通高效进行
	可靠性	传达给利益相关方的信息应在收集、记录、整理、分析等各个环节保障信息的质量和准确性，并能确保信息的可查性，使之可验证
	价值性	沟通过程中坚持采取价值沟通方式，向利益相关方传递企业行为为社会、利益相关方创造的综合价值信息
沟通方式方面的原则	一致性	与利益相关方沟通过程中，应该统一口径，避免多头信息传递造成的误解
	客观性	以客观存在的事实为依据，客观地向利益相关方传达企业的相关信息，以便利益相关方根据自己的思考做出适当的决策
	清晰性	沟通时传达给利益相关方的信息应便于利益相关方理解，并且容易获取
	互动性	与利益相关方建立高效的信息双向传递机制，使信息能够在沟通主体中有效快速传递
	实效性	应采取定期和非定期的沟通形式，使利益相关方及时获取最新信息，以便利益相关方能够根据信息做出有效决策
沟通效果方面的原则	改进性	针对利益相关方反馈的意见进行持续改进，并将改进方式、改进成效等及时传达给利益相关方

专栏 5－5：中广核用"透明"破解核电公众接受度难题

随着我国核电进入规模化发展的新阶段，促进信息公开与公众参与，进一步提升产业透明度，消除"邻避效应"，成为整个核行业的新使命与新挑战。而作为中国最大的核电运营商、全球最大的核电建造商，中国广核集团（以下简称中广核）近年来不断通过各种手段增强企业透明度，以提高公众对核电发展的接受度，赢得了广泛认可。其主要做法包括：

一是信息公开。中广核旗下所有在运的核电站都建立了"核电站核与辐射安全信息公开"平台，0级及以上运行事件信息在两个工作日内都会及时公布（节假日72小时）。在中广核总部展厅，大亚湾核电基地的环境辐射监测数据可实时查看，令公众一目了然。

二是例行发布会。中广核新闻发布会频次不断增加，2016年举办了24场新闻发布会和媒体沟通会，发布会的领域覆盖中广核业务的方方面面。2016年8月，中广核及下属的核电上市公司、在运在建六大核电基地的8位新闻发言人集体亮相并公布了联系方式，与媒体、公众代表交流，开行业先例。

三是核电开放。中广核自2013年起开展互动式沟通的开放体验活动日活动，目前"8·7公众开放体验日"已经连续举办四年，成为核电行业公开透明的品牌性活动。2016年的"8·7公众开放体验日"规模创历年之最，有超过4000人参与。此外，对于中广核而言，天天都是开放日，15人以上的团体公众，提前预约都可以到中广核各大核电基地参观。截至2016年8月，到中广核旗下核电基地参观体验的公众已累计突破50万人次，核电基地已经开始与周边社区深度融合，共同打造集旅游、康养、科普为一体的"生态小镇"运作模式。

四是双向沟通。中广核开启公众的论坛和对话，邀请公众和媒体给公司提建议，对公司的工作提出批评和建议。

五是新媒体沟通平台。中广核自2010年起就通过微博、微信公众号及入驻今日头条、人民日报等系列新媒体平台，形成了多方位、全覆盖的新媒体沟通平台体系。聚集旗下53家新媒体平台形成中广核新媒体联盟，打造了具有中广核特色的品牌推广与公众沟通的移动化、互动化平台。

六是公众教育。2014年，中广核下属红沿河、阳江、宁德、台山、陆丰等核电基地全部启动核电科普"进校园"活动，把科普和学校教育结合起来，推动核电科普课列为学校正式课程，成为我国核电企业公众沟通中的符号性事件。

资料来源：根据相关报道整理。

（六）利益相关方参与和合作理念

透明运营在很大程度上表明企业对利益相关方和社会的信息输出，利益相关方沟通也意味着企业与利益相关方和社会之间的互动层次、互动深度和互动范围都具有相对的局限性。实际上，企业要获得利益相关方的利益认同、情感认同和价值认同，仅仅依靠沟通是不够的，还必须充分发挥利益相关方的主动性、积极性、创造性，推动利益相关方参与企业的决策和活动，开展与利益相关方的合作，这样不仅能够增进利益相关方的参与感和认同感，而且可以最为充分地促进双方的合作共赢。企业在落实社会责任议题过程中也应当如此，可以通过推动利益相关方参与和合作，确保社会责任议题的实施更加顺利、效果更加显著。

作为组织社会责任的两大基本实践之一，利益相关方参与（Stakeholder Engagement）指的是为创造组织与一个或多个利益相关方的对话机会而开展的活动，目的是为组织决策提供信息基础（ISO，2010）。利益相关方参与能够为组织带来五个方面的益处，即满足法律法规要求、增进决策和活动的有效性、协调处理冲突与关系、推动互利合作、促进持续改进，具体如表5-4所示。

表5-4　利益相关方参与对组织的作用

作用	具体内容
满足法律法规要求	履行法定义务，例如对雇员
增进决策和活动的有效性	提高组织决策和活动的透明度；增进组织了解其决策和活动对特定利益相关方可能造成的后果；确定如何更有效地增加组织决策和活动的积极影响及如何减少消极影响；为组织带来了解不同观点的益处；确定组织的社会责任声明是否为他人所信任
协调处理冲突与关系	处理利益相关方的利益和组织对整个社会的责任之间的关系；协调自身利益、利益相关方利益和社会整体期望之间的冲突；协调组织和利益相关方及利益相关方之间的利益冲突
推动互利合作	形成伙伴关系以实现共赢的目标
促进持续改进	帮助组织评价其绩效，以利于组织加以改进；推动组织持续学习

资料来源：李伟阳和肖红军（2011）。

为有效推动利益相关方参与，企业在各项决策和活动中应当回答四个方面的问题：

一是要不要参与。并不是企业所有的决策和活动都需要利益相关方参与。一般来说，当企业的决策和活动对利益相关方具有较为重大或明显的影响时，或者决策和活动的实施需要利益相关方或外部资源给予重要支持时，通常需要推动利益相关方参与。相反，内部化、与外部关联性很弱的企业决策和活动，对利益相关方参与的需求相对较少。

二是谁来参与。企业在各项决策和活动中，需要明确哪些利益相关方或外部主体期望参与进来，企业对他们参与进来是否负有义务，他们参与进来对企业有何影响。一般来说，企业对其负有法律义务、受到企业决策和活动的重大影响或对企业决策和活动具有重要影响、对参与企业决策和活动有强烈要求、能够为企业决策和活动开展提供重要支持（如专业支持）的利益相关方或外部主体，应当是企业推动利益相关方参与的重点对象。在利益相关方参与时，企业不宜由于某个有组织的团体更"友好"或比其他团体更支持本组织目标而给予其优先权，也不宜仅因为利益相关方沉默就忽略他们。

三是参与什么。企业在各项决策和活动中，需要分析各个利益相关方期望参与哪些环节和内容，企业希望和可以提供哪些环节与内容让利益相关方参与。一般来说，法律法规明确规定需要利益相关方参与、利益相关方的利益会受到重大影响、利益相关方行动会对企业行动产生重要影响，以及企业亟须外部给予各种支持的环节和内容，都是企业推动利益相关方参与的优先领域。

四是如何参与。利益相关方参与的形式、渠道多种多样，如个人会晤、会议、研讨会、公开听证、圆桌讨论、咨询委员会、定期进行的结构化的信息通报和咨询程序、集体谈判和网络论坛、相互合作等，但并不是所有的形式和渠道都适合于所有领域的利益相关方参与，企业需要根据情境进行合理确定。企业在各项决策和活动中，需要分析不同利益相关方习惯的参与方式、希望的参与方式，同时考虑利益相关方参与的环节与内容特点，确定和采用最为适宜的利益相关方参与形式和渠道，保证利益相关方参与达到预期的目的和效果。

利益相关方合作是利益相关方参与的重要方式，也是企业更好实现社会与环境风险防范、最大限度创造综合价值的重要途径。利益相关方合作机制反映了企业社会责任的本质，因为合作机制能够充分容纳利益相关方的复杂性和多元化，提升利益相关方的价值认知能力，充分发挥利益相关方的价值创造潜能，进而创造经济、社会和环境的多元价值（李伟阳和肖红军，2009）。通常来说，企业与利益相关方的合作方式有四类，即单边付出型合作、交易型合作、整合型合作和变革型合作，它们在多个维度上表现出相应的变化规律，如表5-5所示。从最大化产生协同效应和耦合效应的角度来看，企业在推动与开展利益相关方合作时，应当更多采用整合型合作模式和变革型合作模式，前者通常是长期的、开放性的，并且大多是为了公共利益，后者主要是为了整合各方资源以创新性地解决社会议题。

表 5-5　企业与利益相关方合作关系模式

关系特征	第一种模式 单边付出型合作	第二种模式 交易型合作	第三种模式 整合型合作	第四种模式 变革型合作
参与程度	低←			→高
对使命的重要性	边缘←			→核心
投入资源量	少←			→多
资源类型	货币←			→核心竞争力
活动范围	狭隘←			→广泛
互动水平	不经常←			→密集
信任度	低←			→高
战略价值	次要←			→主要
共创价值	单一←			→联合

资料来源：肖红军等（2014）。

企业在推动与开展利益相关方合作过程中，需要重点注意四个方面：一是利益相关方合作必须是基于优势互补的合作。利益相关方对于企业运营可能创造的经济、社会和环境的不同价值存在着各自优势，这种优势既可能源于能够创造某种价值，也可能产生于预防和避免特定风险的需要。为此，企业在各项决策和活动中，需要分析企业与各个利益相关方各自具有什么样的优势，以及这些优势是否具有互补性，在此基础上才能确定是否可能与利益相关方开展合作。

二是利益相关方合作必须是基于互利共赢的合作。利益相关方合作必须能够带来"合作剩余"，并且合作各方应均能分享到"合作剩余"，也就是企业与各个利益相关方都可以从合作中实现各自的价值偏好。只能为企业或只能为某个利益相关方带来益处的合作必然是不健康的，也是不可持续的。而现实中企业与利益相关方谋求"共谋"的合作更是不可取的，它虽然给合作双方带来好处，却对整个社会带来损害，显然是一种不负责任的行为。

三是利益相关方合作必须是基于合理分工的合作。利益相关方合作应当遵循社会分工的原则，让专业的人去做专业的事。无论是企业还是利益相关方，都不应该大包大揽、越俎代庖，各自应当在各就其位、各尽其责的基础上，通过合作实现各尽所能和各得其所。现实中，一些责任可能是利益相关方本身应当承担的，但他们没有意识到或者承担意愿不足，这时企业与利益相关方开展合作的任务应当是推动他们去承担他们应当承担的责任。与此同时，企业还可以推动利益相关方之间开展合作，形成耦合效应。

四是利益相关方合作必须建立可持续合作机制。除了对合作各方都要形成有效激励外，利益相关方合作还应当明确各自的责任和义务，建立相应的制度规范，避免纯粹的单边付出型合作和交易型合作，确保合作不是"一锤子买卖"而是具有连续性。

专栏5-6：国网舟山供电公司推动多方共同治理"黑楼道"问题

在浙江舟山地区，由于部分社区的物业管理不完善，部分开放小区、老旧小区甚至缺乏物业管理，导致旧城区部分居民楼中楼道照明设施运营和维护困难，部分社区楼道照明设施年久失修成为常态，"黑楼道"现象引发了当地政府、供电企业的关注。虽然按照产权边界划分，楼道灯并不归属于供电公司，而是属于居民和小区，但舟山供电公司创新思路，推动多方共同解决"黑楼道"这一社会问题。具体做法如下：

一是识别利益相关方的参与意愿及利益诉求。舟山供电公司识别出"黑楼道"治理的利益相关方主要包括政府部门、社区（街道）、供电企业、居民和媒体，分析出各自对"黑楼道"的治理意愿、拥有的资源和可负担成本，如表5-6所示。

表5-6　利益相关方的治理意愿、拥有的资源和可负担成本

利益相关方	治理意愿	资源	可负担成本
政府部门	强烈	财政资金、政策法规	少量财政资金
社区（街道）	强烈	居民协调能力、社区管理权力、社区财政资金	居民协调成本、少量财政资金
供电企业	非常强烈	维护技术、维护工人	少量维护资金、维护技术、维护工人
居民	非常强烈	维护资金	少量维护资金
媒体	强烈	事件曝光权力和影响力	新闻曝光、活动宣传

二是与利益相关方一起探索多方共治模式。由舟山市政府牵头,供电公司推动组织了多次利益相关方协调沟通会,以各方的利益诉求和资源情况为基础,建设形成了"黑楼道"利益相关方的网格化管理平台。政府充分利用其行政职权,召集供电公司、社区等各方参与讨论,协同制定了《全市"点亮楼道"长效机制实施方案》,以供电公司的网格化管理平台为载体,由供电公司组建"共产党员服务队"提供楼道灯维护维修服务,并且承担前期"黑楼道"大面积排查和检修所需的耗材费用,以及长期的楼道灯维护服务;社区充分发挥其与居民的紧密联系等优势,负责"楼道灯"相关信息收集、相关人员协调、相关工作的最终落实;居民充分发挥其信息优势,及时反馈"黑楼道"信息并配合维护维修。多方共治的模式最大限度地融合了利益相关者的优势资源,探索形成以"黑楼道"利益相关方为基础的网格化管理平台,实现了资源的优化利用。

三是推动各方共同参与多方共治模式的实现。舟山供电公司以各方协同制定的《全市"点亮楼道"长效机制实施方案》为基础,推动各方共同行动。政府部门牵头成立楼道"长亮"工作组,确定对接联系人,负责厘清工作职责,定期召开利益相关方协调会,协调解决"点亮楼道"过程中的问题。社区(街道)负责开展"点亮楼道"方案的宣传,牵头开展"黑楼道"排查及维护申请,制定楼道长工作职责,协调维修材料费用的收取、电费缴纳等。供电公司由网格经理受理业务,运维部门进行现场勘查,制定"点亮楼道"实施方案,厘定施工范围,指导社区(街道)居民购买维修的原材料,并安排施工人员完成维修任务。同时,在社区、楼道长、居民的配合协调下,制定电费分摊方案,并协助组织实施。居民及时反馈"黑楼道"信息,积极配合楼道长、社区(街道)及时缴纳维修材料成本费用及电费。楼道长负责收集"黑楼道"信息,向本楼道居民收取维修材料成本费用、电费,及时向供电部门缴纳电费,同时负责进行现场验收及满意度、安全性评价,并反馈意见。媒体与供电公司合作,开展针对性宣传,增强社会各界对"点亮楼道"活动的认同度和参与度,实现社会效益和经济效益的最大化。

资料来源:国网舟山供电公司 2015 年社会责任根植项目《让黑楼道持续地亮起来——社会责任根植供电延伸服务》总结报告。

(七) 社会资源整合与优化配置理念

从社会层面来看,企业社会责任本质上是一种新的资源配置机制(李伟阳和肖红军,2012)。这种配置机制要求企业不仅要将管理对象由内部资源拓展到外部利益相关方资源,积极推动利益相关方参与和合作,而且要求企业将管理对象进一步延伸，不局限于外部利益相关方资源，而是从全社会视角来对各种社会资源进行整合，推动社会资源实现更有效和更优的配置。对于企业落实社会责任议题来说，其本身就是企业对解决社会问题的参与，而运用和整合社会资源对于更好地解决社会问题具有天然的合意性，因此企业应将社会资源整合与优化配置理念融入其中，进而使社会责任议题落实在更大范围和更高程度上，产生更可观的效果。

社会资源整合与优化配置指的是企业在解决某个问题或达成某项目标过程中，着眼于全社会视角，对各种外部社会资源进行识别、整合、重新配置，推动企业内部资源与外部社会资源的相互耦合，促使外部社会资源得到更加高效的配置和更加充分的利用，从而为企业解决问题或达成目标创造更大的价值。社会资源整合与优化配置是对外部利益相关方资源配置的延伸和拓展，它除了考虑通过推动利益相关方参与和合作来配置利益相关方资源外，还将与企业决策和活动没有紧密联系的社会主体所拥有的优势资源纳入管理视野，尤其是对这些主体所拥有的冗余资源甚至闲置资源进行充分调动，既能提高这些社会主体的资源利用效率和效果，为其创造共享价值，又能补齐企业独立行动或仅仅与利益相关方合作可能面临的短板，为企业创造性地落实决策和活动提供新的可能。

实际上，社会资源整合与优化配置理念适用于那些依赖企业自身资源及利益相关方资源难以达成目标的履责行动，它推动企业履责方式实现了从独立自履到合作履责再到共同履责的演变（见图 5-6）。独立自履模式是企业"自己做"，并且基本上都依靠自身所拥有的资源；合作履责模式是企业"推动利益相关方一起做"，除了自身贡献资源外，还促使利益相关方也投入所拥有的优势资源；共同履责模式是企业"推动全社会一起做"，不仅自身和利益相关方贡献资源，而且将更大范围的社会主体所拥有的资源进行整合与优化配置。基于资源配置方式的不同，这三种履责模式在综合价值创造潜力与能力上也会呈现由低到高的变化。

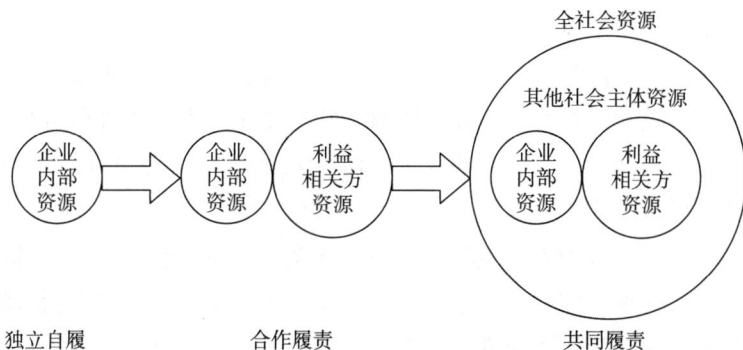

图 5-6 不同履责模式下的资源配置差异

社会资源整合与优化配置理念中的"资源"概念相对宽泛，既包括大家所熟知的要素资源，如土地、场所、物品、资金等有形要素资源，以及信息、知识、数据、人力资本等无形要素资源，也包括现在日益增多的平台资源，如互联网商业平台、社会组织联盟，甚至还包括容易被人们忽视的爱心资源，即爱心也是一种稀缺资源，需要进行科学配置。此外，社会资源整合与优化配置有时还会表现为对某一社会主体所拥有的影响力（如意见领袖）、政策制定权力（如政府）的整合与配置，这意味着"资源"也涵盖了影响力、政策制定权力等独特能力。企业在其决策和活动中开展社会资源整合与优化配置，首先是要识别出包括利益相关方在内的社会主体对企业所要解决的问题或达成的目标能提供哪些有用的"资源"。为此，企业需要回答以下系列问题：针对某项问题的解决，企业拥有哪些资源？利益相关方拥有哪些资源？不同类型的其他社会主体拥有哪些资源？是要素资源、平台资源、爱心资源还是独特能力？这些社会主体的资源是解决问题所需要的吗？这些资源与企业的资源、利益相关方的资源是否具有互补性？

其次是要分析不同社会主体贡献或共享"资源"的动力，并推动它们形成相应的意愿。这一方面要求企业开展社会资源整合与优化配置的行动必须是互利共赢的，不能是某一方单方面的受益甚至让一方受损，而应该是企业、资源的拥有方及第三方的社会都能从中受益，形成互利共赢的局面；另一方面要求企业主动沟通，促使不同社会主体认识到自身拥有资源的价值创造潜能，以及它们对多元价值的潜在需求，让它们看到贡献或共享"资源"所带来的互利共赢的好处，同时推动双方建立互信。此外，企业还应保证社会资源整合与优化配置过程的透明公开，因为很多社会资源的权益人往往并不局限于某一个人或某一个代理机构，还牵涉社会公众等利益相关方，透明公开不仅能够保证资源整合的合法性，而且可以让不同社会主体感受到"资源"在发挥效用而非被滥用。

最后是要选择、确定甚至创新资源整合与配置模式。通常来说，依据资源流动的方向及分享程度，企业开展社会资源整合与优化配置可以采取五种模式：一是资源引入模式，即企业从外部的社会主体引入其拥有或代理的"资源"，促进某项问题的更好解决或更好地达成行动目标。在这种模式下，"资源"是单向地流入企业，这意味着这种模式实施的前提是解决某项问题或达成行动目标也有利于资源拥有方或代理方的利益。二是资源交换模式，即企业用自身拥有的资源与外部的社会主体交易其拥有的资源，在满足解决某项问题或达成行动目标的资源需求的同时，促使双方通过交换获得互补性资源而提高资源配置效率，实现双方的综合利益最大化。在这种模式下，"资源"是双向互动地在企业和社会之间流动。三是资源嫁接模式，即当外部的社会主体在资源整合和配置方面更具优势时，企业可以推动这些社会主体成为资源整合和配置主体，并将自身的"资源"注入这些社会主体中，或者它们构建的平台上，进而通过嫁接这些社会主体或平台而实现资源的更优配置，以更好地解决某项问题或达成行动目标。在这种模式下，"资源"由企业单向地流向外部社会主体。四是资源共享模式，即企业与外部的社会主体都将各自拥有的优势资源向对方分享，以便各自能够扩大自身的"资源池"，从而在满足解决某项问题或达成行动目标的资源需求的同时，提升各自资源的利用效率和使用效果。在这种模式下，"资源"双向互动地在企业和社会之间流动。五是资源联合模式，即企业和外部的社会主体都将各自的优势资源注入到一个联合成立的新机构中，由新机构对双方贡献的资源进行配置，并对解决某项问题或达成行动目标发挥作用。在这种模式下，"资源"由企业和外部的社会主体分别流向新机构。

专栏5-7：腾讯致力于成为公益的创联者

腾讯最大的优势就在于社交和技术。就社交而言，腾讯拥有庞大的受众，因此腾讯认为其开展公益最重要的是连接人，让"指尖公益"融入每个人的生活中，而不是仅仅局限在筹款层面；就技术而言，除了搭建平台让公益机构和公众更好地对接，腾讯也推出了"捐步数""捐声音"等创新型轻公益，利用技术把公众的碎片化时间充分地利用起来，除了善款捐赠外，能够真正地参与到公益项目中成为志愿者、项目监督者，并把对项目的了解通过腾讯的平台展现给更多的人，成为"能动方"，从而实现腾讯提出的"人人可公益的创联者"的目标。

以"99公益日"为例。"99公益日"是由腾讯公益联合数百家公益组织、知名企业、明星名人、顶级创意传播机构共同发起的一年一度的全民公益活动。腾讯公益希望通过腾讯自身产品和平台的优势，以及众多合作伙伴的力量，以前所未有的规模，连接受助人、捐助人、公益组织及项目、知名企业、明星名人和数亿用户，通过移动化支付、社交化场景和趣味化互动，唤起社会各界关心、参与公益的热情，打造一个全民参与的超级公益日。在2015年的首个"99公益日"中，通过腾讯公益平台爱心网友捐款1.279亿元，共有205万人次参与捐款，涉及95家公募组织的2178个在筹项目，包括肯德基、国美、必胜客、联合利华、顺丰速运、有范APP、京东、可口可乐、沃尔玛等知名品牌都利用自己强大的营销渠道（线上及线下）为"99公益日"助力。在2016年的第二个"99

公益日"中，通过腾讯公益平台更是实现了 677 万人次捐赠、3643 个公益项目上线、3.05 亿元网友善款捐赠总额。"99 公益日"已经成为腾讯发挥自身优势，撬动、整合和优化全社会公益资源的重要平台。

资料来源：根据相关报道整理。

（八）健康生态圈理念

无论是利益相关方合作还是社会资源整合与优化配置，其关注的核心都是企业如何与利益相关方或其他社会主体相互合作共同创造更多价值增量，解决其决策和活动着眼解决的问题及达成其希望实现的目标，最终实现企业与不同主体之间、企业与社会之间的共赢。由此可见，利益相关方合作、社会资源整合与优化配置均着眼于"事情"本身及"事情"的价值创造，而对于"事情"所涉及的大系统考虑相对较少，尤其是对从优化大系统视角来解决某项"事情"考虑较少。而健康生态圈理念对此进行了弥补，要求企业将自身的决策和活动置身于某个生态圈，并把推动形成健康生态圈作为决策和活动的目标，不仅仅关注企业与不同主体之间合作创造价值，而是关注整个生态圈的系统性运行。无疑，健康生态圈理念有利于企业推动社会责任议题所着眼的特定社会问题获得根本性的解决。

生态圈（Biosphere）最早属于生物学上的概念，指的是地球上所有生态系统的统合整体，后被应用到经济社会领域，指的是经济和社会运行中众多主体通过相互间的连接、依赖与协作而构成的生态系统。从本质上来说，生态圈是由生物成分（各类主体）和非生物成分（资源要素、环境要素）构成的、多层次的、动态的、开放的复杂自适应系统（Complex Adaptive System），可以认为是经济社会领域不同主体之间关系的一次革命。生态圈具有复杂自适应系统的十个特性：自组织、涌现性、交互性、相互依赖性、具有反馈环、远离平衡态、不断开拓可能性空间、共同进化、历史的偶然性或"蝴蝶效应"、路径依赖性（杜国柱，2008），尤其是系统的自组织和涌现性、主体之间及主体与环境之间的共生性和共同演化。

生态圈中的不同主体在各种网络（如价值网、关系网）中占据不同的"生态位"，它们之间的共生、互生关系导致形成难以割裂的共同体。进一步来看，生态圈中不同主体之间的共生模式并不完全相同，如果基于共生单元之间的价值分配角度，共生将出现寄生、偏利共生、非对称互惠共生和对称互惠共生四种模式，如表 5-7 所示；如果基于共生单元之间的联系程度划分，从低到高将会出现点共生、间歇共生、连续共生和一体化共生四种模式，如表 5-8 所示。健康的生态圈应当是不同主体之间形成对称互惠共生或非对称互惠共生模式，以及一体化共生或连续共生模式，达到高效率、强凝聚力、趋于稳定的共生状态。

表 5 – 7　基于价值分配角度的四种共生模式

特征	寄生	偏利共生	非对称互惠共生	对称互惠共生
共生价值特征	不产生新价值；存在寄生向寄生者价值的转移	产生新的价值；一方获取全部新价值，不存在新价值的广普分配	产生新的价值；存在新价值的广普分配；广普分配按非对称机制进行	产生新的价值；存在新价值的广普分配；广普分配按对称机制进行
共生作用特征	寄生关系并不一定对寄主有害；存在寄主与寄生者的双边单向交流机制；有利于寄生者进化，而一般不利于寄主进化	对一方有利而对另一方无害；存在双边双向交流；有利于获利方进化创新，对非获利方进化无补偿机制时不利	存在广普的进化作用；不仅存在双边交流，而且存在多边双向交流；由于分配机制的不对称性，导致进化的非同步性	存在广普的进化作用；既存在双边交流机制，又存在多边交流机制；共生单元进化具有同步性

资料来源：袁纯清（1998）。

表 5 – 8　基于共生单元联系程度的四种共生模式

特征	点共生	间歇共生	连续共生	一体化共生
概念	在某一特定时刻共生单元具有一次相互作用；共生单元只有某一方面发生作用；具有不稳定性和随机性	按某种时间间隔 t 共生单元之间具有多次相互作用；共生单元只在某一方面或少数方面发生作用；共生关系有某种不稳定性和随机性	在一封闭时间区间内共生单元具有连续的相互作用；共生单元在多方面发生作用；共生关系比较稳定且具有必然性	共生单元在一封闭时间区间内形成了具有独立性质和功能的共生体；共生单元存在全方位的相互作用；共生关系稳定且存在内在必然性
共生界面特征	界面生成具有随机性；共生介质单一；界面极不稳定；共生专一性水平低	界面生成既有随机性也有必然性；共生介质较少，但包括多种介质；界面较不稳定；共生专一性水平较低	界面生成具有内在必然性和选择性；共生介质多样化且有互补性；界面比较稳定；均衡时共生专一性水平较高	界面生成具有方向性和必然性；共生介质多元化且存在特征介质；界面稳定；均衡时共生专一性水平高
阻尼特征	与环境交流的阻力和内部交流阻力较接近；界面阻尼作用最明显；分配关系一般不影响阻尼特征	与环境交流阻力大，内部交流阻力较小；界面阻尼作用较明显；分配关系对阻尼特征影响较小	与环境交流阻力大，而内部交流阻力小；界面阻尼作用较低；分配关系对阻尼特征影响较小	与环境交流阻力大，而内部交流阻尼很小；界面阻尼作用最低；分配关系对阻尼特征影响最大

续表

特征	点共生	间歇共生	连续共生	一体化共生
共同进化特征	事后分工；单方面交流；无主导共生界面；共同进化作用不明显	事后事中分工；少数方面交流；无主导共生界面；有较明显的共同进化作用	事中、事后分工；多方面交流；可能形成主导共生界面和支配介质；有较强的共同进化作用	事前分工为主，全线分工；全方位交流；具有稳定的主导共生界面和支配介质；有很强的共同进化作用

资料来源：袁纯清（1998）。

生态圈思想在经济社会领域的运用催生了企业生态圈、产业生态圈、商业生态圈、服务生态圈、创业生态圈、责任生态圈等一系列概念，但无论哪一类经济性或社会性生态圈，健康的生态圈应当都是完整的生态系统，并且其各个子系统都具有健壮性（Robust）及相互之间具有协同共生性。比如，对于商业生态圈，Moore（1996）将其区分为三个层次的系统，即核心生态系统、拓展生态系统和完整的生态系统，如图5-7所示。健康的商业生态圈绝不仅仅是核心生态系统或拓展生态系统的健康，而是完整的生态系统的健康；也不仅仅是由价值网、关系网、信息网、责任网等众多网络编织而成，强调网络成员的多样性，而是同时要重视网络中的界面规则，构建形成有效的治理机制。

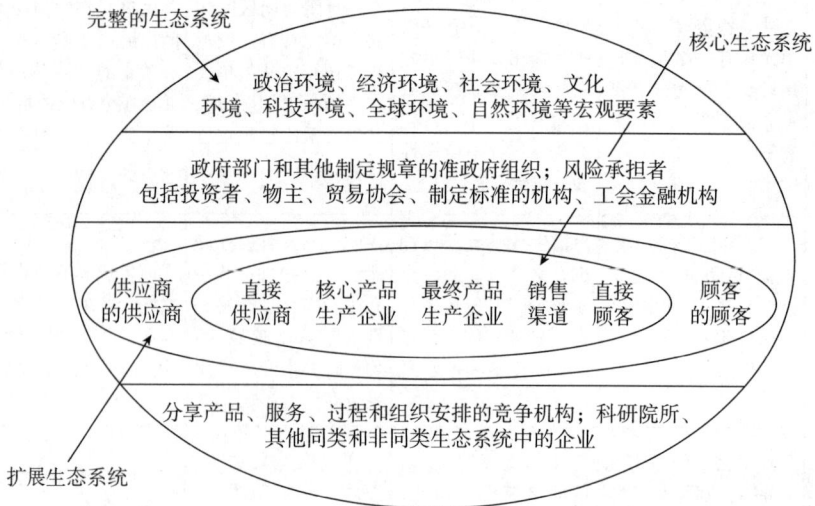

图5-7 商业生态圈的三层次生态系统

资料来源：Moore（1996）。

健康生态圈理念要求企业一方面要树立系统思维，突破零和博弈的竞争观念，超越简单小众合作的局限，改变"就事论事"和"头痛医头、脚痛医脚"的问题解决方式，拓展其决策和活动的着眼点、目标层次与实现方法，从打造健康生态圈的视角更加彻底、更加根本、更加可持续地解决问题，实现在特定场域里企业与各社会主体、各社会主体之间、企业与外部环境的共生、互生甚至再生，达到自组织、自适应和自发展；另一方面要转变履责方式，超越传统的"授人以鱼"甚至"授人以渔"的简单模式，充分发挥企业的社会影响力、带动力和辐射力，由综合价值创造水平有限的"直接履责"向推动更大范围主体释放综合价值创造潜能的"履责平台提供者"转变，企业通过"搭建渔场"不仅可以让各个社会主体到"渔场"养鱼进而参与履责，而且能够将"渔场"打造成为针对特定社会问题解决的、自组织、自适应、自发展、自修复、自演进的生态圈，实现对特定社会问题的系统性、根本性解决。实际上，当前许多社会问题的出现及众多社会责任缺失事件的发生（如奶粉行业的"三聚氰胺事件"、百度的"魏则西事件"、电信诈骗问题）并不是简单的某个点出了问题，而是整个面甚至系统出了问题，行业生态、社会生态遭到破坏。对这些问题的解决或事件的规避，不能仅仅从某个点上去施策，因为这样无法根治，甚至可能引发新的问题出现；相反，应当基于健康生态圈理念，重构行业生态圈、社会生态圈，实现系统性根治。

专栏 5-8：蒙牛"圈子效应"释放可持续共赢活力

作为全球排名第 11 位、国内领先的乳品企业，蒙牛率先构建共赢生态圈并将其价值不断放大，从联动上下游各个环节到跨界行业内外合作伙伴，再到打通国际"朋友圈"，层层推进可持续发展。具体做法如下：

一是从基础到高阶多层次搭建品质生态圈。蒙牛构建的品质生态圈，除了由奶农、牧场主、供应商等上下游合作伙伴组成的全产业链质量管理体系这一基础，还拥有由全球行业顶尖伙伴组建的国际战队来不断自我提升。蒙牛的做法是投资和帮扶，通过建设或参股现代化牧场、提供委托贷款、预支奶款等方式，加快规模化养殖进程，有效提升了奶源供应的整体水平及品质管控。2014 年，蒙牛首创"牧场主大学"，整合国际专家资源培养技术与管理并重、国际思维与责任并举的新一代牧场主。2015 年，蒙牛启动了"2020 奶源可持续发展生态圈项目"，联动多方资源去推动行业可持续发展。此外，蒙牛与丹麦 ArlaFoods、法国 Danone、IBM 展开牧场管理、工厂升级及全产业链食品安全的大数据建立等方面的合作，引进新西兰 AsureQuality 国际食品安全标准质量认证体系，更进一步走出去布局海外奶源资源。

二是走在消费者之前组建营养创新生态圈。蒙牛一方面在行业内整合全球营养创新资源，实现品牌的差异化，另一方面打破行业边界开展跨界合作，创新产品和服务，组建起一个极具活力的营养创新生态圈。蒙牛与世界排名第一的农业大学 UCDavis 共同建立并运营"营养健康创新研究院"，与美国 WhiteWave 合作推出植物蛋白新品 Silk 植朴磨坊，联合 ArlaFoods 涉足"中国化"奶酪研究。蒙牛创新推出的中国首款二维码可追溯品牌——精选牧场，从 2014 年与百度合作的"云端牧场"到 2015 年联合纷美、微信等构建的"一包一码"可追溯，逐步实现着消费者对产品品质的"零距离"了解。

蒙牛以"品质"为圆心，以不断延伸的"创新"为半径，可持续共赢生态圈层层拓展，并反哺其自身的长远发展。

资料来源：李超. 蒙牛"圈子效应"释放可持续共赢活力. 光明网，2015 – 11 – 5.

（九）可持续性理念

企业无论是对社会责任议题目标与效果的追求，还是实施过程中对守法合规理念、社会与环境风险防范理念、综合价值创造理念、透明运营理念、利益相关方参与和合作理念、社会资源整合与优化配置理念、健康生态圈理念的贯彻，都应当遵循可持续性（Sustainability）原则，保证社会责任议题的落实真正做到对社会负责任。

可持续性具有宏观层面与微观层面的双重理解。前者指的是企业的行为应当符合可持续发展（Sustainable Development）的要求，即既满足当代人需要又不危及后代人满足其需要的能力的发展，这事关高品质生活、健康、繁荣等目标与社会公正的融合，以及维护地球支撑生物多样性的能力（ISO，2010）；后者指的是企业的行为应当具有连续性、一惯性、能够保持长期的、良性的运行状态。与此同时，可持续性既包括企业行为结果的可持续性，又要求企业行为过程的可持续性。可持续性理念意味着企业在其决策和活动中应当做到以下六个方面：

一是坚持社会价值本位、社会资源优化配置的衡量标准。企业的某项决策或活动是否对社会负责任或者说是否具有合理性，不能仅仅看其是否满足了利益相关方的期望与要求、是否为利益相关方创造了价值，以及是否为企业创造了价值，而是应当从全社会的角度出发，考察其是否能够最大限度地增进社会福利，能否促进社会资源的优化配置。因为虽然利益相关方是社会的一部分，但它们可能有与社会期望不一致的利益，这些利益会不同于以对社会负责任的行为处理议题的社会期望。也就是说，企业的决策和活动可能满足了利益相关方的期望与要求，能够为利益相关方创造价值，但因利益相关方的期望与要求本身就与社会整体利益相冲突，其结果必然是带来社会整体的受损，由此企业的行为也就难以真正对社会负责任。在现实中，很多企业在与利益相关方打交道过程中出现的"共谋"行为，虽然既为利益相关方创造了价值，也为企业自身创造了价值，似乎成为所谓的"共赢"行为，但它对全社会却带来整体福利损失，因此实际上是一种对社会不负责任的行为。

二是树立长期视野与系统思维。可持续性理念要求企业的决策和活动不能仅仅考虑短期影响，而是应当从长周期视角考察其可能带来的长期影响。因为企业的决策和活动往往发生在某个长周期的特定时点或特定阶段，如果仅仅从该时点或该阶段考虑其影响，那么可能企业的决策和活动在该时点或该阶段上是对社会负责任的，具有合理性，但如果将其置身于整个长周期来看，其影响可能会表现出对社会是不负责任的，显得不合理。比如，社会上一直饱受争议的电动汽车节能环保问题，就不能仅仅考察电动汽车使用本身对能源消耗的减少及碳排放的减少，而是要从其使用的"电"的生产、输送和利用等全过程分析，因为现在"电"的主体仍然是"火电"，其对资源能源的消耗及碳排放是相当可观的，因此需要从长周期考察电动汽车节能环保问题。除了长期视野外，可持续性理念还要求企业树立系统思维，避免其决策和活动"只见树木，不见森林"，因为狭隘的局部性思维将使企业的决策和活动可能事与愿违，终究难以持续。比如，互联网公司在开展商业模式创新时，就不能仅仅从"商业"这一局部要素出发，而应当将其置身于整个社会大系统中予以考察，系统考虑其商业价值与可能带来的社会问题，否则就可能出现百度公司"竞价排名"商业模式饱受诟病的现象。

三是正确处理私德与公德的关系。私德是某个社会主体的个体行为，其践行原则上是自愿性的，一般来说对社会具有益处。但是，当某个社会主体将私德行为标准提高到一个特别高的水平，其他社会主体普遍难以达到这一水平，那么私德将推动普遍性的公德标准超过大部分社会主体所能达到的水平，这一公德将会被大部分社会主体所放弃，结果是私德践行造成公德践行的损害。也就是说，该社会主体提高的私德行为虽然从个体事件上看似乎是对社会有贡献的，但从全社会公德践行的弱化来看则是有损社会进步的。因此，企业在其决策和活动中不能一味地抬高道德标准，防止出现所谓的"道德竞赛"，而是从如何最有利于全社会主体落实理性的道德标准出发，正确处理好私德与公德的关系，保证企业及其他社会主体的道德行为具有可持续性。

专栏 5－9：子贡赎奴与子路受牛

春秋时期，鲁国规定，国人凡有去国外旅行者，见有鲁国人在外沦落为奴，可花钱把他赎回，回国后可去国库报销费用。孔子的弟子子贡在外面看到有鲁人为奴，遂赎回，赎后却不去国库报销。别人由此称赞子贡品格高尚。孔子知道后，大骂子贡，说他做错了。别人奇怪：做好事赎了人，而不去报账，这不是高尚吗？孔子说非也，子贡的做法反会导致更多的奴隶不能从国外被救赎。子贡不报账，将来别人看见鲁人为奴，本想赎，却犹豫：我赎买后，若去报账，别人会嗔怪"以前有人不报账，你去报账，你的品格不如他"。若不报账，自己的负担过重。这样，这个人只能装聋作哑不去赎人。

有人落水，孔子的大弟子子路跳下水把人救起。家属送他一头牛答谢，子路大方地收下。别人就议论了：下水救人还要钱？孔子知道后，表扬了子路，说他做得对。因为救了人，人家要报答，可以收受，这样就鼓励以后的人乐意施救，从而使更多落水者得救，这种事情要看客观的效果。

资料来源：百度百科。

四是保持理性、谦卑和克制。企业对社会负责任绝不意味着企业将自己当作"救世主"，也绝不是要求企业成为解决社会问题的"主宰者"，大包大揽的结果必然是"好心办坏事"，无法真正实现对社会负责任。企业要做到对社会负责任，必须保持理性，克制对解决社会问题的主导冲动，必须基于不同社会主体的优势开展有效的社会分工。这一方面是由于社会问题在不同的解决阶段需要具有不同优势的主导者，企业作为"先迈开一步"的主导者未必适合成为社会问题解决全程的主导者；另一方面，基于比较优势的社会分工才是最有效率的，企业强行成为社会问题解决的主导者可能并不一定带来社会福利的增进，甚至可能阻碍社会问题的长效解决和高效解决。因此，企业应当保持谦卑和克制，根据社会问题解决的需要定位自身的角色，该担当主导者时就做好相应的主导工作，该作为推动者时就应当充分发挥推动作用，该当配角时就当好配角。只有这样，企业才能与利益相关方和其他社会主体一道，实现各就其位、各安其身，各尽其能、各得其所，最有效地解决社会问题。

五是强调不断地微改进、微创新和微变化。可持续性理念意味着企业对社会负责任的行为应当是在综合价值创造上能够连续地实现微改进、微创新和微变化，企业可以通过不断迭代的方式优化社会问题解决方案和行动，保证企业行为及其效果的持续优化。实际上，每个社会主体都不可能是终极真理的掌握者，企业与利益相关方和其他社会主体一道所形成的社会问题解决方案，可能永远是次优的、阶段性的，因此只有保持解决方案的开放性、动态性和迭代性，推动社会问题解决行动的持续改进，才可能无限趋近社会问题的长效解决和高效解决。

六是重视可持续机制的构建与运转。企业对社会负责任的行为只有通过有效的机制才能保证可持续。企业无论是要真正落实守法合规理念、社会与环境风险防范理念、综合价值创造理念、透明运营理念、利益相关方参与和合作理念、社会资源整合与优化配置理念、健康生态圈理念，还是追求社会问题的真正解决，都必须建立相应的可持续机制。比如，企业在开展扶贫公益时，必须考虑建立可持续扶贫机制，既要在外部向贫困地区投入资源时解决贫困问题，又要在外部力量撤出后贫困地区能够实现自我"造血"。企业在开展类似公益活动时，必须考虑受助对象对可持续提供资助的期望与需求，因为如果企业仅仅是一次性或几次性的提供帮助，中断帮助后可能会使受助对象重新陷入困境或者陷入更大困境。

第二节　企业社会责任根植方法与工具

一、责任边界管理

正确理解责任边界管理之前首先需要科学界定企业社会责任边界概念。通常来说，企业对社会负责任并不是无限的，相反，应当是有一定边界和范围的。正因如此，才有企业社会责任边界概念的出现。现有对企业社会责任边界的研究成果基本上都是从组织整体层面（Organizational Level）考察企业应当对社会负责任的内容范畴，研究的核心均是在寻找和界定企业社会责任包含的具体内容。比如，刘文彬（2006）虽然没有对企业社会责任边界概念进行界定，但他基于对企业效率内涵演进的研究，提出企业社会责任的边界应当局限于法律责任和道德责任之内。李伟阳（2010）认为，企业社会责任边界就是对社会负责任的企业行为的性质认定和内容构成，并基于对企业本质的重新认识，提出企业社会责任内容边界应当包括两部分，即最大限度地实现与商品和服务提供过程相联系的经济、社会和环境的综合价值，以及最大限度地实现与内嵌于商品和服务提供过程中人与人的关系相联系的经济、社会和环境的综合价值。余澳等（2014）认为，企业社会责任边界应当包括两个层面：第一个层面是企业需要承担哪些社会责任、相关各责任的范畴与边界是什么？第二个层面是作为整体的企业社会责任，其外部边界在哪儿？对于前者，他们提出企业社会责任中的责任范畴主要包括人本责任、经济责任、法律责任、伦理责任和环境责任五个方面；对于后者，他们提出作为整体的企业社会责任，其外部边界是企业自身利益与社会利益的均衡点。除了明确提出企业社会责任边界术语的学者之外，部分学者也隐含地表明了企业社会责任的边界点，如 David（1960）的"责任铁律"观点、Carroll（1979）的"期望符合"观点、ISO（2010）的"影响决定"观点及利益相关方责任观点。

责任边界管理的首要任务是识别与确定企业的社会责任边界。由于组织整体层面的社会责任边界与决策或活动层面的社会责任边界存在差异性，因此两者的识别与确定方法也有所不同。考虑到社会责任议题的策划和实施中会主要运用到决策或活动层面的社会责任边界识别与确定方法，因此这里重点对此进行阐述。企业在决策或活动层面的社会责任边界确定，需要综合考虑和权衡分析多个方面的因素，包括：一是法律法规的要求；二是利益相关方和社会的期望；三是企业可动用的资源、能力和优势；四是企业的使命与价值观。法律法规的要求构成了企业在某项决策或活动中的底线规范，包括禁止类事项和强制类事项，前者是企业在决策或活动中不可为的行为，后者则是企业在决策或活动中不可不为的行为，这些形成企业在该项决策或活动中的底线边界。利益相关方和社会的期望需要进一步区分合理期望和不合理期望，企业在某项决策或活动中的社会责任边界考虑的是合理期望，不合理期望将会被排除在外。企业可动用的资源、能力和优势既包括企业自身所拥有的资源、能力和优势，也包括企业在决策或活动中可以利用的利益相关方和其他社会主体的资源、能力和优势。企业在某项决策或活动中，除了底线类边界内的行为外，还需要结合利益相关方和社会的合理期望及企业可动用的资源、能力和优势，识别和确定出更宽泛的行为边界。当利益相关方和社会的合理期望与企业可动用的资源、能力和优势相契合与匹配时，企业能够在发挥自身优势或者发挥利益相关方和其他社会主体优势的同时，满足利益相关方和社会的合理期望，为利益相关方和社会创造价值，这些形成企业在该项决策或活动中的理想边界。当利益相关方和社会的合理期望超越了企业可动用的资源、能力和优势范畴时，企业仍然需要通过挖掘自身的内部潜能、利益相关方和其他社会主体的外部潜能，采取逐步改善行动或替代性行动去满足利益相关方和社会的合理期望，这些形成企业在该项决策或活动中的挖潜边界。当企业可动用的资源、能力和优势超越了利益相关方和社会的合理期望的要求时，即企业拥有冗余的可动用的资源、能力和优势，而又缺乏相应的利益相关方和社会期望时，企业可以在使命和价值观的指引下，自愿开展前瞻性的、创新性的负责任行动，发挥冗余资源、能力和优势的社会价值创造能力，这些形成企业在该项决策或活动中的释能边界。由此可见，企业在某项决策或活动中的社会责任边界由底线边界、理想边界、挖潜边界和释能边界构成，它们之间的相互关系如图5-8所示。表5-9所示为不同类型社会责任边界的行为要求。

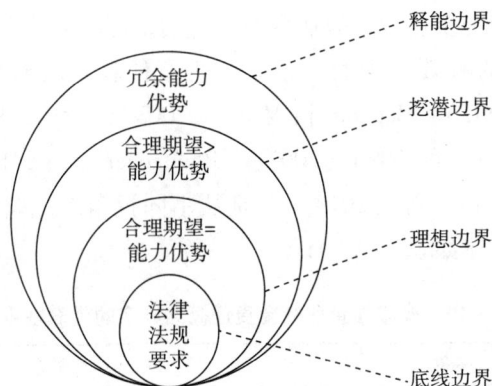

图5-8 企业决策或活动层面的社会责任边界模型

表5-9 不同类型社会责任边界的行为要求

社会责任边界	行为要求
底线边界	不可为、不可不为
理想边界	全力为
挖潜边界	想法为
释能边界	可以为

二、战略融合

（一）战略融合的概念理解

在社会责任领域，战略融合通常有两种理解：一种是从社会责任管理角度，战略融合意指企业将社会责任理念和要求融入企业使命、价值观和发展战略，推动形成社会责任与企业战略的全面融合，确保企业拥有对社会负责任的发展战略，以便指引企业的负责任行动；另一种是从社会责任实践角度，战略融合指的是一种社会责任实践方式，它将参与解决社会问题这一社会责任实践活动或项目与企业的发展战略相匹配、相结合、相互动、相支持，推动社会问题解决与企业商业价值获取同时实现，这一视角下的战略融合本质上可以认为是战略性企业社会责任（Strategic Corporate Social Responsibility）。鉴于落实社会责任议题是企业开展社会责任实践的重要方式，因此这里研究的战略融合指的是第二种视角下的战略融合，其核心理论和思想则是战略性企业社会责任。

战略性企业社会责任概念最早由 Burke 和 Logsdon（1996）提出，她们认为，当企业社会责任能够为企业带来商业利益，特别是能够支持企业的核心业务活动并有助于企业使命的有效实现时，企业社会责任就是战略性的。之后，Baron（2001）、Lantos（2001）、Bagnoli 和 Watts（2003）、Porter 和 Kramer（2006）、Jamali（2007）、Husted 和 Allen（2007）、Bhattacharyya（2010）、McWilliams 和 Siegel（2011）及 Bruyaka 等（2013）分别从不同视角对战略性企业社会责任的概念进行了界定，具体如表5-10所示。

表5-10　战略性企业社会责任概念界定的代表性观点

学者	视角	概念界定
Burke 和 Logsdon（1996）	与战略利益的关系	能产生实质性商业收益，特别是通过支持核心业务活动推进企业使命实现的社会责任
Baron（2001）	行为动机	承载社会责任并以利润最大化为目的的战略性行为
Lantos（2001）	行为动机、责任性质	实现社会福利和企业战略性商业目标的战略性慈善行为
Bagnoli 和 Watts（2003）	行为模式	企业在为社会提供公共产品时促进了私有产品的销售
Porter 和 Kramer（2006）	行为模式、战略目标	目标在于寻找能够为企业和社会创造共享价值的机会，在解决社会问题的同时获取可持续竞争优势
Jamali（2007）	责任性质、行为动机	兼顾企业利益和社会贡献的战略性自愿责任
Husted 和 Allen（2007）	行为模式	将社会问题纳入战略范畴，并从社会问题中寻找市场机会，进行产品和服务创新，创造企业价值
Bhattacharyya（2010）	责任性质	具有向心性、长期导向和资源承诺性的社会责任
McWilliams 和 Siegel（2011）	责任性质、行为动机	能使企业获得持续竞争优势的任何社会责任行为
Bruyaka 等（2013）	行为动机、行为模式	与企业核心业务整合，试图为企业和利益相关方带来经济和非经济收益的社会责任行为

资料来源：根据王水嫩等（2011）、彭雪蓉和刘洋（2015）整理。

战略性企业社会责任的关键要点是社会责任行为与企业使命、目标、战略、任务之间的关联性和匹配程度，即社会责任的战略性问题。显然，不同学者在这一问题上存在明显分歧，比如 Bhattacharyya（2010）认为，由于社会责任与企业的核心业务直接相关联会受限于企业的资源和能力，短期内一般难以实现，因此社会责任行为只要与企业使命和发展愿景相关联就具有战略性；而 Porter 和 Kramer（2006）则认为，社会责任行为只有与企业的核心业务即价值链活动或竞争环境改善活动相关联才具有战略性；Midttun（2009）甚至提出，社会责任应当由辅助核心业务的角色转变成为企业的核心业务才能算得上具有战略性。实际上，战略性企业社会责任应当充分展现社会责任与企业发展战略的融合性，而企业发展战略的核心则在于价值链活动与竞争环境改善行动，因此我们更倾向于采取 Porter 和 Kramer（2006）的观点，即战略性企业社会责任应当与企业的核心业务相关联，要么与价值链活动相结合，要么与改善竞争环境相结合。

战略性企业社会责任突破传统企业社会责任中企业经济目标与社会目标相矛盾的争论，强调企业与利益相关方、企业与社会之间的正和博弈关系（Porter 和 Krammer，2006），并通过强化企业战略和提升核心能力来提升企业的可持续竞争优势，同时为企业创造新的商业机会，降低企业的社会风险，最终创造企业与利益相关方、企业与社会共享的价值（见图 5 - 9）。

（二）战略融合的实现方式

企业推动战略融合思想与方法在实践中落地，关键在于发现、构思和实施战略性企业社会责任活动或项目。而要做到这一点，Porter 和 Kramer（2006）提出了由内而外的价值链创新和由外而内的竞争环境投资两种方式，Porter 和 Kramer（2011）又提出创造"共享价值"的三种方式：产品与市场的重新构思、价值链生产力的重新定义、地方产业集群发展的促进。实际上，价值链生产力的重新定义可以认为是价值链创新的重要内容与实现方式，而地方产业集群发展的促进则是竞争环境投资的重要构成要素，由此，推动战略融合的实现方式可以概括为三种：产品与市场的重新构思、价值链创新和竞争环境投资。

1. 产品与市场的重新构思

产品与市场的重新构思本质上是在新形势下对企业使命、愿景和发展战略的融合创新，是从社会需求视角对企业的产品战略和市场战略的重新审视。目前，虽然企业界一直口口声声在强调学习和制造需求，但在现实中却经常忘记最基本的问题：企业的产品能为客户带来好处吗？能为客户的客户带来好处吗？在可持续消费渐成趋势的大背景下，深入探索和挖掘社会需求，不仅能够帮助企业发现

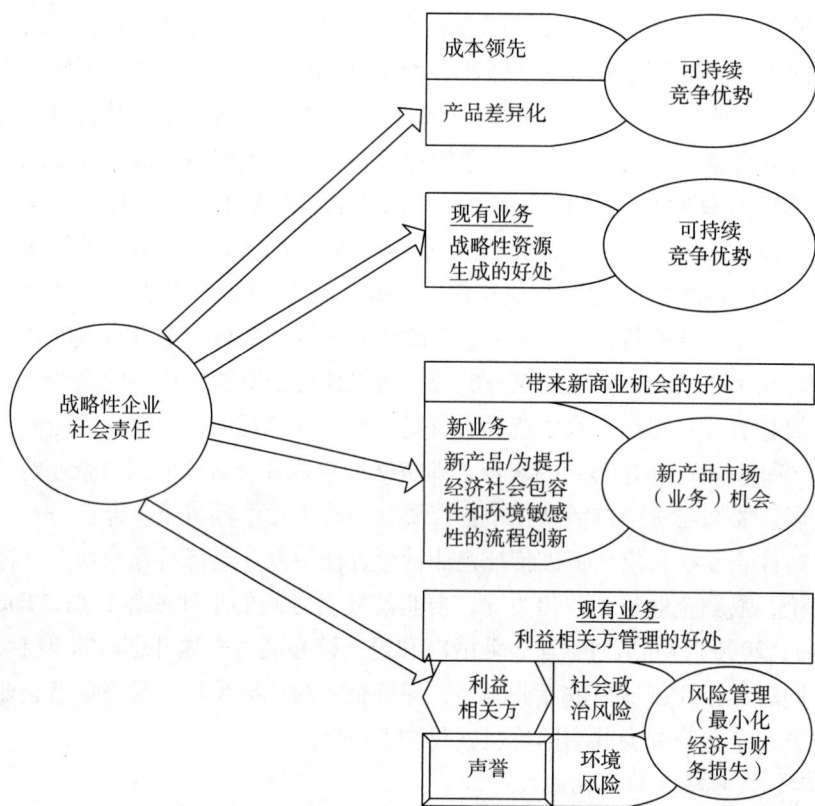

图 5－9　战略性企业社会责任创造企业价值的途径

资料来源：Bhattacharyya（2010）。

在传统市场实施差异化战略或进行重新定位的新机会，而且可以帮助企业发现那些以往被忽视的新市场潜力。

重新构思产品与市场可以从两个方面进行考虑（见图 5－10）：一是从需求角度，寻找当前或未来一段时间真实的、可靠的社会需求，分析这些需求与企业现有产品和服务的联系，是否可以将这些需求融入产品和服务的创新，开发出满足这些需求的新产品和新服务，实现新的产品和服务差异化。比如，对于节能环保的社会需求，英特尔和 IBM 都设法协助公共事业部门利用数字智能技术节能省电。需要指出的是，具有社会效益的产品需求消费具有可持续消费意愿和思维，因此引导与鼓励消费者开展可持续消费对于产品和服务创新也十分重要。二是从消费者市场角度，寻找以往常常被忽视的低收入或弱势群体，为他们开发适合的产品，不仅能够产生巨大的社会效益，而且可以为企业赚到丰厚的利润。比如，提供具有移动银行服务功能的低价手机可以帮助穷人进行安全的储蓄，并且可以大大提升小农生产及销售农产品的能力。沃达丰（Vodafone）在肯尼亚的M－PESA移动银行就在三年内获得了1000万名客户的支持，其资金处理量相当于该国GDP的11%。

需求类型

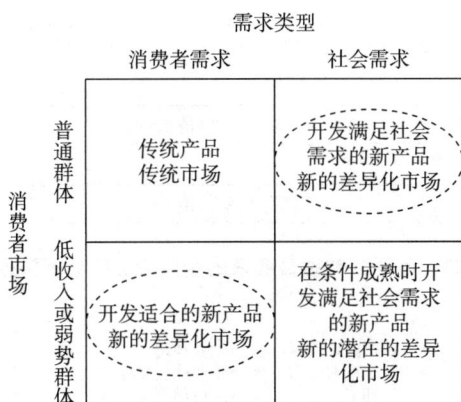

图5－10　重新构思产品与市场的重点方向

2. 价值链创新

企业的价值链活动必然会影响众多社会问题，而许多社会问题也会影响企业的价值链活动，这为企业通过价值链创新创造"共享价值"、推动战略性企业社会责任落地提供了机会。价值链创新型战略性企业社会责任主要解决受企业日常经营活动显著影响的社会问题，如价值链活动资源消耗量大、给环境带来的污染问题等。英国零售商玛莎百货（Marks & Spencer）通过重新审视物流系统，改变从一个半球采购货品再运到另一个半球的做法，从而彻底改变了供应链，此项措施有望每年为公司省下1.75亿英镑的费用，同时还可以大大减少碳排放量。

根据价值链模型，企业的价值链涵盖了各种业务运营与管理活动，包括基本活动和辅助活动，前者主要是进货后勤、生产经营、发货后勤、市场营销、服务等，后者主要是企业基础设施、人力资源管理、技术开发、采购等。由此，企业通过价值链创新参与解决社会问题的基本程序是（见图5－11）：分析每一项价值链活动对社会产生哪些影响，这些影响是否形成社会问题，这些问题反过来对企业价值链活动有何影响；在此基础上，企业就可以找到潜在的价值链主导型议题（见图5－12），发现好的价值链创新机会，确定价值链创新型战略性企业社会责任项目，并通过实施价值链创新创造共享价值。

```
┌─────────────────────────────────┐
│   分析每项价值链活动对社会的影响   │
└─────────────────────────────────┘
                ⇓
┌─────────────────────────────────┐
│       识别出价值链主导型议题       │
└─────────────────────────────────┘
                ⇓
┌─────────────────────────────────┐
│        寻找到价值链创新的机会       │
└─────────────────────────────────┘
                ⇓
┌─────────────────────────────────┐
│  确定价值链创新型战略性企业社会责任项目  │
└─────────────────────────────────┘
                ⇓
┌─────────────────────────────────┐
│      实施项目并推动价值链创新       │
└─────────────────────────────────┘
                ⇓
┌─────────────────────────────────┐
│           创造共享价值            │
└─────────────────────────────────┘
```

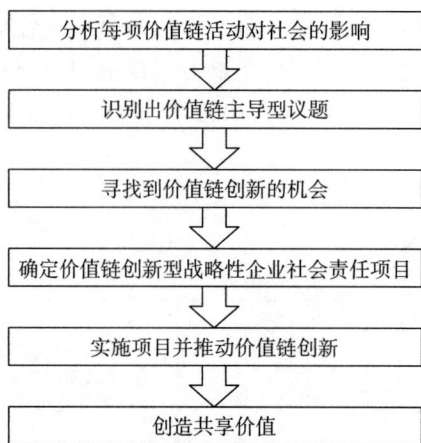

图 5-11   基于战略融合要求的企业价值链创新实施程序

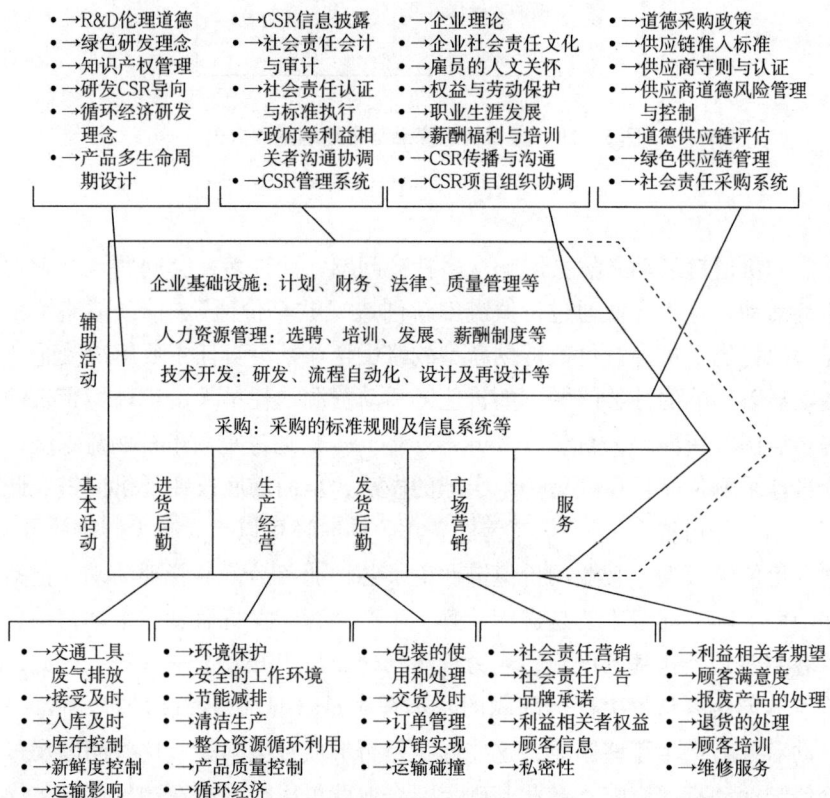

图 5-12   企业社会责任议题的价值链分析模型

资料来源：邵兴东和孟宪忠（2015）。

3. 竞争环境投资

竞争环境是企业战略执行能力的重要影响因素，而社会环境则是一种重要的竞争环境要素，因此针对竞争环境中某些能够促进企业竞争力提升的社会因素进行投资，也是实施战略性企业社会责任、推动战略融合、创建企业与社会共生关系的重要方式。竞争环境投资型战略性企业社会责任主要解决企业竞争环境中会对企业竞争力的基本构成要素造成影响的社会问题，如就业问题、健康问题、教育问题等。如思科系统公司（Cisco System, Inc.）的免费网络技术培训项目不仅产生了巨大的社会效益，而且通过提升网络人员的素质，加强与当地政府、社区的关系等方式成功改善了企业的竞争环境。

按照国家竞争力的钻石模型，竞争环境的四个关键要素是：生产要素，包括人力资源、天然资源、知识资源、资本资源、基础设施；需求条件，主要是所在地区的市场需求；相关与支持性产业；企业战略、结构和同业竞争。由此，企业通过竞争环境投资参与解决社会问题的程序是（见图 5-13）：首先分析企业在每项竞争环境要素上应当具备的要求（见图 5-14）及是否存在短板，其次分析哪些社会因素影响这些竞争环境要素，同时分析这些社会因素是否呈现出社会问题，从而识别出竞争环境主导型议题；在此基础上，寻找到对企业具有战略价值的社会问题，确定出竞争环境投资型战略性企业社会责任项目，并通过实施这些项目开展竞争环境投资，促进企业竞争环境的改善和社会问题的有效解决，进而创造共享价值。

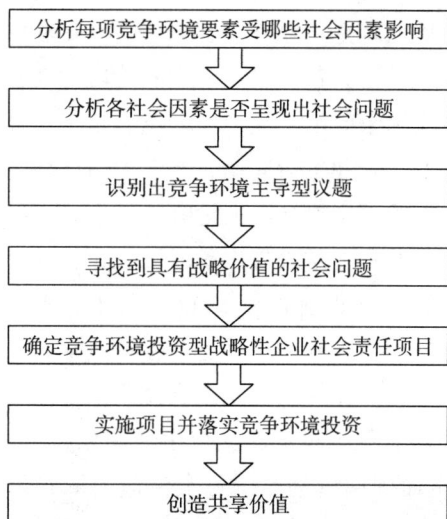

图 5-13　基于战略融合要求的企业竞争环境投资实施程序

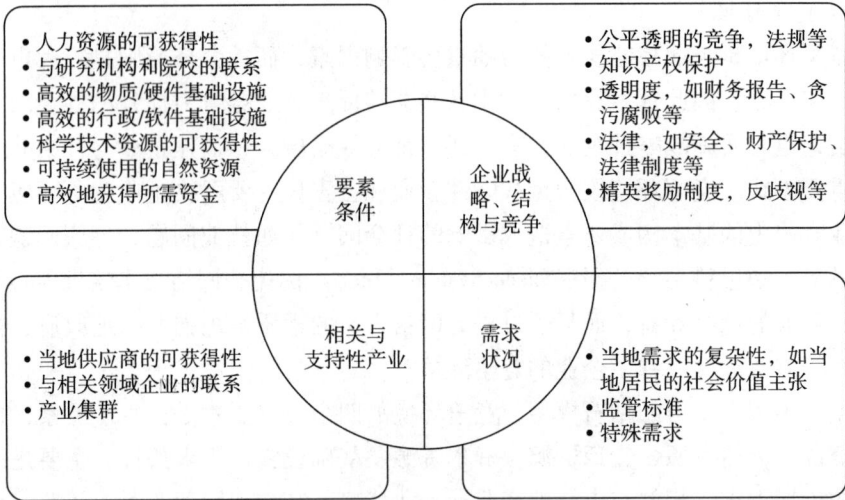

图 5 - 14 企业竞争环境的关键要素条件

资料来源：俞舟（2013）。

三、全生命周期管理

（一）全生命周期管理的含义

生命周期（Life Cycle）既是一个普遍的自然现象，也是一个广泛的社会现象。一般意义上的生命周期就是"从摇篮到坟墓"（Cradle - to - Grave）的整个过程，展现出自然界和人类社会各种客观事物的阶段性变化及其规律。目前，生命周期概念已经被普遍应用于政治、经济、环境、技术、社会等各个领域，由此衍生出诸如产品生命周期、企业生命周期、产业生命周期、项目生命周期、资产生命周期、客户生命周期等多个概念。无论哪一种生命周期，都会经历从孕育出现到退出消亡的全过程，并且通常表现出阶段性变化特征。

全生命周期管理（Life Cycle Management，LCM）是在生命周期概念基础上发展起来的管理概念。虽然学界和企业界经常提及全生命周期管理术语，但几乎都与特定的管理对象或特定的管理领域相结合使用，并且没有对其进行过明确的概念界定。比如，从管理对象来说，产品全生命周期管理（Product Life Management，PLM）、资产全生命周期管理、设备全生命周期管理、项目全生命周期管理、客户全生命周期管理等概念都被提出、界定和广泛使用；从管理领域来看，全生命周期成本管理（Life Cycle Costing，LCC）理论早在 1964 年就由英国人

Gordon 提出，之后全生命周期环境管理、全生命周期质量管理、全生命周期风险管理等概念也相继被提出和使用。由此可见，全生命周期管理在很大程度上是一种具有通用性的管理思想、管理模式和管理方法，能够运用于不同的对象、领域和情境。为了确保更具普适性，全生命周期管理可以一般性地界定为：针对管理客体"从摇篮到坟墓""从源头到终止"进行全程性、整体性、系统性、前瞻性、动态性的管理，以便更加科学地实现更具合理性的特定管理目标。这里的管理客体可以是任何具有生命周期特征的对象，如产品、服务、资产、项目、客户等，而特定管理目标则一般是事关全局、事关企业运营各个层面和各个流程的领域，如环境管理、成本控制、质量管理、风险管控等。

根据以上定义，全生命周期管理的主要特征即核心思想包括五个方面：

一是全程性。全生命周期管理超越传统的狭隘视角，突破管理仅仅聚焦于单一环节或某几个环节，而是对管理对象生命周期的所有阶段、所有环节都进行管理，实现全过程、全流程管理。而且，全生命周期管理强调的全过程和全流程管理不再局限于管理对象本身所处的"生命周期"，而是涵盖其源头和终止去向，真正实现全生命周期管理。比如，在治理建筑垃圾的议题上，全生命周期管理的视角不仅包括建筑垃圾本身从"产生—分类—运输—填埋—焚烧或回收再利用"的全过程如何实现有效的管理，更要关注建筑本身的全生命周期，在建筑的设计阶段，通过对建筑的可持续设计或者建筑垃圾减量化设计、提高建筑年限使用寿命、实行旧建筑材料的直接再利用；在建筑施工阶段，加强施工现场的施工技术水平和施工管理水平，实施建筑垃圾根本性的减量化；在建筑物的生命终期阶段，先实行建筑拆解，然后对建筑产生的建筑垃圾进行资源化与无害化处理。

二是整体性。全生命周期管理在特定管理目标的设定、管控与最终实现效果的衡量上是着眼于整个生命周期的综合型结果，而不是某个或某几个阶段和环节的结果。需要指出的是，这里的整个生命周期也包括管理对象的源头和终止去向。比如，对于电动汽车的全生命周期环境影响管理，就不能仅仅考虑电动汽车使用阶段的能源消耗和气体排放，而是要从生产阶段（汽车生产和燃料生产）、使用阶段、汽车生命终端（EOL）报废处理阶段等整个生命周期（见图 5－15）考察和管控其能源消耗与气体排放，这样才能评价出电动汽车的综合型和整体性环境影响，也才能更加科学、更加合理地判断出电动汽车在环境影响方面是否优于传统汽车及混合动力汽车。

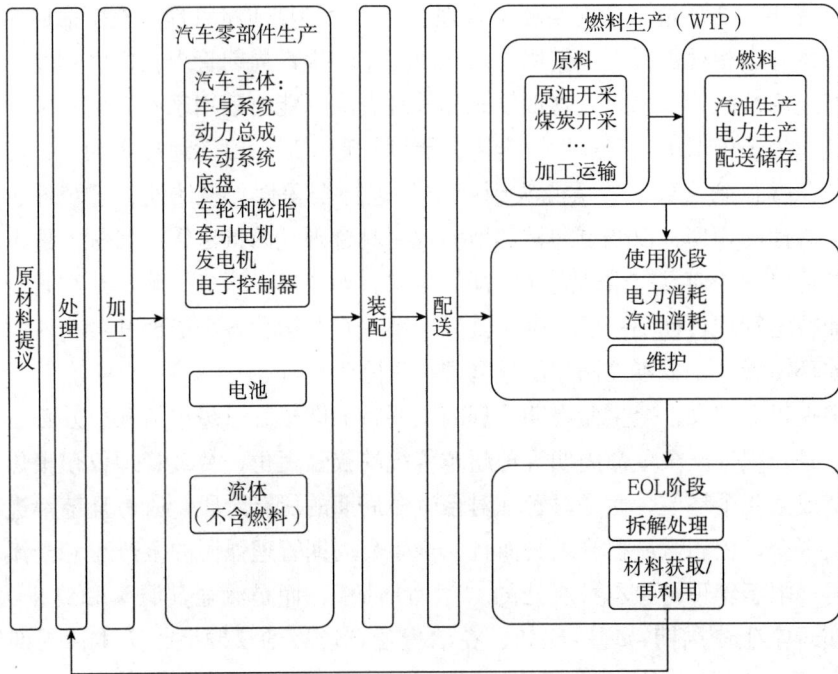

图 5 – 15 电动汽车的全生命周期

资料来源：李书华（2014）。

　　三是系统性。全生命周期管理是一个系统性的管理过程，不是一个个单一环节或阶段的叠加，这些环节或阶段通过系统化的整合，可以达到"1＋1＞2"的效果，并最终实现全生命周期的整体性结果优于各个环节或阶段的结果之和。全生命周期管理往往要求对各个环节或阶段所使用的资金、技术、人力、信息、能源、物料等各类资源和要素进行系统整合，既实现资源要素的整体节约，又能最充分发挥资源要素的功能。从方式上来看，全生命周期管理通常采取对流程进行整体设计与再造、对资源要素进行互换与共享、构建信息管理与资源管理系统等形式对各环节或阶段进行系统化整合，确保各环节或阶段的行动能够有机衔接和协调一致。比如，对于医疗废物的全生命周期管理，往往会通过建立一整套信息管理系统，实现医疗废物从"产生—收集—运输—处置"全部流程的信息可查、可交互和可监控。

　　四是前瞻性。全生命周期管理的整体性和系统性特征还要求对管理对象进行前瞻性管理，也就是在对管理对象生命周期的某个环节或阶段进行决策和行动时，必须全面分析和预测后续环节或阶段可以与可能采取的行动策略，并考虑该环节或阶段的决策和行动对后续环节或阶段可能造成的影响，从而保证全生命周期的整体性结果达到特定管理目标。全生命周期管理要求树立"以终为始"的思维，从管理对象的源头和初始阶段就要考虑最终需要达到的效果，需要将后续环节或阶段的可能要求在源头和初始阶段就得到考虑与反映，以便前瞻性地规避在生命周期其他阶段产生的不良影响。比如，游戏产品的全生命周期管理要求在游戏产品的开发阶段就要考虑在游戏产品投入后，如何防止"玩家"上瘾和沉溺其中，以及如何防止青少年涉入不适宜的游戏环节，并将这些要求预先在游戏产品的开发中得到有效落实。

五是动态性。管理对象在生命周期不同环节或阶段呈现出显著的不同特点，这使管理目标和管理重点也会随着生命周期阶段的演变而不断变化，由此可见，时间要素和维度是全生命周期管理需要重点考虑的因素，全生命周期管理表现出明显的动态性特征。比如，资产全生命周期管理的核心是在保证设备资产功能得到维持并逐步提高的前提下，寻求设备全生命周期成本最优化，这要求对资产生命周期不同阶段的成本构成进行分析。在不同阶段成本管理的重点也不同，如投运早期的成本管理重点在于运行成本、维护成本、故障成本及处置成本，而投运晚期的成本管理重点则在于初始投资成本，如图 5-16 所示。

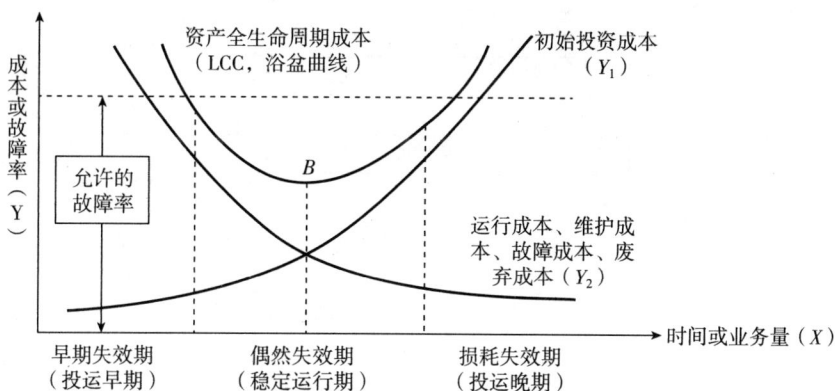

图 5-16　资产生命周期不同阶段的成本管理重点变化

资料来源：胡亦玺等（2015）。

（二）全生命周期社会责任管理

全生命周期管理思想不仅可以应用于成本管理、质量管理、环境管理、风险管理等领域，同样也适用于社会责任管理，两者结合起来即全生命周期社会责任管理。所谓全生命周期社会责任管理，就是将社会责任的理念和要求在管理对象从源头到终止的整个生命周期中得到落实，确保对管理对象的各项决策和活动做到对社会负责任。按照这一界定，全生命周期社会责任管理包括两个层面的含义：在目标层面上，全生命周期社会责任管理追求的是管理对象在整个生命周期的综合型结果对可持续发展贡献最大化；在操作层面上，全生命周期社会责任管理要求在管理对象生命周期的每个环节或阶段都应当贯彻落实社会责任理念和要求，采取负责任的行为。

由于社会责任管理的核心目标是要最大限度地创造综合价值，因此全生命周期社会责任管理也可以转化为全生命周期价值管理。然而，无论是全生命周期社会责任管理还是全生命周期价值管理，都具有强烈的抽象性。在实际操作中，"社会责任"和"价值"的抽象概念均需进一步转化为可以具体落实的操作性概念，即"影响"，因为无论是管理"责任"还是"价值"，都要求组织通过透明和道德的方式有效管理自身决策和活动对利益相关方、社会和自然环境的影响。由此，全生命周期社会责任管理就可以转化为全生命周期影响管理，而后者可以进一步具体化为落实"外部视野""守法合规""社会与环境风险防范""综合价值创造""透明运营""利益相关方参与和合作""社会资源整合与优化配置""健康生态圈"和"可持续性"等理念（见图5-17）。

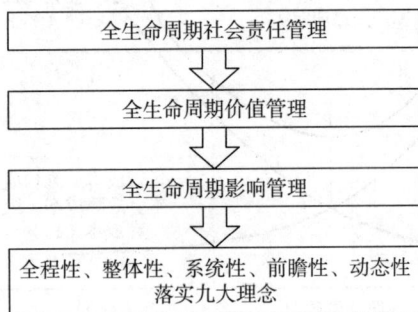

图 5-17　全生命周期社会责任管理思想的操作性转化

进一步来看，全生命周期社会责任管理也具有全生命周期管理的全程性、整体性、系统性、前瞻性、动态性特征，但"外部视野""守法合规""社会与环境风险防范""综合价值创造""透明运营""利益相关方参与和合作""社会资源整合与优化配置""健康生态圈"和"可持续性"等不同社会责任理念和要求的落实在各项特征上的要求不尽相同（见表5-11）。比如，"守法合规"理念的落实重点在于全程性和动态性，而"综合价值创造"理念的落实重点则在于全程性、整体性、系统性、前瞻性、动态性。

表 5 – 11　不同社会责任理念落实的重点要求

特征　　　　理念	全程性	整体性	系统性	前瞻性	动态性
外部视野	√				√
守法合规	√				√
社会与环境风险防范	√	√	√	√	√
综合价值创造	√	√	√	√	√
透明运营	√			√	√
利益相关方参与和合作	√			√	√
社会资源整合与优化配置	√	√	√	√	√
健康生态圈		√		√	
可持续性	√	√	√	√	

四、跨界合作

（一）跨界合作的含义

"跨界"（Crossover）在当今社会越来越成为一个流行语，以"跨界"术语为基础的跨界营销、跨界创新、跨界整合、跨界学习、跨界搜寻、跨界合作等名词不断涌现。跨界从字面意义上来讲指的是从一个领域越过边界到达另一个领域，但在经济社会领域其指的是一种思维模式、行为模式和价值创造模式，强调通过跨越不同领域、不同行业、不同文化、不同意识形态等范畴而产生一个新行业、新领域、新模式、新风格等（肖永革，2010）。跨界合作可以说是跨界思维的重要反映，它指的是处于不同领域和不同行业的主体开展合作与交融，推动合作双方将原本没有关联甚至矛盾对立的元素相互渗透、相互融合、相互借鉴，创造形成新行业、新业态、新领域、新创意、新模式，实现价值创造的跨越。

从合作方式的角度来看，按照合作双方对资源投入与整合程度的区分，合作可以分为单边付出型合作、交易型合作、整合型合作和变革型合作（肖红军等，2014），而按照合作双方所属行业、领域等"界别"的差异，合作可以是同一界别主体的合作，也可以是不同界别主体的合作。如果将这两个划分维度结合起来，那么合作方式就可以有如图 5 – 18 所示的八种，而跨界合作显然属于不同界别主体之间开展的交易型合作、整合型合作和变革型合作。

	单边付出型合作	交易型合作	整合型合作	变革型合作
同一界别主体	×	×	×	×
不同界别主体	×	√	√	√

图5-18　跨界合作所属合作类型的界定

相较于一般的利益相关方合作，跨界合作具有其特有的属性，这些也是跨界合作所包含的核心思想和主要理念，具体体现在以下四个方面：

一是开放性。跨界合作的双方由于属于不同的领域或行业，有时甚至界别相去甚远、毫无关联，双方在"专有知识"或"专有资产"上完全不同，相互交集甚少，因此这种合作必然要求企业具备更加开阔的眼界、更加开放的视野和更加包容的心态。跨界合作的开放性特征必然要求企业突破传统的思维定式和狭隘眼界，打破不同领域、不同行业之间的界别藩篱，兼收并蓄地从其他领域和其他行业获取新思想、新知识、新资源和新能力。比如，如果没有开放性思维，就不可能出现众多行业与艺术界的跨界合作，也就不可能出现众多现在大家耳熟能详的奢侈品品牌。

二是融合性。跨界合作双方所拥有或投入的元素虽然表面上似乎并没有直接联系，甚至相互矛盾对立，但在更高层次上（如哲学层面、理念层面）却存在相互契合与融合的空间，而且这种融合能够产生更加可观、更加深刻甚至颠覆性的变化效果。事实上，跨界合作因为不同界别知识、资源、产品之间的相互渗透与融合，往往能够创造形成新行业、新业态、新领域、新创意、新模式，实现价值创造的跨越。跨界合作的融合性特征意味着企业要深入分析不同界别在点、线、面、体等不同层面上实现相互交融的可能性，并在合作过程中积极推动不同界别知识、资源、产品等要素之间的深入融合。比如，许多传统产业在互联网转型过程中，就积极开展与互联网平台企业的跨界合作，推动传统产业的要素与互联网平台的要素相互融合，从而催生出许多新的行业、业态、产品和模式。

三是探索性。跨界合作往往着眼于对具有复杂性的新问题、新事物、新任务的探索，最终的探索结果具有较大的不确定性和创造性。绝大多数的跨界合作都不是合作双方对各自既有知识、模式甚至惯例的简单复制，也绝不是事先就能预设出将来要创造出的新行业、新业态、新领域、新创意、新模式，相反，它们往往是在相互合作过程中共同探索、创新甚至创造，找到解决复杂性问题、发展新事物的新方案。跨界合作的探索性特征要求企业必须具有战略眼光，拥有创新开拓精神，容忍风险、容忍失败，并在合作过程中重视探索性学习，相互激发和启迪，打破惯例刚性，以创新的方式获得创造性结果。

四是广泛性。跨界合作由于突破了界别的藩篱，合作对象不再局限于同一领域、同一行业，也不再局限于有直接或间接联系的利益相关方，而是拓展至更大范围的其他领域、其他行业和其他群体，因此合作的对象更加广泛。特别是，跨越界别之后的其他领域、其他行业和其他群体，无论是在类型上还是在数量上，可能都远比同一领域、同一行业和利益相关方群体多得多，这意味着跨界合作的潜在群体相当广泛。正是因为合作对象的广泛性，跨界合作的内容也更具广泛性，因为不同合作对象所拥有的"专有知识"或"专有资产"不尽相同，他们追求的目标也各异，擅长的领域更是千差万别。

（二）跨界合作的实施程序

企业在参与解决社会问题过程中，不仅需要深入了解跨界合作的主要模式和典型组织形式，而且要对实施跨界合作进行系统管理，绝不能仅仅凭经验、凭感觉、凭偏好、零敲碎打地开展跨界合作。为此，企业对于在社会领域开展跨界合作应当建立一套规范化、系统性的管理流程，形成由跨界合作需求分析、跨界合作对象选择、跨界合作方案策划、跨界合作实施管理、跨界合作效果评估、跨界合作优化改进组成的闭环管理体系，如图 5 – 19 所示。

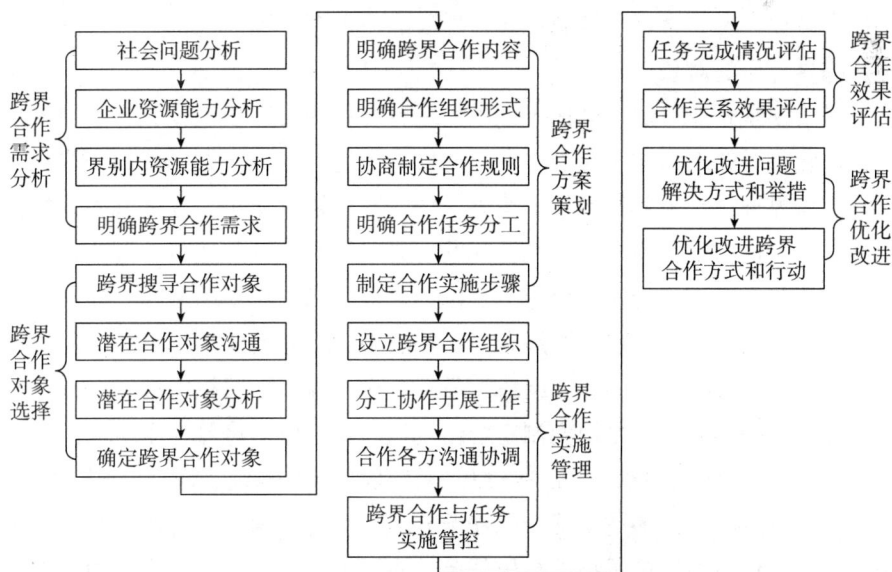

图 5 – 19　企业在社会领域开展跨界合作的管理流程

需求分析是企业开展与其他界别主体跨界合作的第一步。企业首先需要对所参与解决的社会问题进行分析，包括问题的影响范围和复杂程度分析。如果社会问题影响范围广泛，影响对象跨越多个界别利益相关方，那么其他界别主体对这一问题的关注程度就会高，共同参与解决这一问题的意愿也会更强烈，反之则反是；社会问题的复杂程度越高，那么它所需要的资源规模和类型、异质性能力数量就会越多，对其他界别主体参与进来的需求就会越强烈。其次，企业需要对自身的资源能力进行分析，考察所拥有和可动用的资源能力能否满足参与解决这一社会问题的需求。如果不能，还需要进一步分析所在行业和所在领域是否有其他企业能够弥补资源能力缺口，当答案为否时，企业进行跨界合作的必要性就会显著增强。最后，企业需要结合自身的发展战略及对跨界合作的态度，最终确定是否需要进行跨界合作来参与解决这一社会问题。

对象选择是企业开展与其他界别主体跨界合作的第二步。企业首先需要根据解决社会问题所需要的资源能力类型和缺口进行跨界搜寻（Boundary – spanning Search），包括其他行业的企业、政府、非营利与非政府组织，找到在这些资源能力方面具有优势的其他界别主体。其次，企业需要与这些主体进行接洽和沟通，了解它们对共同参与解决社会问题的意愿，以及它们可以和愿意贡献的资源能力，从而形成潜在的跨界合作对象清单。最后，企业对跨界合作对象清单中的各主体进行比较分析，主要是从它们与该社会问题的联系、价值主张、合作经验、社会声誉、参与意愿、资源优势、异质能力等多个维度进行考察，并最终综合确定跨界合作的对象。

方案策划是企业开展与其他界别主体跨界合作的第三步。企业与其他界别主体正式实施跨界合作之前，应当进行系统性、预见性的合作方案策划，这个过程应当推动跨界合作对象共同参与。跨界合作方案策划具体包括五个方面内容：一是明确跨界合作内容，即在解决社会问题的哪些层面、哪些环节、哪些领域、哪些事务、哪些行动要与合作对象进行合作；二是明确合作组织形式，即确定与跨界合作对象采取哪种组织形式开展合作，在战略合作的实体性组织、战略合作的虚拟性组织、任务合作的实体性组织、任务合作的虚拟性组织中进行选择，并设计出具体的组织形式；三是协商制定合作规则，即企业与跨界合作对象基于合作的内容和组织形式，共同确定合作过程中涉及的治理规则、沟通规则、协调规则、激励约束规则等；四是明确合作任务分工，即针对确定的合作内容，分别明确企业与各合作对象所应承担的具体任务，并以正式协议或非正式契约形式界定各自任务分工；五是制定合作实施步骤，即针对各项合作任务分工，明确出相应的实施步骤和时间计划。

实施管理是企业开展与其他界别主体跨界合作的第四步。跨界合作实施管理主要包括四项内容：一是设立跨界合作组织，即按照跨界合作方案策划阶段所确定的合作组织形式，由企业和合作对象分别投入相应的资源，正式成立相应的合作组织；二是分工协作开展工作，即企业与跨界合作对象按照任务分工和实施步骤，投入资源具体完成相应的工作；三是合作各方沟通协调，即在开展跨界合作和具体地完成任务过程中，企业与合作对象按照事前确定的沟通规则、协调规则进行相互沟通与协调，以便更加有效地完成合作任务；四是跨界合作与任务实施管控，即对跨界合作的各项内容及每项任务的实施进展进行监控、调整和修正。

效果评估是企业开展与其他界别主体跨界合作的第五步。跨界合作效果评估应当包括两个层面：一是任务完成情况评估，即评估跨界合作是否完成了事前策划的各项任务，以及跨界合作是否有效解决了相应的社会问题。这实际上是要评估跨界合作创造的社会价值水平，突出跨界合作产生的社会效应。二是合作关系效果评估，即评估企业与合作对象在沟通协调、关系处理等方面的成效，以及合作各方之间的关系融洽程度。此外，企业还应当评估跨界合作为合作各方所创造的价值水平，以及各方分享到的价值益处。

优化改进是企业开展与其他界别主体跨界合作的第六步。跨界合作优化改进主要是基于效果评估结果，对社会问题解决方式和举措进行优化改进，以及对跨界合作方式和行动进行优化改进，从而通过下一轮循环的、经过改进的跨界合作增进对社会问题的有效解决。

五、平台化履责

（一）平台化履责的含义

企业社会责任起源于企业的社会性嵌入和企业的社会公器属性，由此使先应式或后应式地参与解决社会问题成为企业履行社会责任的关键性构面。正因为如此，传统上学术界和企业界更多地从履行社会责任的内容视角即依据社会问题的性质与类型、对参与解决社会问题的要求内化或外显程度来区分企业的履责范式。从前者来看，最具代表性的观点当属 Porter 和 Kramer（2006）根据社会问题与企业发展战略的契合度而区分的战略性企业社会责任与回应性企业社会责任两类履责范式；从后者来看，最具典型性的观点是 Matten 和 Moon（2008）在比较欧美企业对解决社会问题的制度化要求和表达方式基础上总结归纳出的显性企业社会责任与隐性企业社会责任两类履责范式。虽然基于内容视角的企业履责范式划分能够为企业个体开展社会责任实践提供议题选择的思考逻辑和方向指引，但它对企业落实社会责任议题的方式这一更重要的实践问题缺乏必要考量，并先验性地对企业开展社会责任实践进行假设锁定，即企业对于选定的任何类型社会问题的参与解决方式均是立足于特定企业个体视角，将自身设定为直接的、具体的执行主体。显然，这会对企业在参与解决社会问题中的角色定位形成心智钳制，也会对企业选择以更加有效、更能对社会负责任的方式参与解决社会问题造成思维禁锢，其结果是容易忽视特定企业个体在参与解决某些社会问题中的其他更优和更适宜的功能，企业履行社会责任的潜在社会价值难以最大限度地得到实现，甚至可能因为角色越位和错位而影响这些社会问题的可持续解决。

事实上，企业履行社会责任范式的划分不能仅仅着眼于企业在社会问题域中决策"做什么事"，更不能扼杀企业在参与解决不同类型社会问题中的多样化角色选择权利与机会，而是能够为企业以合意的、正确的甚至创新的方式参与解决不同类型社会问题提供选择空间和决策参考。无论是立足于应然还是实然角度，对于特定企业个体来说，参与解决某一社会问题的方式至少包括企业在其中的角色定位和实施策略两个方面，这也是划分企业履行社会责任范式的两个必要维度。角色定位界定出企业对自身在参与解决某一社会问题中的功能作用，通常可以分为直接执行主体和服务推动主体。前者意味着企业是某项社会责任议题的实际落实者和具体执行者，属于自我直接履责模式；后者指的是企业推动利益相关方或其他组织成为某项社会责任议题的实际落实者和具体执行者，属于推动他人履责模式。实施策略绘制出企业对参与解决某一社会问题的实现路径，核心是资源与能力配置方式，通常可以分为以配置自身资源为基础和以整合社会资源为基础两种策略。前者意味着企业立足于自身所拥有的资源集合直接或间接地落实某项社会责任议题；后者指的是企业调动、整合和利用利益相关方与其他组织所拥有、控制的资源去落实某项社会责任议题。

通过"角色定位—实施策略"的分类组合，企业履行社会责任的范式可以细分为四类：独立自履范式（直接执行主体—立足自身资源）、合作自履范式（直接执行主体—立足社会资源）、价值链履责推动范式（服务推动主体—立足自身资源）、社会履责撬动范式（服务推动主体—立足社会资源）。独立自履范式是企业将参与解决某一社会问题内化于自身运营，在实现核心社会功能过程中完全依靠自身力量有效管理相关社会责任议题，比如通过清洁生产来参与解决气候变化问题；合作自履范式是企业通过开展与利益相关方和社会的合作，将它们的优势资源与能力内嵌和运用于自身对相关社会责任议题的具体落实中，比如通过企业主导的节能技术产学研合作来参与解决气候变化问题；价值链履责推动范式是企业依托自身在价值链中的地位、优势和资源，推动价值链成员具体落实相关社会责任议题，比如通过绿色采购方式推动供应商落实应对气候变化议题；社会履责撬动范式是企业着眼于最为广泛和最为充分地发挥不同社会主体在解决某一社会问题中所具有的比较优势，通过搭建或支持形成社会资源整合平台来撬动各具优势的不同社会主体具体落实相关社会责任议题，因此也称为平台化履责范式，比如通过发起组建社会化的"节能减排联盟"撬动其他企业、非政府组织甚至政府贡献资源或者直接落实应对气候变化议题。与履责范式的传统划分相比，四类履责范式的区分大大拓展了企业参与解决社会问题的视野，企业不仅能够立足微观个体角度对参与解决社会问题的可行方式做出工具理性决策，即依据社会问题与企业核心社会功能的关联度、企业所拥有的比较优势和核心能力等选择适合企业特征的社会责任议题落实方式，而且能够站在宏观整体角度对参与解决社会问题的合意方式做出价值理性决策，即依据不同社会主体的比较优势和意愿程度、社会问题出现的制度情境、不同社会治理机制的替代与互补关系等选择能够推动社会问题可持续解决的企业参与方式。

在按照"角色定位—实施策略"分类组合思路的划分下，独立自履范式、合作自履范式和价值链履责推动范式是一直以来众多企业所采用的社会责任实践范式，属于传统履责范式，而社会履责撬动范式即平台化履责则是新兴的、区别于传统履责范式的全新社会责任实践范式。相较于传统履责范式，平台化履责在微观行为与宏观效果的多个维度上均实现了明显超越，主要表现在四个方面：社会治理方式的超越，即从分散治理到集中治理；价值创造方式的超越，即从有限共享到全面共享；社会责任边界的超越，即从以影响为基础到以分工为基础；社会责任管理的超越，即从关系管理到价值观管理。

（二）社会责任根植过程中的平台化履责

平台化履责作为一种新的企业社会责任实践范式，将企业在解决社会问题中的角色定位从包办一切的"救世主"和"拯救者"转变为社会资源的整合与优化配置者，褪去现实中社会期望对企业的纯粹"道德热度"，避免"道德竞赛"和"道德绑架"，让企业以理性、创新的方式参与解决社会问题，防止企业发展和社会发展的失序、失衡、失控和失范。因此，企业在落实社会责任议题过程中，可以根据实际情况考虑采用平台化履责范式，具体包括以下三个方面：

一是综合考量是否采用平台化履责范式落实社会责任议题。企业在落实社会责任议题过程中，应当根据议题的类型、对议题采用的回应策略及企业的影响力范围，综合确定是否采用平台化履责范式。当社会责任议题属于积极影响性的价值链主导型议题、竞争环境主导型议题和普通议题，并且对议题将采取适应型或前瞻型回应策略时，企业可以考虑采用平台化履责范式。当然，如果企业具有较高影响力，运用平台化履责范式落实这一社会责任议题将更加可取。

二是选择和实施合适的战略模式构建社会责任议题落实平台。企业在确定对落实某项社会责任议题采取平台化履责范式后，就需要根据企业所具有的平台基础和履责平台获取的方式两方面因素，从新创战略、演化战略、包络战略、购买战略、嫁接战略和转化战略中选择合适的平台化履责战略模式，通过实施相应的战略而构建起落实该社会责任议题的平台。

三是有效管理落实社会责任议题的平台化履责全过程。在落实社会责任议题的平台网络初创阶段，企业工作的重点是对社会责任议题进行全生命周期分析，对所需的要素资源和关键能力进行全方位分解，通过社会化信息搜寻（Social Information Seeking）获得潜在的初始合作成员集合。在此基础上，通过甄别遴选、沟通互动、谈判协商等多种方式，从潜在初始合作成员集合中选择确定对履责平台和实施社会责任议题具有价值认同的初创成员，相互议定平台初设规则（如章程）并承诺遵守，初创成员按照社会分工合作开展社会责任议题落实行动，连接形成初始社会责任议题生态网络。在落实社会责任议题的平台网络扩张成长阶段，企业工作的重点是创新传播方式，向外界展示落实社会责任议题的社会价值及对社会主体个体的多元价值偏好满足，将社会责任议题落实平台运行的价值外溢效应传递到广泛社会主体，触发不同社会主体对参与落实社会责任议题的道德与爱心，催生他们加入平台的内生性动力，形成相对广泛的平台网络成员候选群体。同时，通过合适的机制对平台网络的新加入者进行选择。在落实社会责任议题的平台网络稳定运行阶段，企业的工作重点是基于平台上不同社会主体的优势进行社会分工，将社会责任议题生态网络分工中每一个网络成员分别贡献的互补性异质资源或能力进行统筹整合与优化配置，推动落实社会责任议题的各个组分按照功能原则重新聚合与型构，形成落实社会责任议题的协同一致行动和整体性突破。与此同时，为了增进社会责任议题生态网络的健康性和可持续性，还需要通过有效的内部治理和外部治理实现适宜的激励约束。在落实社会责任议题的平台网络自我更新或死亡阶段，企业的工作重点要么是通过渐进式自我更新或激进式自我更新实现社会责任议题落实平台网络的进化、转型、升级和变革，要么以适当的方式推动社会责任议题落实平台网络的解散或退出。

六、"互联网+"

（一）"互联网+"的核心思想

自 2015 年"互联网+"成为国家战略以来，社会各界都对"互联网+"进行了不同视角的解读，形成了对"互联网+"本质认识的不同观点。综合和透视已有的不同观点，"互联网+"本质上可以看作四个层次的创新，如图 5 - 20 所示。

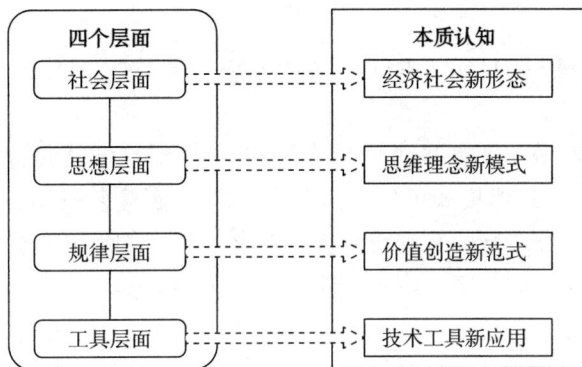

图 5 - 20 "互联网+"的四层次本质

从社会层面来看，"互联网+"本质上是一种新的经济社会形态。互联网技术作为一种通用目的技术，就像蒸汽动力之于第一次工业革命，电力之于第二次工业革命，它正在成为推动新工业革命的基础力量，并引发经济社会发展的深刻变革。《国务院关于积极推进"互联网+"行动的指导意见》就明确指出，"互联网+"就是把互联网的创新成果与经济社会各领域深度融合，推动技术进步、效率提升和组织变革，提升实体经济创新力和生产力，形成更广泛的以互联网为基础设施和创新要素的经济社会发展新形态。"互联网+"意味着要充分发挥互联网这一通用目的技术在生产要素与社会资源中的优化与集成作用，引发社会生产方式和生活方式的变革，推动社会结构与运行规则的变迁，形成共享经济、零边际成本社会等新的经济社会形态，如图 5 - 21 所示。

从思想层面来看，"互联网+"本质上是一种新的思维理念模式。在互联网广泛和深度渗透于经济社会各个领域、各个群体的大背景下，"互联网+"已经不再是简单的技术经济范式变革问题，而是人们需要基于互联网的本质精神对生

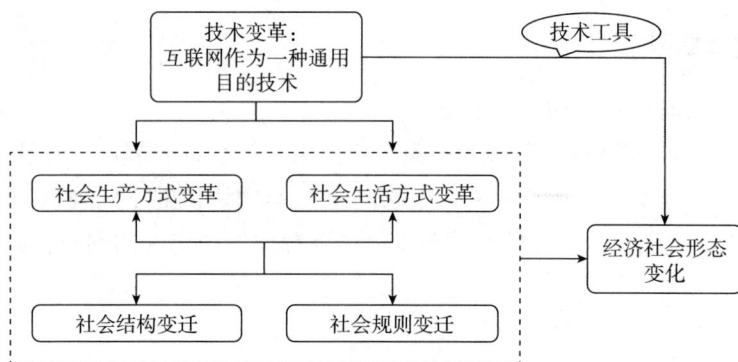

图 5 - 21　"互联网 +"引发经济社会形态变化的机理

产生活、行为逻辑做出重新思考的思维模式。按照与互联网技术特征的关联程度，"互联网 +"的思维模式可以分为四个层次（见图 5 - 22）：一是基本思维，即网络连接思维。互联网的基本特征就是连接一切，将所有主体、客体和各种要素连接起来，形成不同范围、不同部件构成的巨大网络。所有企业都应具备网络连接思维，注重网络连接带来的连接效应和网络效应。二是普适思维，即在"互联网 +"背景下得到强化和凸显的、具有普适性和规律性的思维，包括开放协作思维和普惠共享思维。开放协作思维指的是互联网本身就具有开放特点，"互联网 +"更加突出地要求企业保持对利益相关方和社会的开放性，互联网使利益相关方和社会更加便捷与有效地参与企业决策和活动，也推动企业与利益相关方和社会之间的协作更加紧密。普惠共享思维指的是互联网作为一种通用目的技术和具有普遍服务性的技术，应当惠及社会所有主体，而互联网强调的社会主体平等性，也要求经济社会发展的成果应当具有普惠性；基于互联网的共享经济模式和零边界成本社会的流行，意味着企业应当抓住共享经济的基本规律，树立共享观念，创新决策和活动方式，更加有效地创造价值。三是核心思维，即"互联网 +"最关键和本质的思维，包括迭代创新思维和跨界融合思维。迭代创新思维指的是"互联网 +"强调对产品、服务甚至行为方式进行持续的微改进、微优化和微创新，实现不断的升级提升和更新换代。跨界融合思维指的是"互联网 +"一方面要求推动互联网与其他行业和部门的跨界融合，另一方面推动不同界别依托互联网进行相互融合。四是延伸思维，即由互联网广泛应用而拓展出来的思维，包括平台共赢思维和社会生态思维。平台共赢思维指的是"互联网 +"催生越来越多的双边或多边市场，平台化成为新的商业模式和社会问题解决的新方式，企业应当树立平台化理念，集聚和整合不同主体的资源，促进社会资源的优化配置及增进全社会价值创造水平。社会生态思维指的是"互联网＋"推动人们生产生活方式的社群化和生态化，依托互联网的各种社群和生态圈大量涌现，企业应当树立社会化和生态圈理念，构建打造具有共生特性的生态圈，实现价值创造模式创新和价值创造水平的提升。

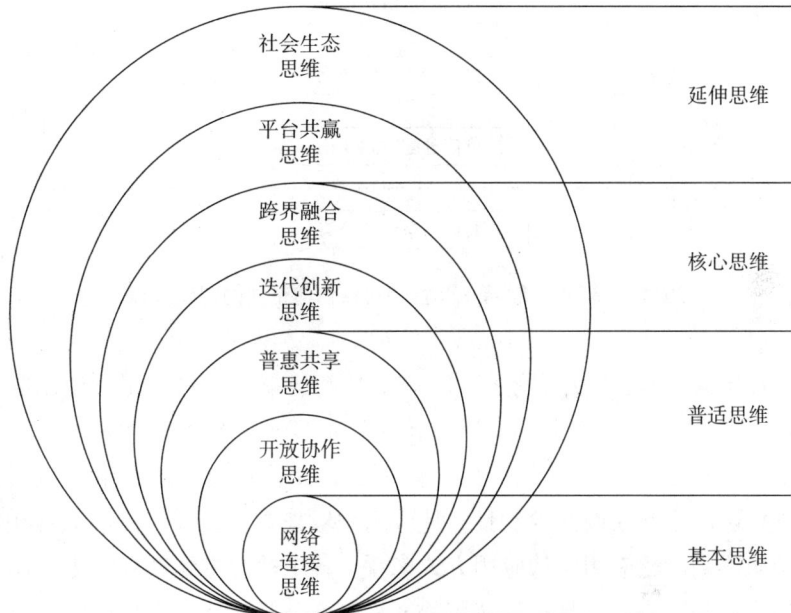

图 5－22 "互联网＋"的四个层次思维

从规律层面来看，"互联网＋"本质上是一种新的价值创造范式。互联网作为一种通用目的技术，通过推动社会生产生活方式的变革，引起价值创造主体、价值创造范畴、价值创造来源、价值创造途径和价值分配方式的变化，形成共创共享综合价值的新模式，如图 5－23 所示。在"互联网＋"大背景下，价值创造主体由传统的企业个体或线性价值链主体转向以企业为核心的网络型价值创造主体；价值创造范畴由传统的纯粹经济价值转向涵盖经济价值、社会价值、环境价值的综合价值；价值创造来源超越要素投入、要素结合方式、制度安排及思想创新等传统来源，更加强调生产可能性边界扩大效应、协同效应和耦合效应；价值创造途径由传统强调专业化和社会分工转向更加强调利益相关方合作及社会资源整合；价值分工方式由原来的零和博弈模式转向价值共享模式。

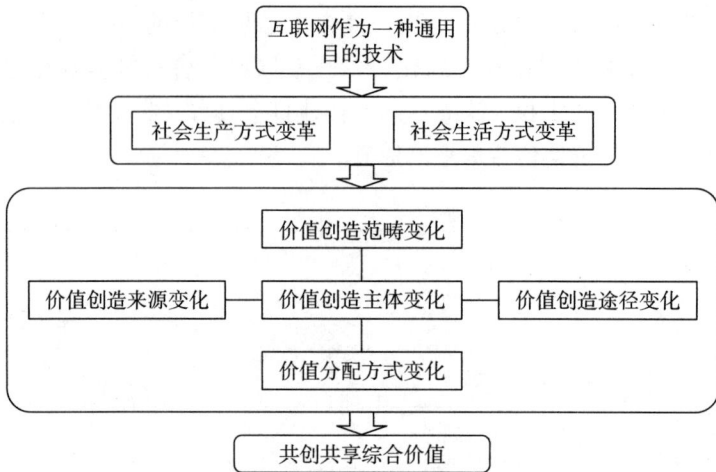

图 5 - 23   "互联网 +" 推动价值创造范式的创新过程

从工具层面来看，"互联网 +"本质上是新的技术工具应用。相比以往对互联网的技术工具应用，"互联网 +"提出更高的要求，导致对互联网技术工具应用的新变化（见图 5 - 24）：从应用主体来看，无论是个人还是组织，都会在各自活动中普遍应用互联网技术工具；从应用领域来看，互联网技术工具在经济社会各个领域得到广泛应用；从应用方式来看，各个社会主体都开始主动应用而不是被动接受互联网技术工具；从应用程度来看，互联网技术工具深度融合于各社会主体的生产生活；从应用载体来看，不同社会主体可以应用的互联网技术工具类型和平台层出不穷；从应用价值来看，互联网技术工具的应用既带来生产效率的提升和生活方式的便捷，也带来许多新的社会问题，风险与价值并现。

（二）"互联网 +"与社会责任根植

作为企业开展社会创新和履行社会责任的重要内容，企业落实社会责任议题也深受"互联网 +"的影响。无论"互联网 +"是作为一种新的思维理念模式和新的价值创造范式，还是作为一种新的技术工具应用，都会对企业落实社会责任议题带来不同程度的变化。显然，在"互联网 +"成为势不可当的大趋势的背景下，企业在落实社会责任议题过程中，应当主动拥抱互联网，推动互联网思维与社会责任议题落实的深度融合，运用互联网技术工具优化社会责任议题落实。具体来说：

一是积极运用互联网思维对企业落实社会责任议题范式进行优化。企业应当深刻理解网络连接思维、开放协作思维、普惠共享思维、迭代创新思维、跨界融合思维、平台共赢思维和社会生态思维等互联网思维，按照以"互联网＋"为基础的社会创新范式优化，通过更加有效的包容性创新、开放协同创新、平台创新和微创新，对社会责任议题识别与选择、社会责任议题策划与实施、社会责任议题评价与改进进行全方位优化，从而实现对社会责任议题落实范式的优化。

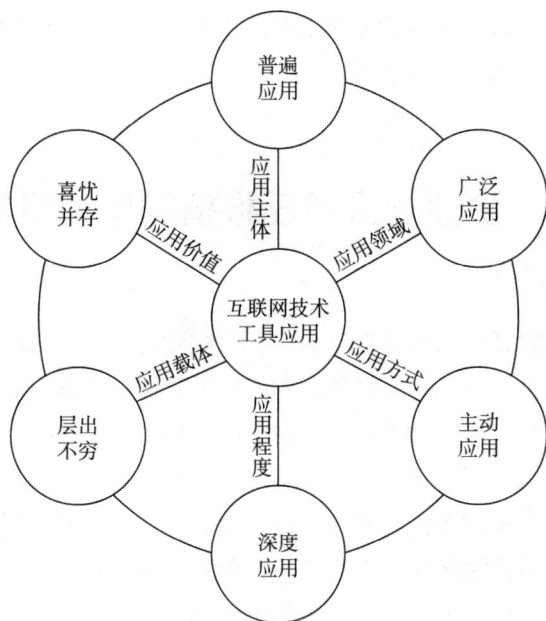

图 5－24 "互联网＋"推动互联网技术工具应用的新变化

二是重视构建或利用线上履责平台及 O2O 模式在社会责任议题落实中的应用。企业应当分析不同社会责任议题的属性，一方面从跨界融合、平台共赢和社会生态的视角，构建基于互联网技术的线上履责平台，整合利益相关方和社会资源，形成平台化履责模式；另一方面从网络连接、开放协作和普惠共享的视角，主动接入和利用已有的线上履责平台，发挥已有平台的集聚作用，更好地满足落实社会责任议题所需的各种要素。特别是企业可以充分发挥 O2O 模式的优势，将线上对社会责任议题相关信息交换、资源整合、知识交流与线下的具体社会责任议题实施行动相结合，以便实现社会责任议题的更加有效落实。

三是充分利用互联网媒介实现利益相关方对社会责任议题的沟通参与。企业应当认真研究"互联网＋"背景下社会沟通方式、渠道、内容、频率和关键要点的变化，在社会责任议题落实过程中，利用互联网技术工具和媒介（如微信、微博），推动与利益相关方进行更加便捷、更加紧密、更加开放、更加精准的沟通互动，提升利益相关方沟通效果，加深利益相关方对社会责任议题落实的参与程度，从而使社会责任议题的落实更加顺利、更加高效、更受认同。

四是充分利用互联网技术工具优化社会责任议题项目管理。无论是单个社会责任议题项目团队对项目从计划、实施、协调、监控到收尾的全过程管理，还是企业对多个社会责任议题项目的整体管理，都可以借助和利用互联网技术工具，提升社会责任议题管理效率和效果。

第三节　企业社会责任根植的作用机制模型

通过企业社会责任根植将企业社会责任科学理念、科学方法及管理实践模式融入组织的认知体系、组织的管理体系与组织的业务运营实践体系之中，一定程度上是经济和社会可持续发展的必然选择。本书认为这种必然性表现在两个方面：一是企业所处的微观、中观和宏观环境的变化趋势提高了企业利益相关方对企业社会责任融入程度的关注，直接表现为企业社会责任投入的增加，运用企业社会责任的理念与方法去解决企业所面对的管理与运营中的与利益相关方产生的相关社会环境问题，即企业社会责任根植的驱动力量的作用；二是企业社会责任效应形成的内部机制要求提升企业社会责任融入水平，以提高企业社会责任管理与实践的综合价值创造效应。

在驱动力量方面，推动企业社会责任根植即将企业社会责任融入组织认知体系、融入组织的管理实践体系之中的驱动力量归结为三个方面：企业自身、所处市场和外部环境。外部环境和所处市场的变化给企业发展既带来威胁又带来机遇，企业只有采取符合发展趋势的社会责任实践模式才能在现代的动态复杂竞争环境中生存并发展，而企业社会责任根植正是顺应变化的企业社会责任的落地实践选择，根据企业自身的发展需求是企业社会责任实践落地的根本动力，也是企业主观能动性能否充分发挥的决定性因素，是否符合企业自身发展需求决定了企业在社会责任根植过程中通过社会责任实践能否创造更大的综合价值。企业自身、所处市场及外部环境等不同层面对驱动企业社会责任根植产生的推动作用具有显著差异性。将三种驱动力量有效结合，以环境变化和市场导向作为战略方向，以自身要求作为根本推动和催化剂，使企业社会责任根植成为组织构建长期优势的必然选择，推动各层级组织成员不断深化社会责任认知理念，形成对企业社会责任认知的一致性理解，在管理与业务实践中自觉地运用社会责任的管理方法与实践模式解决所面对的利益相关方问题，从而实现利益相关方的期望诉求的满足。

在企业社会责任根植过程中，企业社会责任理念融入是基础，意味着组织全员需要形成科学的企业社会责任观，并基于此在组织整体层面形成社会责任元认知体系；进而通过企业社会责任管理与实践模式的融入与落地分析当前的企业社会责任问题集合，计划企业将社会责任融入企业运营管理的实践方案，执行不同组织管理层面与不同业务运营环节的企业社会责任融入目标与融入任务，控制企业各层级组织与各部门现实实践真正体现了企业社会责任管理模式的精髓（见图5-25、图5-26）。

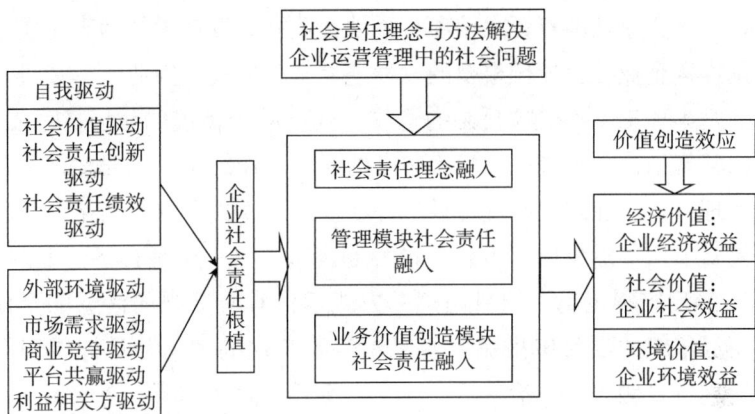

图 5-25 企业社会责任根植的作用机制过程

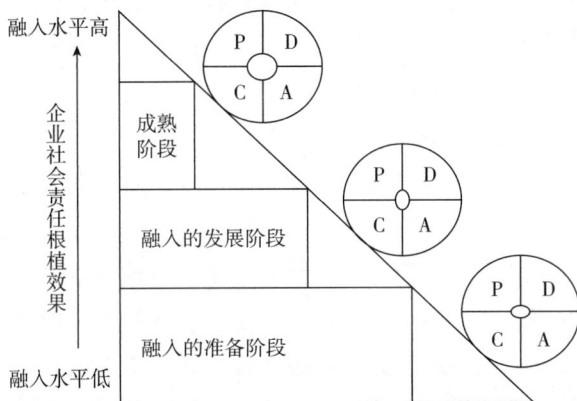

图 5-26 企业社会责任根植效果与企业社会责任融入的关系

第六章 企业社会责任根植的
主要实现方式

在具备企业社会责任根植的基本理念与基本方法后，企业社会责任的根植最终要通过一个个企业社会责任根植项目推动企业社会责任根植的真正实施，即根植项目制是推进企业社会责任根植的一种主要实现方式。因此，本章进一步剖析了项目制的基本理论，通过项目制的运作方式能够令传统的科层体系发生重构，打破原有的常规结构，形成以项目为中心的新的运作结构。同时，项目制又是一种新型的治理方式。在宏观制度背景下，项目治理模式存在着两条并行运作的主线，一条是自上而下的科层"发包"的控制逻辑，另一条是自下而上的"打包"和"抓包"的反控制逻辑。项目制这一方式运作具有极强的渗透的全面性，能够通过各层级组织的项目申报竞争使组织需要实现的理念与目标得到全面的渗透。项目治理方式融入了政治生活、社会生活方方面面。

因此，企业社会责任根植通过根植项目制的方式，推进企业社会责任内容根植于基层的认知体系、管理体系与组织业务实践体系之中，能够实现以下几个优势：首先，项目制强调多维度的资源整合战略。依靠项目制的形式可以实现组织纵向层级之间的资源整合，通过上级组织的项目发包与下级组织的项目接包与项目承包的形式，有效地将组织上下纵向层级之间的命令型的"领导—被领导"的关系转变为社会责任根植项目的指导者、审核者、监督者与评价者，即一定程度上通过项目制的运行方式使上下级组织之间形成基于社会责任根植项目的合作伙伴关系，通过将不同组织的资源进行整合来提供根植项目下所需要面临的社会问题的整体解决方案，并且能够基于相互信任、坦诚沟通、项目风险共担并且收益共享的定制化关系，能够产生竞争优势并且能够带来组织整体社会责任绩效的提升。其次，企业社会责任根植项目制的实施过程既是企业社会责任根植项目议题下的项目实施的过程，也是社会责任议题根植项目的项目管理的过程。因此，企业社会责任根植项目的实施与管理框架体系构建应该反映管理的过程，即体现管理的计划、组织、指挥、监督、协调和控制等全流程的职能。

第一节 项目制的理论溯源

一、项目制的基本概念解读

"项目"一词最早于 20 世纪 50 年代出现在汉语中，用于"对共产主义国家的援外项目"，意指事本主义的动员方式或组织方式，按照事务内在逻辑，在既定的时间和有限的资源条件下，利用特定的组织形式完成具有明确目标导向性的任务[①]。从现代项目制的应用状况来看，项目制是中央对地方进行资源调度与分配的一种重要方式，是中央财政体系中一种常用的运作方式，是财政体制的惯例分配途径和范围之外的一种特定的政府运行方式，根据中央政府的意图，以自上而下的形式进行资源配置。所谓"专项化"，是指政府间的分配资金越来越依靠"专项"或"项目"的方式进行。从概念上看，专项资金是中央政府为了实施其宏观政策目标及对地方政府代行一些中央政府职能进行补偿而设立的，它在加强中央政府调控地方政府行为、优化地方财政预算支出结构、引导地方财政资金投向国家重点支持和发展的事业方面，具有一般性转移支付无可替代的作用。从财政资金管理的情况看，专项资金是用于完成专项工作或重大工程，并需要单独报账结算的资金。专项资金有不同的名称，如专项支出、项目支出、专款等。在日常操作中，一般采用扣除界定法，即扣除经常性经费以外的，由财政安排或追加及上级单位拨付的财政资金，全部作为专项资金。从特征上看，首先是来源于财政或上级单位；其次是用于特定事项；最后是需要单独按项目核算。从分类上看，周飞舟（2012）将专项资金分为三类[②]：第一类是财政系统预算部门的专项拨款，这构成了专项资金的最主要的部分，也是我们通常所理解的"专项转移支付"的部分。这部分资金通常明确地体现在各级财政预算部门的"专项补助"的决算科目之内，由财政系统内的相应职能科室与政府的相应主管部门负责管理和分配。第二类是由中央各部门向其下属部门系统下达的专项资金，也有人称之

---

① 李耀锋. 项目制研究的现状与新路径 [J]. 重庆大学学报（社会科学版），2016（2）.

② 周飞舟. 财政资金的专项化及其问题——兼论"项目治国" [J]. 社会，2012，32（1）：1 - 37.

为"部门资金"。这些资金一般是由财政部在预算中拨付给中央部委，而对这些资金的分配权则属于部委本身。中央部门可能在其部门系统内部逐渐下达资金，而不经过地方各级财政部门，这部分资金也就是通常所说的"体外循环"资金。第三类是财政部向一些拥有一定预算分配权的部门拨付的专项资金。这些部门包括发改委、国防科工委、科技部等，发改委系统负责基本建设资金，科技部系统负责科技三项费用资金拨付。拨付给科技部的资金主要是用于企业挖潜改造和科技创新等方面。因此，从财政学的角度而言，项目制实际是一种财政资金的专项化的运作方式。以项目制为依托作为专项资金转移支付的方式，是分税制改革以后各级政府财政关系变化的一种特有现象。

沿着上述的应用思路，也存在多种视角的对项目制的解读。如从公共管理的视角看，项目制是中央对地方治理的一种重要形式，是一种通过项目竞争与项目博弈的方式动员基层政府实现相应目标的重要治理方式，展现的是从中央到地方到基层下级政府的一种博弈，是各级政府根据自身条件向上级议价争取自身发展的一种手段。因此，项目制作为一种新的国家治理体制，体现出的不仅是为了公共利益，更多是为跑步前进、争取项目而进行的地方官员的政绩工程。对于地方而言，争取项目所得资金、绩效、收益远远超过项目对基层设施本身建设所带来的效益。项目制运作可跨越科层管理模式，高速有效地进行项目推进，补充城镇基础建设中的短板[①]。

因此，从项目制的运作方式来看，"项目"作为项目制的核心内涵之一，美国项目管理权威机构美国项目管理学会（PMI）把"项目"定义为"为创造独特的产品、服务而进行的临时性工作"（《项目管理知识体系指南》）。其主要特征有独特性和临时性：独特性是指产品或服务拥有所具体的可物化的；临时性是指项目有明确时间节点，不论是民生项目还是经济项目。项目实施都有一些程序，从项目开始到项目结束。项目实施不具结果属性，而是依据实际需求而展开，当项目需求不复存在时，项目就结束。项目具有持续性，是指按照组织的既定程序重复进行，又因项目的独特性，其产生的结果也具有不确定性。

二、项目的基本特征

项目是项目制的核心内容构成，从时间长度来讲，项目有较为固定的期限，有较强的时间约束。从目标导向程度看，项目往往具有明确的目标，即使这个目

---

① 渠敬东. 项目制：一种新的国家治理体制［J］. 中国社会科学，2012（5）.

标一开始并不清晰，它的结果导向程度也要远大于对过程的要求，这与常规性任务大不相同。特别是对目标并不清晰的探索性活动而言，对过程的过度要求只会使项目胎死腹中。此外，常规性任务往往是组织机构多重任务的一部分，并且任务之间不具有优先顺序的明显差别，因此会遵循平衡、妥协的原则。项目则不是这样，它需要一部分工作人员暂时或完全放下其他任务，集中精力投入到某一优先等级高的目标上，因此其目标系统是倾斜的。正因为不是过程导向的，因此对正式规则的依赖程度不强，而结果的不确定性也相应较强。因此，从项目运作的组织环境来说，项目不同于组织的常规性任务，常规性任务在组织环境较稳定、竞争程度弱时大量存在，此时组织的例行化程度很高。而项目一般存在于组织环境多变、竞争程度强时，组织内部缺乏现成的经验策略可用，因此也不能简单地"例行公事"。一旦项目成立，就意味着需要有专门的运作团队及运作资金，即充分保障项目运作的人力资源与物质资源，因此为了在有限的时间内最大限度地动用有限的资源达成项目目标，项目启动后，往往会成立专门的团队，不必事事上报、层层报批（见表6-1）。

表6-1　项目制的"项目"特征

特征	常规组织任务	项目制的"项目"
标准化程度	高	低
重复率	高	低
时间周期	长，无周期	短，有周期
资金安排	非专项	专项资金
团队成员	非专门团队	专门团队
过程导向	低	高
结果导向	低	高
正式规则	多	少
不确定性	低	高
目标清晰度	弱	强
目标多元度	分散	集中
组织环境	稳定，竞争性低	动态多变，竞争性大

资料来源：笔者整理。

因此，项目制的运行必须依赖于一定的组织结构，且往往适用于那些具有明显的层级化的组织，尤其是在政府的科层组织体系之中应用极为广泛。通过项目制的运作方式能够令传统的科层体系发生重构,打破原有的常规结构,形成以项目为中心的新的运作结构。同时,项目制又作为一种新型的治理方式,在宏观制度的背景下,项目治理模式存在着两条并行运作的主线,一条是自上而下的科层"发包"的控制逻辑,另一条是自下而上的"打包"和"抓包"的反控制逻辑。项目制这一运作方式具有极强的渗透的全面性,能够通过各层级组织的项目申报竞争使组织需要实现的理念与目标得到全面的渗透。项目治理方式融入了政治生活、社会生活方方面面。项目制不仅仅是指某项目或项目的具体运作过程,而是指国家从中央到地方统筹各层级的治理模式。项目制不仅是一种体制,也是一种运作机制,同时更是一种思维模式,决定着国家、社会集团乃至具体个人如何构建决策和行动的战略及策略。

三、项目制的基本作用

(一) 组织动员

项目制是通过项目的发包与打包的形式,项目之间存在竞争,项目的内部运作又存在合作行为。项目本身具有临时性,同时具有目标导向的特点。项目制体现出上级组织和地方基层组织之间的委托代理关系,具有地方基层组织对中央组织的参与约束和中央组织对地方基层组织的激励相容约束,中央组织通过项目制的实施加强对地方基层组织的动员功能,以便提高项目的运作效率。在基层组织对项目的实际运作中,由于不同层级地方基层组织之间的利益分化,为了实现自身效用的最大化,下级组织在执行上级的任务时难免存在利益权衡。因此,上级政府为了实现特定的目标,通过动员的形式以强大的压力来迫使下级基层组织执行,如图 6-1 所示。

(二) 规范项目运行秩序

项目制一定程度上具有制度性,即通过项目的申报与承包实现项目化资金、人力资源供给,并形成一种委托代理意义上的契约关系,从而形成一种正式的制度安排。而制度本身就具有增进秩序的重要功能。制度和规则是人们有效地开展社会活动的一种工具。规则可以弥补理性的不足和无奈,可以提供一种秩序,以减少和消除社会、政治、经济生活中存在的某种不确定性,使人们的行为是可以预期的,从而为人们相互之间交易和合作的顺利进行及其秩序的扩展提供一个有效的保障。项目运作并不是无序的行为,而是项目主体之间针对项目而开展的有序的社会行为和互动过程。从这个意义上来说,项目制度和规则在本质上是项目主体在项目运作中实现稳定有序的行为和互动的一种契约、约定和非正式安排。

特别是，项目规则界定了项目主体的资格，明确了参与者的权利和义务，由此形成了项目主体和项目行为的基本格局或者秩序。

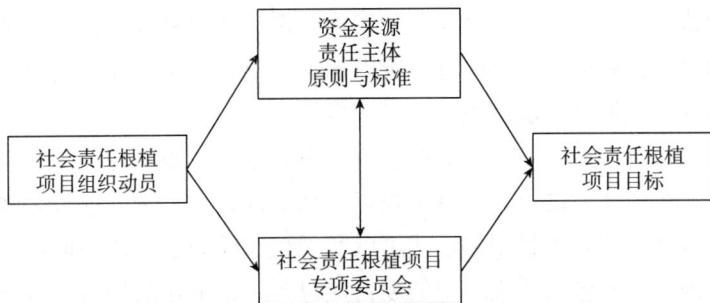

图 6 – 1　社会责任根植项目组织

（三）集约运作效率

通过项目制的方式，既能够实现上层组织对基层组织的管理与实践动员，又能够统筹安排组织整体期望实现的目标下的既有资源安排。项目的设立审批有严格的程序及相关的步骤，基层组织通过项目申报的方式能够最大限度地调动组织内部成员的积极性，共同解决组织所面对的现实问题，减少部门之间的资源壁垒与人员心理障碍，可以提高工作效率。制度安排中的项目系统和规则系统则为项目的顺利实施提供了保障和途径，可以避免项目实施结构内部及与其他部门可能存在的摩擦、矛盾和冲突，可以共同利用组织的各种经济和社会资源，提高项目运作的效率。

第二节　项目制与企业社会责任根植

由于国家电网是由国家电网总公司、省公司、市公司及县级基层供电组织构成的层级式的组织结构体系，这种层级式的组织通过上下领导关系和业务指导关系使权力关系网络交错林立，当社会环境问题或社会责任实践议题需要跨部门联合解决时，纵横交错的权力线路会使协调变得异常复杂，容易造成多头领导的领导格局。多头领导下，很难找出能够负责统筹协调的单个权威机构。与此同时，采取自上而下部门制定政策的方式，使各个市级公司与基层组织之间在处理相同问题时合作更加艰难，涉及多个组织与部门的集体行动不仅不会带来合作，反而会因同级组织之间的条块分割引发新一轮竞争和冲突。依靠层级式的上下级领导下的权力式社会责任根植推进体系难以完全形成企业社会责任认知体系、企业社会责任管理体系与实践体系三全覆盖的实施体系，企业社会责任的根植内容体系依靠原有的组织体系的层级式推进也难以保证根植的效果及地方公司的资源与能力优势，难以充分调动基层组织的参与积极性。

而依靠项目制的形式推进企业社会责任内容根植于基层的认知体系、管理体系与组织业务实践体系之中，能够实现以下几个优势：首先，项目制强调多维度的资源整合战略。依靠项目制的形式可以实现组织纵向层级之间的资源整合，通过上级组织的项目发包与下级组织的项目接包与项目承包的形式，有效地将组织上下纵向层级之间的命令型的"领导—被领导"的关系转变为社会责任根植项目的指导者、审核者、监督者与评价者，即一定程度上通过项目制的运行方式使上下级组织之间形成基于社会责任根植项目的合作伙伴关系，通过将不同组织的资源进行整合来提供根植项目下所需要面临的社会问题的整体解决方案，并且能够基于相互信任、坦诚沟通、项目风险共担并且收益共享的定制化关系，产生竞争优势并且能够带来组织整体社会责任绩效的提升（见图6-2）。

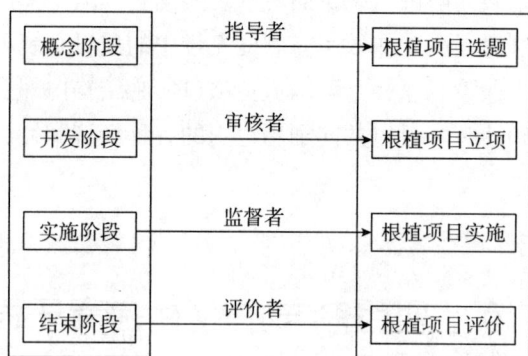

图6-2　企业社会责任根植项目的基本运行过程

由于多元复杂的社会问题跨越了数个组织、部门与成员的界限，没有单一组织部门或组织成员能够完全处理的社会问题，即单一功能性组织很难应对，因此基于项目制的形式能够充分整合组织的部门之间的资源。依靠项目制的形式即以企业社会责任根植项目为载体，能够有效兼容基于项目实施组织的凝聚力，充分动员以项目为单元的组织的积极性与参与程度。同时，又能有效兼容不同层级组织之间的企业社会责任根植项目之间的协调，形成企业社会责任根植项目选题申报—项目立项—项目实施—项目评估—项目推广传播的一体化项目整体式社会责任治理系统，能够使企业社会责任认知理念、管理方法与管理模式、实践方式融入各层级组织与部门成员，最终打造以企业社会责任根植项目为载体的企业社会责任共同体组织（见图6-3）。

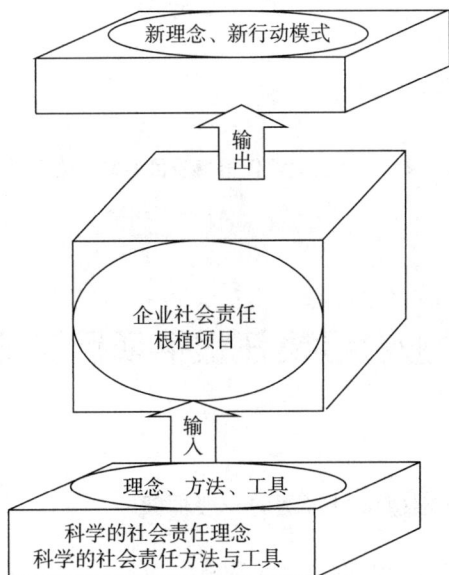

图6-3　企业社会责任根植项目的形成机理

在根植项目申报的组织单位内部，可以基于项目运作实现部门之间的资源整合，基于项目所需要的资源能力充分将原有部门之间相互独立分工体系之下的部门资源充分基于项目运作的方式整合在一起，从而形成横向部门之间的资源整合的合作伙伴关系。更重要的是，通过社会责任根植项目的评估与推广，能够形成组织全员的企业社会责任根植优秀项目的学习平台，不同层级之间的组织能够共享优秀的企业社会责任根植项目的根植经验与根植知识，从而形成不同层级下组织整体层面的社会责任知识整合系统，最终有助于企业社会责任根植项目能够形成跨组织边界的企业社会责任根植项目的知识治理系统（见图6-4）。

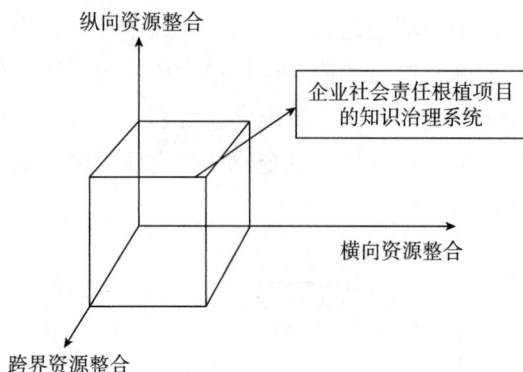

纵向资源整合

企业社会责任根植项目
的知识治理系统

横向资源整合

跨界资源整合

图 6 - 4　企业社会责任根植项目的知识治理系统

第三节　企业社会责任根植项目制的基本过程

一、企业社会责任根植项目管理的一般框架

企业社会责任根植项目制的实施过程既是企业社会责任根植项目议题下的项目实施的过程，也是社会责任议题根植项目的项目管理的过程。因此，首先，企业社会责任根植项目的实施与管理框架体系构建应该反映管理的过程，即体现管理的计划、组织、指挥、监督、协调和控制等全流程的职能。其次，坚持企业运行的整体观。企业社会责任根植项目管理实施的框架体系构建不能将企业社会责任根植项目与企业的业务运营和职能管理模块割裂开来，而是要将企业社会责任根植项目的管理置于企业整体运营中，不仅要反映出企业社会责任根植项目运行本身的规律，而且要体现企业社会责任根植项目管理的核心要素与企业其他运营管理要素的关系，从而确保企业社会责任根植项目管理与实施的整体效果，又能使企业各层级、各部门和各单位对单个社会责任议题的管理能从操作层面上予以把握。最后，运用 PDCA 管理思想。计划（Plan）、实施（Do）、检查（Check）、行动（Act）的 PDCA 循环是任何一项活动有效进行的一种合乎逻辑的工作程序，企业社会责任根植项目管理也不例外，因此企业社会责任根植项目管理的框架体系构建应当运用这一通用的管理思想。按照以上的构建思路，企业社会责任根植

项目的议题管理的框架体系由五大模块组合而成，即理念目标模块、核心过程模块、工作机制模块、协同互动模块、支撑保障模块，如图6-5所示。

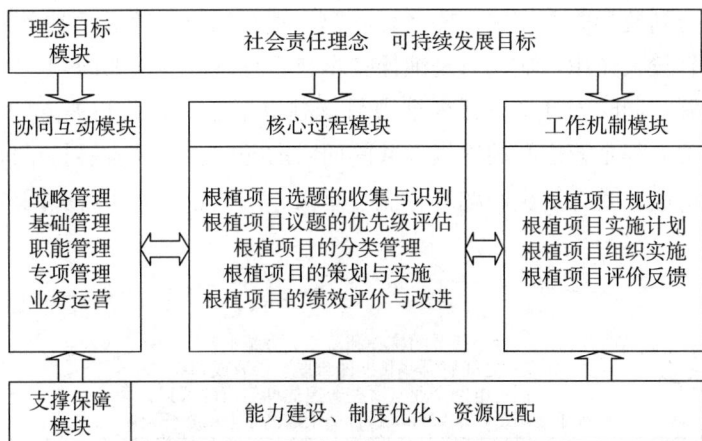

理念目标模块	社会责任理念　可持续发展目标	
协同互动模块	核心过程模块	工作机制模块
战略管理 基础管理 职能管理 专项管理 业务运营	根植项目选题的收集与识别 根植项目议题的优先级评估 根植项目的分类管理 根植项目的策划与实施 根植项目的绩效评价与改进	根植项目规划 根植项目实施计划 根植项目组织实施 根植项目评价反馈
支撑保障模块	能力建设、制度优化、资源匹配	

图6-5　企业社会责任根植项目的模块化框架体系

二、企业社会责任根植项目的选题

发现问题、将问题聚焦，是根植项目取得成功的第一步。需要聚焦的问题包括矛盾、冲突、诉求、期望、热点议题等不同类型。任何一个优秀的社会责任根植项目都是围绕某个或某类核心问题展开，且都是以负责任解决某个或某类问题、最大限度地创造综合价值作为社会责任根植的最终目标。企业社会责任根植项目的选题的收集与识别是企业开展社会责任根植项目的基础，也是企业社会责任根植项目管理在操作层面上的第一步。企业只有知道自身有哪些需要关注的社会责任根植项目议题，才可能开展后续的社会责任根植项目管理活动。企业社会责任根植项目选题的收集与识别阶段主要包括三项工作：系统收集、识别定义、议题库构建。

从社会责任根植项目的选题来源来看（见图6-6），可以是基于外部视角从企业社会责任标准规范或最佳实践中获取，也可以是以组织内部员工群策群力的方式获取。操作上可以采取两种模式：一是组织召开小范围的社会责任议题座谈会，参与人员主要是一些具有较强外部视野、与外部打交道较多并具有开拓性思维的员工代表，鼓励他们就企业可以关注哪些社会责任议题开展头脑风暴（Brain Storm）。二是开展广泛的社会责任议题征集活动，向各层级、各部门和各单位征集企业可以关注的社会责任议题。选题的内容范围可以是电网公司自身运营管理过程中需要解决的社会环境问题，也可以是利益相关方有着重大关切的社会环境问题，还可以是企业整体层面都面临的社会环境问题。但上述的选题内容范围都必须与利益相关方相关，要么是问题由利益相关方造成，要么利益相关方对问题解决有较大作用。如果只是纯粹技术或管理可以解决的问题，一般不作为好的选题来源。同时，社会责任根植项目选题也不能是利益相关方的自身问题，而是利益相关方与企业之间的连接性共同面对的问题，即具有链接区间。要么是问题由企业造成，要么解决问题对企业有意义，同时企业对于解决问题有优势。

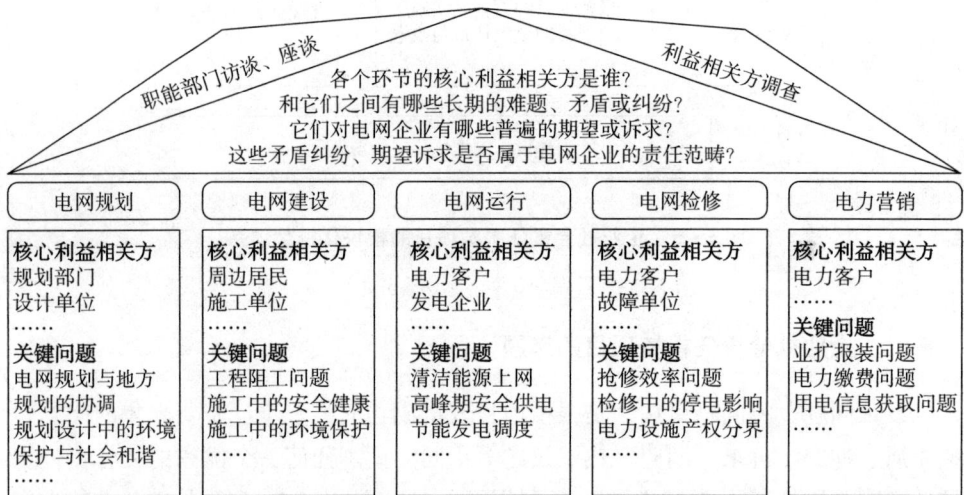

图6-6 企业社会责任根植项目中选题内容范围

因此，从企业社会责任根植项目选题的关注范围来看，社会责任根植项目的选题与公司业务运营有联系，要么是本企业在业务运营中造成的（价值链主导型），要么是对本企业的业务运营有重大影响（竞争环境主导型），同时本企业对于解决社会问题有优势（气候变化、"三农"问题），进而能够基于企业自身的优势优化社会责任根植项目的选题（见图6-7）。

通过社会责任根植项目的选题收集与识别优化，可以形成一份相对完整的社会责任议题清单，但这份清单在结构化程度、规范化程度、信息关联程度、操作便捷程度、动态更新冗余度上依然不高。因此，对于有着上百项现实与潜在社会责任议题的大型企业来说，利用信息技术构建企业社会责任议题库尤其必要。企

社会热点议题追踪与挖掘

重要的会议或论坛	政府中的社会公共事务部门	社会公益组织

当前社会最为关注的影响社会福祉与可持续发展的热点议题有哪些？
电网公可运营中是否有发现暂时不被社会广泛关注的社会问题？
这些议题中，哪些是电网公司有资源、条件和优势去应对的议题？

弱势群体	贫富差距	公平教育	环境污染

居住条件	气候变化	食品安全	"三农"问题

反腐败	水资源紧缺	医疗卫生	恐怖主义	……

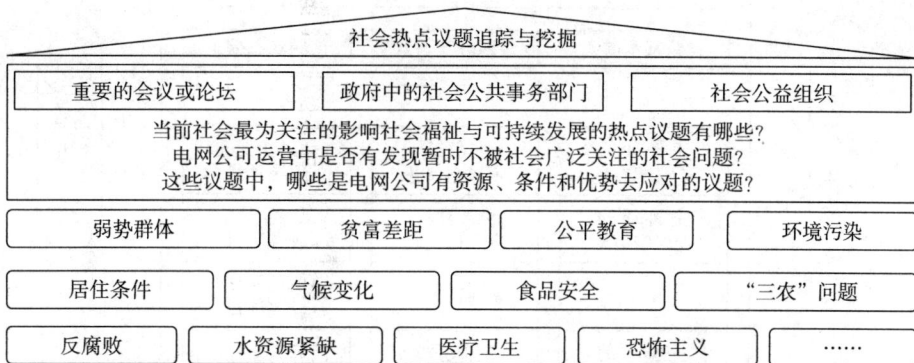

图6-7　社会责任根植项目选题的关注范围

业社会责任议题库不仅能够解决单纯社会责任议题清单在结构化、规范化、信息关联、操作上和动态更新上存在的各种局限性，而且可以拓展企业社会责任议题管理的许多功能，实现对企业社会责任议题的系统化、规范化、动态化、共享化、智能化、一体化管理。

企业社会责任议题库的构建可以通过人工智能（AI）和数据库（DB）两项计算机技术的有机结合，最终实现企业社会责任议题的信息存储、文件存储、查询统计、管理维护等基本功能。基于此，企业社会责任议题库通常可以由议题信息库、议题文档库、查询统计功能模块、管理维护功能模块等构成（见图6-8）。议题信息库一般包括议题基本信息、议题分类信息、议题状态信息。基本信息主要对不同社会责任主题下的各个议题进行信息采集，涵盖议题名称、议题含义、议题内容、议题来源等；分类信息主要是按照不同的分类依据，将不同社会责任议题进行归类，以便于查询与管理，如可分为价值链主导型议题、竞争环境主导型议题、普通性议题；状态信息主要是指企业在各个社会责任议题上开展的情况，包括议题项目情况及议题绩效情况。议题文档库是对各个社会责任议题涉及的文档资料进行集中存储，既包括企业在实施该社会责任议题上涉及的文档，也涵盖针对该社会责任议题所收集的外部文档资料。基于议题信息库和议题文档库，企业可根据不同维度对社会责任议题进行相关查询与统计分析，也可以对每一个社会责任议题进行动态的管理与维护更新。

三、企业社会责任根植项目选题的优先级评估

企业的资源是有限的，不可能对社会责任议题库中的所有议题都投入大量资

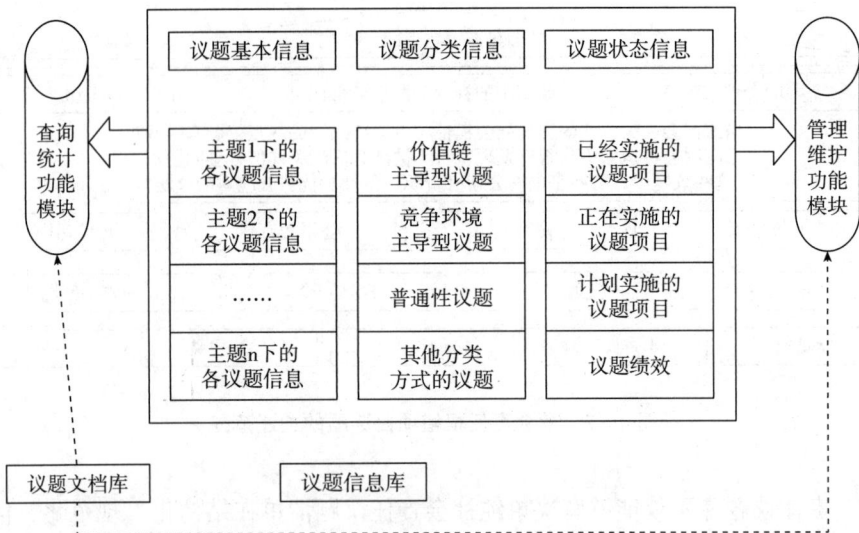

图6-8 企业社会责任根植项目选题议题库的构成

源，即使企业有较为充足的资源，也不可能对每个议题均匀发力。相反，从提升社会责任议题实施效率和效果的角度，企业应当对不同的社会责任议题差异化配置资源，这要求企业建立一套科学合理的评估机制，对不同的社会责任议题实施的优先次序进行评估。

国家电网公司对社会责任议题优先次序的评估就综合考虑了价值创造和社会关注两个维度（见图6-9）。其中，价值创造维度评估具体议题与综合价值创造的相关性、重要性和可行性；社会关注维度评估社会和利益相关方对具体议题的关注程度。这两项评估指标较为全面地反映了社会责任议题的本质和特征，但是对于什么是综合价值缺乏更加清晰的定义和解释，而这里的社会关注一般仅考虑利益相关方的关注程度，忽略了舆论公众和社会组织对议题的影响力。

（一）企业社会责任议题优先级别的综合评估指标体系

根据企业社会责任议题的定义与特征，任何一项社会责任议题对于企业的重要性与优先性，不仅取决于其对经济、社会、环境可持续发展的影响，而且要关注它对企业发展与竞争力的影响，同时也要考虑它所受到的社会关注程度。由于每项社会责任议题都具有复杂的、多元的甚至相互矛盾的特征，实施某项社会责任议题可能对社会做出贡献，但同时可能会对企业竞争力产生负面影响，可能有利于促进经济发展，但同时可能带来生态环境的损害。因此，每一项社会责任议题的影响性评估都应当考虑综合型影响，运用综合价值指标进行评价，包括经济

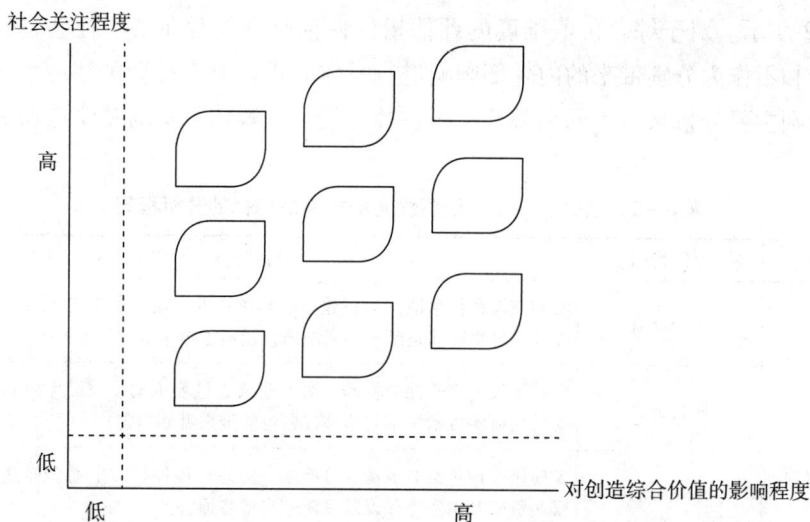

图6-9　国家电网公司对社会责任议题优先次序的评估

资料来源：《国家电网公司社会责任报告2015》。

价值、社会价值，包括实施该议题带来的经济影响、社会影响、环境影响和企业竞争力影响。社会关注度则包括来自利益相关方的关注、社会组织的关注和媒体舆论的关注。基于此，可以构建企业社会责任议题优先级的综合评估指标体系，如图6-10所示。

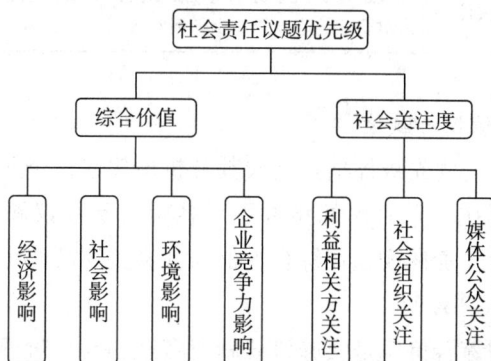

图6-10　企业社会责任议题优先级的综合评估指标体系

进一步来看，企业还应当对每个维度的各评估指标建立具体的分析框架，如

表6-2所示。对于综合价值维度的评估指标，企业可以对在某项社会责任议题上作为和不作为分别带来的内外部影响进行具体分析，对于社会关注度维度的评估指标则主要分析来自不同利益相关方、社会组织和媒体公众的关注点和态度。

表6-2　企业社会责任议题优先级各评估指标的分析框架

评估维度	评估指标	分析要点
综合价值	经济价值	实施该议题将给地方经济建设、相关产业发展、上下游企业、运营所在社区带来哪些贡献？不实施该议题可能带来哪些损害？
	社会价值	实施该议题将给社会福利、公平正义、透明道德、人民生活品质等方面带来哪些贡献？不实施该议题可能带来哪些损害？
	环境价值	实施该议题将给能源资源可持续、生态环境保护、生物多样性等带来哪些贡献？不实施该议题可能带来哪些损害？
	竞争力价值	该议题与企业的关联程度如何？实施该议题将对企业的生产运营、文化、品牌等带来哪些正面或负面的影响？不实施可能带来哪些负面的影响？
社会关注	利益相关方关注	有哪些利益相关方对该议题提出明确的关注或重视？利益相关方对企业在该议题上的作为的态度、评价如何？利益相关方的期望是什么？
	社会组织关注	有哪些社会组织对该议题提出明确的关注或重视？关注该议题的社会组织的影响力如何？是否采取了针对企业的相关行动？有无合作的可能？
	媒体舆论关注	该议题在媒体上的曝光程度如何？负面消息和正面消息各占多少？公众对企业的态度总体上如何？

（二）优先级评估指标赋值

明确社会责任议题优先级评估指标及其分析框架后，企业还应当制定每个指标的赋值规则，以便在一个可比的条件下对各社会责任议题的指标表现进行打分，并最终形成各社会责任议题在综合价值与社会关注度两个维度上的得分。

1. 综合价值的赋分规则

社会责任议题的综合价值是实施该议题所带来的经济价值、社会价值、环境价值和企业竞争力价值的集合。在考虑一项社会责任议题是否重要，是否需要给予高优先级别时，需要从该议题产生的经济、社会、环境和企业竞争力等各个方面的影响综合权衡和考虑。对于积极型的社会责任议题，往往考虑该议题带来的贡献，而消极型议题则主要从不作为可能带来的损害来确定议题的影响。综合价值的赋分规则应当根据相应评估指标的分析框架，分别确定各细项实现程度所对应的分值范围。表6-3给出了综合价值各项评估指标的建议赋值规则，企业可以此为基础，根据实际情况构建更加适用的赋值规则。

表6-3 综合价值各项评估指标的建议赋值规则

评估指标	权重	分值	赋值说明
经济价值	20%	80~100分	牵涉众多的利益相关方； 实施带来的经济贡献巨大或不作为带来的经济损失巨大
		60~80分	牵涉一定数量的利益相关方； 实施带来的经济贡献较大或不作为带来的经济损失较大
		0~60分	牵涉很少的利益相关方； 实施带来的经济贡献较小或不作为带来的经济损失较小
社会价值	20%	80~100分	牵涉众多的利益相关方； 实施带来的社会贡献巨大或不作为带来的社会损失巨大
		60~80分	牵涉一定数量的利益相关方； 实施带来的社会贡献较大或不作为带来的社会损失较大
		0~60分	牵涉很少的利益相关方； 实施带来的社会贡献较小或不作为带来的社会损失较小
环境价值	20%	80~100分	牵涉众多的利益相关方； 实施带来的环境贡献巨大或不作为带来的环境损失巨大
		60~80分	牵涉一定数量的利益相关方； 实施带来的环境贡献较大或不作为带来的环境损失较大
		0~60分	牵涉很少的利益相关方； 实施带来的环境贡献较小或不作为带来的环境损失较小
竞争力价值	40%	80~100分	与企业关联度很强； 实施可带来较大的竞争力提升或不作为可带来较大的竞争力损害
		60~80分	与企业关联度较强； 实施可带来一定的竞争力提升或不作为可带来一定的竞争力损害
		0~60分	与企业关联度较低； 实施对企业竞争力影响不大或不作为对企业竞争力影响不大

2. 社会关注度的赋值规则

社会责任议题的社会关注度是指来自利益相关方、社会组织和媒体公众三大类群体对议题的关心程度和参与热情，具体包括议题在关注群体中的曝光程度、关注群体本身的影响力及关注群体对该议题提出的意见建议的多寡等内容。在考虑一项社会责任议题应该被如何对待时，社会关注度是一项重要指标。社会关注度的赋分规则应当根据相应评估指标的分析框架，分别确定各细项实现程度所对应的分值范围。表6-4给出了社会关注度各项评估指标的建议赋值规则，企业可以此为基础，根据实际情况构建更加适用的赋值规则。

表6-4　社会关注度各项评估指标的建议赋值规则

评估指标	权重	分值	赋值说明
利益相关方关注	40%	80~100分	该议题受到绝大部分利益相关方的关注； 关注该议题的利益相关方具有很大的影响力； 对议题的实施给出了非常多的意见或建议
		60~80分	该议题受到部分利益相关方的关注； 对议题的实施有少量的意见或建议
		0~60分	该议题仅在少数利益相关方中受到关注； 对议题的实施没有明确的意见或建议
社会组织关注	30%	80~100分	该议题受到较多社会组织的关注； 关注该议题的社会组织具有很大的影响力； 对企业已经采取了较多强有力的行动
		60~80分	该议题受到部分社会组织的关注； 关注该议题的社会组织影响力一般； 对企业采取了一定的行动
		0~60分	该议题仅受到极个别社会组织的关注； 关注该议题的社会组织影响力一般； 对企业尚未采取行动
媒体舆论关注	30%	80~100分	该议题在近期媒体报道上成为焦点话题； 有很多关于企业的报道； 公众反响强烈，有很多的评论和转载量
		60~80分	该议题在媒体报道中有较多的出现； 有部分关于企业的报道； 公众反响较为强烈，有一定的评论和转载量
		0~60分	该议题较少出现在媒体上； 几乎没有关于企业在该议题上的报道； 公众也较少提及或评论该议题

3. 赋分与测算各维度得分

针对每项社会责任议题的综合价值，企业可依据相应的赋分规则，采用专家打分与议题分析相结合的方法，确定其在各评估指标的分值。社会责任议题的综合价值最终得分是将各类价值的得分乘上相应的权重再求和，即：

综合价值 = $\sum$（各类价值的）权重×分值

针对每项社会责任议题的社会关注度，企业应结合利益相关方调查、社会组织分析和舆情监测等议题收集渠道中得到的信息，确定其在各评估指标上的分值。社会责任议题的社会关注度最终得分是将各类关注群体的得分乘上相应的权重再求和，即：

社会关注度 = $\sum$（各类群体的）权重×分值

4. 形成优先级判断矩阵

如果把综合价值作为横轴，并将得分高于80分界定为高价值、60分与80分之间界定为中价值、小于60分界定为低价值，同样，把社会关注度作为纵轴，并将得分高于80分界定为高关注、60分与80分之间界定为中关注、小于60分界定为低关注，那么所有社会责任议题就可以分成九大类（见图6-11）："高价值—高关注"议题、"高价值—中关注"议题、"中价值—高关注"议题、"高价值—低关注"议题、"中价值—中关注"议题、"低价值—高关注"议题、"中价值—低关注"议题、"低价值—中关注"议题、"低价值—低关注"议题。

通常而言，企业社会责任根植项目选题的优先级可以分为五个等级，即高优先级（★★★★★）、次高优先级（★★★★）、中等优先级（★★★）、次低优先级（★★）、低优先级（★）。在以上九类选题中，"高价值—高关注"议题属于高优先级，"高价值—中关注"议题、"中价值—高关注"议题属于次高优先级，"高价值—低关注"议题、"中价值—中关注"议题、"低价值—高关注"议题属于中等优先级，"中价值—低关注"议题、"低价值—中关注"议题属于次低优先级，"低价值—低关注"议题属于低优先级。需要指出的是，对于特定企业来说，任何一个社会责任根植项目的选题的综合价值高低，既需要考虑绝对值判断，也需要考虑相对值判断，由此不同社会责任根植项目选题对于不同层级的组织可能属于不同的类型。

四、企业社会责任根植项目的策划与实施

在确定好企业社会责任根植项目的选题后，就需要对企业社会责任所选择主题下的根植项目进行项目实施。在企业社会责任根植项目的实施过程中，强有

社会关注度

>80分	低价值—高关注	中价值—高关注	高价值—高关注
60~80分	低价值—中关注	中价值—中关注	高价值—中关注
<60分	低价值—低关注	中价值—低关注	高价值—低关注
	<60分	60~80分	>80分

综合价值

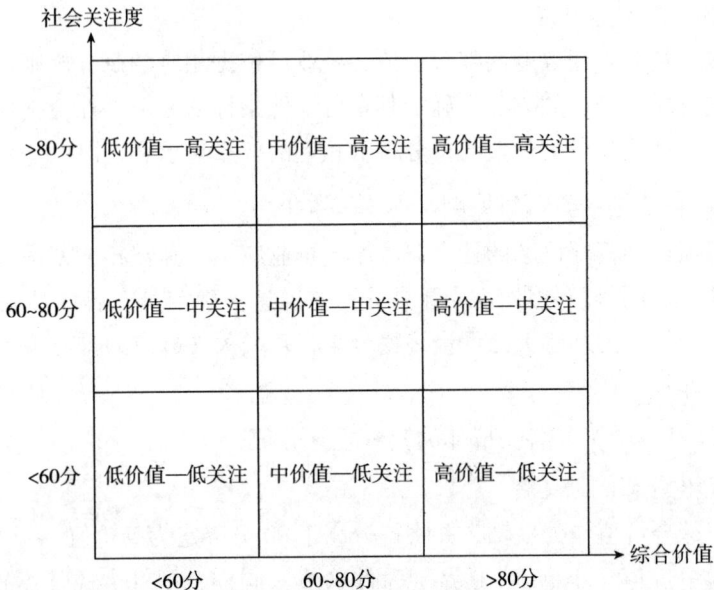

图 6-11　企业社会责任根植项目选题优先级判断矩阵

力的组织机构是社会责任根植工作推进的首要条件。在组织推进体系方面，企业社会责任根植项目的实施首先需要重视各层次的企业领导层在履行社会责任及实施社会责任根植项目中的领头与表率作用，需要领导者率先带头学习企业社会责任知识，从而能够使科学的企业社会责任观形成组织内学习与传播的认知学习体系，引领广大员工在工作岗位中自觉践行企业核心价值观和社会责任管理要求。针对每一类社会责任议题确定总体的管理策略之后，企业对每个社会责任议题的管理就进入策划与实施阶段，相应的主要工作包括确定议题落实主体、制定议题实施方案、推进议题具体实施、开展议题过程监控等。

（一）确定社会责任根植项目落实主体

一般来说，企业对于每个社会责任议题的落实可以采取两种组织方式：职能化模式与项目制模式。职能化模式指的是企业将某项社会责任议题的落实任务和责任分解到各个部门或业务单元，由责任部门或业务单元和协作部门或业务单元按照分工将其作为自身的一项日常运营管理工作予以完成，而社会责任推进部门则承担指导与监督角色，如图 6-12 所示。职能化模式依托企业现有的组织结构，社会责任议题落实的责任与任务分散于不同的部门或业务单元，相互之间的协调工作往往较多，执行效率与资源配置效率相对不高，比较适用于社会责任议题落实任务相对简单且易于明确划分、涉及部门或业务单元较少的情境。

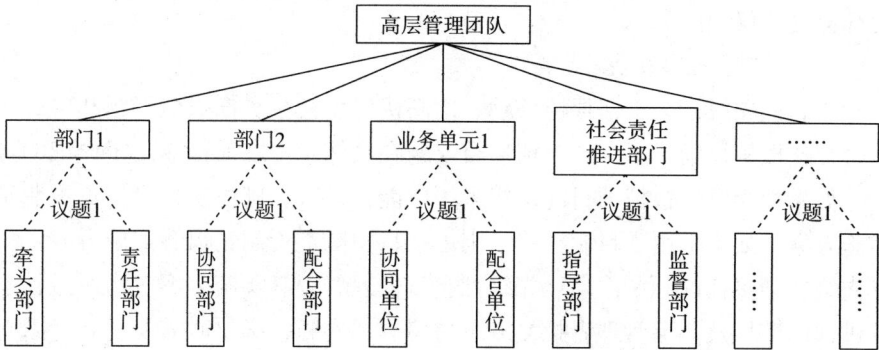

图 6 – 12　企业社会责任根植项目落实的职能化模式

项目制模式指的是企业将落实某项社会责任议题当作一个项目，按照项目化运作的方式对该项社会责任议题进行管理，也即从落实某项社会责任议题所涉及的各部门或业务单元抽调人员共同组成一个项目组，将落实该项社会责任议题的所有任务集中由项目组完成。由此，各社会责任议题项目组与各职能部门或业务单元形成一个矩阵结构，如图 6 – 13 所示。项目制模式不仅能够集中资源对社会责任议题项目形成支撑，而且可以将任务与责任聚焦于项目团队，减少职能化模

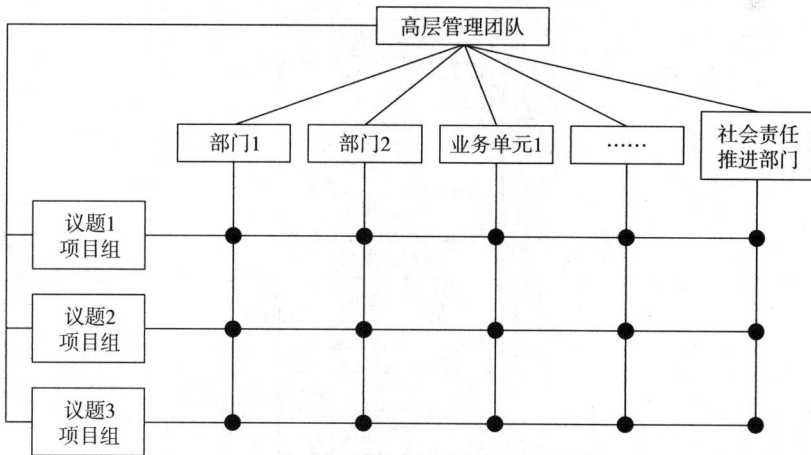

图 6 – 13　企业社会责任根植项目落实的项目制模式

式中的部门间协调，执行效率与资源配置效率都相对会比较高。项目制模式比较适合涉及多个部门或业务单元、重要程度较高、任务较为复杂、资源投入需求较大的社会责任议题。

（二）制定根植项目实施方案

对于高优先级社会责任根植议题、次高优先级社会责任根植议题和中等优先级社会责任根植议题，每一个根植项目议题在具体实施之前都应制定详细的实施方案。如果社会责任根植项目的落实采用职能化模式，则由执行机构负责制定议题实施方案；如果采用项目制模式，则由项目团队负责制定议题实施方案。对于高优先级社会责任议题和次高优先级社会责任议题，其实施方案应当经过社会责任推进部门审核及高层管理者批复方可付诸具体实施，必要时需要召开专家意见征询会及利益相关方沟通会；对于中等优先级社会责任议题，其实施方案应当通过社会责任推进部门的同意并报备高层管理者才可以进入具体实施环节。

一个完整的社会责任议题实施方案应当包括十个方面内容（见图6-14）：背景与意义，主要分析企业实施该社会责任议题的内外部环境，以及实施该社会责任议题对于企业和社会的价值；现状评估，主要是对企业在该社会责任议题上的表现情况进行分析，必要时可对标一流企业在该社会责任议题上的表现；预期目标，主要为企业实施该社会责任议题设置预期目标，可以分解为直接目标和间接目标；基本思路，主要阐述企业实施该社会责任议题需要遵循的指导思想、主要原则及相应的主导逻辑、方式方法；主要任务，主要阐述企业实施该社会责任

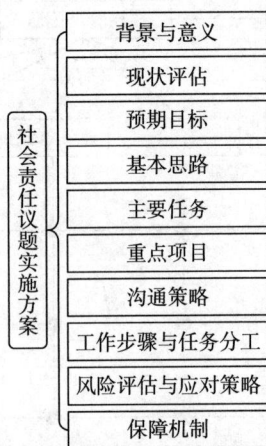

图6-14　企业社会责任根植项目议题实施方案的内容

议题包括哪些内容模块；重点项目，主要设计和策划企业实施该社会责任议题可以重点开展的项目；沟通策略，主要是对企业在实施该社会责任议题过程中的利益相关方沟通方案进行策划；工作步骤与任务分工，主要是对实施该社会责任议题的主要任务和工作内容进行程序设计与时间计划，同时明确每项工作的责任部门或人员、协同部门或人员；风险评估与应对策略，主要是对企业在实施该社会责任议题过程中可能出现的传统风险、社会风险和环境风险进行预判和评估，并提出相应的应对策略；保障机制，主要是对实施该社会责任议题进行深入思考和延伸拓展，分析其中的潜在问题和推进时需注意的关键环节、保障机制，如制度支撑、组织体系、资源保障等。

五、推进社会责任根植项目议题具体实施

企业在制定社会责任议题实施方案之后，即可按照实施方案对社会责任议题进行具体实施。如果社会责任议题的落实采用职能化模式，就需要责任部门或业务单元、协同部门或业务单元、社会责任推进部门等按照部门联动与多方参与的方式，按照任务分工各司其职、相互协同、共同推进。与此同时，在具体执行过程中应充分协调和调动各方资源与优势，保持与利益相关方的沟通，了解利益相关方对社会责任议题实施的意见、建议和诉求。如果社会责任议题的落实采取项目制模式，则应当按照项目管理的规范程序予以实施，将绘制的社会责任议题"蓝图"转变为实实在在的项目实体或可见的载体。社会责任议题项目团队按照实施方案策划的工作步骤、时间进度、工作要求、资源规划等，全面推进项目的各项工作。在这一过程中，社会责任议题项目团队不仅要通过定期或不定期的会议、互联网与通信工具等加强团队成员之间的沟通，而且需要创新与外部利益相关方和社会的沟通方式，增进相互之间的合作，必要时在实施之前就将重要外部利益相关方纳入项目团队，组合联合工作组，提升重要外部利益相关方的参与感和获得感。需要指出的是，社会责任议题项目在实施管理过程中，管理重点不同于传统的"时间—成本—质量"三要素，而是转变成"时间—利益相关方—内外部资源—综合价值"四要素。

六、开展社会责任根植议题实施过程监控

企业对于社会责任根植议题的实施应当遵循动态管理原则，制定常态化的社会责任议题实施过程监控机制，密切跟踪社会责任议题实施的每一个阶段，定期分析社会责任议题实施的进展、成效与问题，并进行修正与改进，确保社会责

议题的实施能够达到预期的目标或实现最好的效果。从监控方法来看，无论是在职能化模式中还是在项目制模式中，都应采取目标监控的方法，即将社会责任议题实施实际进展与所设定的目标进行比较分析。为了实现这一点，需要对社会责任议题实施过程中的管理四要素进行监控，即针对综合价值实现程度的价值监控、针对利益相关方诉求合理满足与关系管理情况的监控、针对内部资源利用与满足程度的资源监控、针对实施进度与时间管理要求的节点监控。如果监控发现，这四要素没有偏离社会责任议题实施方案中设定的预期目标，则按照计划继续行动；否则，就要对设定的预期目标是否合理进行重新审视，如果目标合理，则修正行动，如果目标不合理，则修正目标，并进入下一轮监控循环，如图6-15所示。

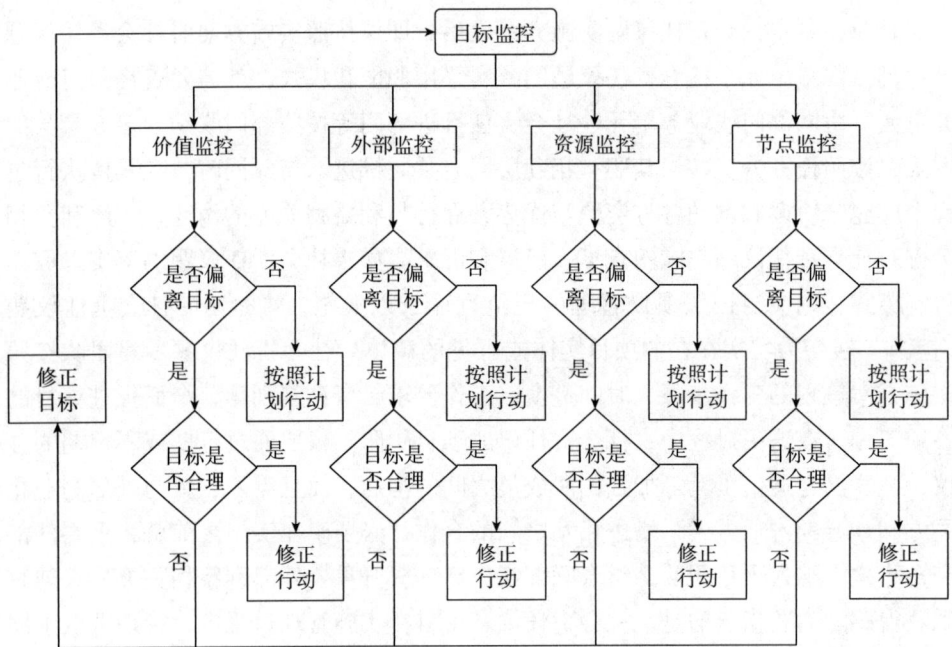

图6-15　企业社会责任根植议题实施过程监控的流程

七、企业社会责任根植项目的绩效评估与经验推广

企业社会责任根植项目的评价工作是指对企业固定时段的企业社会责任的根植项目实施过程及最终结果进行阶段性测评，以利于企业管理者了解企业社会责任根植的效果，即了解组织所实施的社会责任根植项目后的企业社会责任认知理念融入、企业社会责任管理方法手段融入与利益相关方的价值诉求的契合度与满意度的现状，发现企业社会责任根植过程中存在的问题。企业社会责任根植项目的评价是企业社会责任根植项目的基础性工作，评价质量的高低直接影响到组织对于企业社会责任根植项目实施的积极性。企业社会责任根植项目的评价包含评价的视角与层次、评价的内容标准及相应的评估方法选择。

（一）企业社会责任根植评估的视角

从评估视角来看，企业社会责任根植项目的评估需结合两种评估视角：第一，从内部视角来看，内部视角聚焦于开展企业社会责任根植项目的组织内部各个部门与各个成员的自我评价。从内部组织部门与成员个体自我评价来看，其聚焦于根植项目内容是否与组织的内部环境相协调，即是否与组织结构环境、组织资源环境、组织文化环境相协调。组织结构的不协调意味着已有的组织结构未能更好地支持企业社会责任根植项目的过程实施，与企业社会责任根植项目的内容的兼容程度低，意味着组织的职能结构安排、职能部门的设置及人员的配备、职能部门的权限分工与合作方式、操作层的责权利关系、正式组织与非正式组织的联结渠道与根植项目实施所需要的职能结构不相匹配。尤其是企业社会责任根植项目的实施意味着组织结构层面需要设置相应的协调管理岗位使企业社会责任管理根植内容系统能有效地与业务价值创造部门及其他职能管理部门形成有效对接。在企业社会责任根植项目的开展过程中如果未能很好地协调上述要求，则可能导致企业社会责任根植与企业内部组织结构环境的不协调。从组织资源环境来看，组织的资源包括组织的人力资源、物力资源、财务资源，以及与此相关的技术资源、管理资源等条件，企业社会责任根植项目的实施过程也必然伴随着相应的组织资源的支持，如果项目的实施未能与相应所需要的人力资源、物质资源、财务资源及相关的技术资源与管理资源相调整与匹配，则容易造成企业社会责任根植的失败。从组织文化环境来看，意味着组织的文化具有包容性，各种价值观、行为规范、管理理念等诸要素对企业社会责任认知理念的融入具有包容性，最终实现企业社会责任根植项目下的责任型文化的融入。因此，基于内部视角的企业社会责任根植项目的绩效评价更多的是社会责任根植项目中的过程性评价。

第二，从外部视角来看，企业社会责任的根植项目评价意味着基于外部利益相关方的视角与第三方的独立视角审视组织开展企业社会责任根植项目的绩效，是否通过企业社会责任的认知融入、企业社会责任的管理模式融入与企业社会责任的实践方法的融入改变了组织的管理与实践范式，并且契合了组织利益相关方的价值诉求，通过新方法的运用实现了一种解决社会环境问题的新的解决方案，并且切实地让组织的利益相关方能够认同，即对与利益相关方的互动合作情况、利益相关方的满意度和认同情况进行评价。基于外部视角的评价更大程度上是社会责任根植项目的结果性评价。

（二）企业社会责任根植项目的评价内容标准与评价流程

企业社会责任的根植评价的评价主体需要多样化，兼顾不同的评价视角，做到组织自评、组织互评和外部第三方点评相结合。其中，组织自评是内部视角下企业社会责任根植项目的评价，即企业社会责任根植项目是否真正地改进组织成员与组织整体对于企业社会责任的认知状态、是否真正改进了在项目实施过程中运用了企业社会责任的理念与方法从而实现了企业社会责任管理模式与实践方式的创新；而外部视角下着眼于组织实施的企业社会责任根植项目对企业的利益相关方的影响，包括对组织的实质性影响与潜在影响。

1. 企业社会责任根植项目的评价内容

从内部视角来看，企业社会责任根植项目的绩效评价，由于企业社会责任根植的内容包括了企业社会责任的认知根植、企业社会责任管理模式与实践方法根植，因此对于企业社会责任根植项目的评价也应该围绕着上述内容展开。从企业社会责任认知层面来看，应该着重于企业对于履行社会责任的理解，对于企业社会责任内容与方法的感知程度，能够显示企业有什么样的责任感知，从而直接影响对企业社会责任态度的评价，以及是否通过企业社会责任根植项目实现了组织成员与组织整体对于企业社会责任的认知改进，包括对于企业社会责任议题管理的内涵、其他同类型中央企业与国有企业实施企业社会责任的动态的认知与理解。

从企业社会责任融入运营管理与业务价值创造模块的内容评价来看，首先考察企业社会责任根植项目的运营管理模块的社会责任根植性，是否把社会责任理念与工作方法融入组织的战略管理、基础管理、职能管理及专项管理活动，实现全面社会责任管理在企业管理实践中的融合发展；其次是企业社会责任根植项目的组织业务价值创造模块的社会责任根植性，如电网企业在电网规划、建设、运营、检修和营销的价值创造过程中的重点领域与重点环节是否将企业社会责任融入其中，塑造为负责任的规划、负责任的建设、负责任的运行、负责任的检修、负责任的营销。

2. 根植项目评价维度详解

在根植项目的内容的具体评价维度上，主要是基于社会责任根植项目的一般过程而言的，即从根植项目的选题、根植项目的策划与实施、根植项目的实施绩效及根植项目的最终成果五大维度进行评价。其中，一级指标选题维度主要考察根植项目的问题聚焦性、影响深远性及典型特色性；策划维度主要考察根植项目的基于现实性、方案可行性与方法创新性；实施维度主要考察根植项目的执行有力程度及执行到位程度；绩效维度主要考察根植项目的问题解决程度、价值创造程度及变化改进程度；成果推广维度主要考察根植项目的成果丰富程度、成果优秀度及传播广泛度。具体维度与指标权重分值如表6-5所示。

表6-5　企业社会责任根植项目的评价维度

指标	权重细分	分值
选题 (20分)	聚焦问题：专注于解决企业运营过程中或经营环境中存在的某个具体的问题或议题	0~5分
	影响深远：选题涉及企业内外多个利益相关方，选题关注社会的热点问题或契合企业的发展战略	0~10分
	典型特色：所选题目具有较强的地域特色或行业普适性	0~5分
策划 (20分)	基于现实：项目方案的策划有深入的调研、访谈过程，有大量的现实数据和信息做基础	0~5分
	方案可行：项目方案内容简洁、逻辑清晰，手段举措具有很强的可操作性	0~5分
	方法创新：项目方案中根植了明确的社会责任理念、管理方法或工具，具有很强的创新性	0~10分
实施 (20分)	执行有力：项目分工合理，计划严密，有严格的管理程序督促和控制项目的推进	0~10分
	执行到位：项目方案中的思路和举措在执行中得到全面落实	0~10分
绩效 (25分)	问题解决：项目实施有效解决了选题中聚焦的问题；项目给全社会提供了解决问题的新思路、新方法	0~5分
	价值创造：项目实施给企业、利益相关方或整个社会带来增量价值贡献	0~10分
	变化改进：项目给企业的运营方式、员工的工作方式、社会各界的合作方式带来实质性变化和改进	0~10分
成果 (15分)	成果丰富：项目形成了包括总结、案例、多媒体、论文、工具或奖项荣誉等多项成果	0~5分
	成果优秀：文字总结主题明确、逻辑清晰、行文流畅；多媒体成果独具感染力；工具实用性强	0~5分
	广泛传播：项目成果被外界广泛地了解和认可，具备进一步社会传播的条件	0~5分

3. 企业社会责任根植项目评价的等级确定

根据企业社会责任根植项目的评价维度与具体指标，社会责任根植项目评价专家分别给每一个项目打分，然后求平均分，则为项目的最后得分。总分达80分以上（包括80分）的为社会责任根植示范项目；70～80分（包括70分）的为社会责任根植优秀项目；60～70分（包括60分）的为社会责任根植进步项目，低于60分的项目为不合格项目（见表6-6）。

表6-6　企业社会责任根植项目评价得分等级

得分	评价等级
≥80分	社会责任根植示范项目
70～80分	社会责任根植优秀项目
60～70分	社会责任根植进步项目
低于60分	不合格项目

4. 国家电网公司社会责任根植项目的星级评估

（1）评价项目类别。社会责任根植项目的星级评估项目主要分为首创项目、推荐项目、其他项目。其中，首创项目是在国网公司系统没有立项解决过的、涉及重要运营管理问题的、各单位自主创新开展的项目，选题上需聚焦《国家电网公司社会责任根植议题分类参考》的空白领域；推进项目指《国家电网公司社会责任根植推荐项目》中所列的根植项目；其他项目是指复制、创新、推广2014～2016年度已立项并实施的其他社会责任根植项目（已做未推荐项目）。鼓励跨地区、跨专业创新推广社会责任根植项目。

（2）评价项目星级。在星级评价的级别上，社会责任根植项目星级评价采取5星定级方式，按照研究一批、试验一批、推广一批的原则，分为1星、2星、3星、4星、5星五个级别。其中，1星项目指：通过国网宣传部组织的年度立项评审；该项目至少在1个地市级单位完成推广；获得省公司或直属单位专业部门出具的推广意见，国网外联部认定。2星项目指：通过国网宣传部组织的年度立项评审；该项目在1/3或以上地市级单位完成推广；获得省公司或直属单位专业部门出具的推广意见，国网宣传部认定；在省级或公司级媒体上开展宣传报道。3星项目指：通过国网宣传部组织的年度立项评审；该项目在1个省级单位完成推广；获得省公司或直属单位专业部门出具的推广意见，国网宣传部认定；在省级或公司级媒体上开展宣传报道。4星项目指：通过国网宣传部组织的年度立项评审，项目有重大创新；该项目在2个省级单位完成推广；获得相关省公司或直属单位专业部门出具的推广意见，国网宣传部认定；获得公司总部专业部门推荐意见；在中央级媒体和公司级媒体上开展宣传报道。5 星项目指：通过国网宣传部组织的年度立项评审，项目有重大创新；该项目在 5 个或以上省级单位开展推广；获得相关省公司或直属单位专业部门出具的推广意见，国网宣传部认定；获得公司总部专业部门推荐意见；该项目获得公司级或以上管理创新奖项；在中央级媒体和公司级媒体上开展宣传报道。

（3）评价项目的星级评分标准。在星级评价的标准上，按照创新性、实践性、效益性、影响力、规范性五方面打分，满分 100 分，1～3 星项目获得 70 分视为通过评审，4～5 星项目获得 80 分视为通过评审。其中，创新性每个子项按三个层次评价，实践性、效益性、影响力每个子项按两个层次评价，每个层次间相差 5 分，第 5 项直接打分。分值标准如表 6－7 所示。

表 6－7　星级评分标准

1. 创新性 25 分
（1）首创项目满分 25 分，起评分 15 分
（2）推荐项目满分 20 分，起评分 10 分
（3）已做未推荐项目满分 15 分，起评分 5 分
2. 实践性 20 分
（1）示范性满分 10 分，起评分 5 分
（2）可操作性满分 10 分，起评分 5 分
3. 效益性 20 分
（1）工作效果满分 10 分，起评分 5 分
（2）经济效益满分 10 分，起评分 5 分
4. 影响力 20 分
（1）重大创新项目满分 20 分，起评分 15 分
（2）常规创新项目满分 10 分，起评分 5 分
5. 规范性 15 分（格式规范 5 分、文字表述 5 分、辅助材料支撑 5 分）

（4）项目星级评价步骤。立项阶段，每年 4 月底前，国家电网公司发布各单位初步立项结果，并最终确认立项结果。申报核准阶段，每年 10 月 15 日前，各单位按照公司通知要求申报星级评价推荐项目。接到各单位申报材料后 7 个工作日内，答复需补充完善的申报事项。评价定级阶段，每年 10 月底前，国网宣传部受理申报材料后，组织开展星级项目评价工作，并将在《宣传工作月报》中

发布定级结果。最终，社会责任根植项目星级评价工作纳入年度宣传工作考核指标。

（5）根植项目的交流推广。①信息披露。立项评审后，各单位每月要及时报送项目重大进展信息（图文、音视频均可），不仅限于宣传工作月报中报送，随时可以报送。②考评调研。项目实施过程中，国网宣传部将派出专家组对各单位根植项目推进开展调研考评，量化评价项目推进成果；并适时召开推进会，组织公司内部单位和外部专家、媒体等现场参观交流、调研考察。

第七章　企业社会责任根植项目的典型案例

在厘清企业社会责任根植的理论基础与项目实施的一般管理框架后，需要基于案例对企业社会责任根植项目的过程实施进行分析。因此，按照企业社会责任根植的内容模块，将企业社会责任根植分为社会责任认知理念根植的项目探索、模块管理的社会责任根植项目探索、运营业务的社会责任根植探索及企业文化与慈善的社会责任根植项目探索。在企业社会责任认知理念根植项目探索中，选取了社会责任认知理念根植服务理念下的"业扩报装"作为案例进行回顾与分析，以及共享价值理念根植下的"以共享价值理念助推茶区集约化发展——社会责任根植茶区供电服务创新"作为社会责任认知理念的根植项目探索案例；而在模块管理的社会责任根植项目探索中，主要选取了"社会风险的社会化管理——诸暨市供电公司'社会责任根植防外力破坏工作模式创新'根植项目"及"'透明度'建设根植'五大'专业管理根植项目"；在运营业务的社会责任根植探索中，项目案例主要是"社会责任根植业务工作——嘉兴供电公司'不同的工作方式让分布式光伏接入更顺畅'社会责任根植分布式光伏并网服务"和"'四轮驱动'驶入特高压建设'高速路'——社会责任根植特高压建设属地协调工作创新"；在企业文化与慈善的社会责任根植项目探索中，选取了"'红十三爱心社'"筑起永嘉志愿服务新生态——社会责任根植永嘉志愿服务项目及"公益战略联盟'红细胞'在行动——社会责任根植'红细胞'工程公益品牌＋战略联盟"两大社会责任根植项目进行回顾与分析。

第一节　认知理念根植的项目探索

企业社会责任的认知根植意味着将企业社会责任理念如综合价值创造理念、共享共赢理念、平台化履责理念、价值共创共享理念等根植于组织的认知体系之中，这种认知体系从组织结构体系看既包括了各组织层次与部门的认知体系，也包括了组织的运营管理过程中的认知体系。在企业社会责任认知理念根植项目探索中，选取了社会责任理念根植服务理念下的"业扩报装"作为案例进行回顾与分析，以及共享价值理念根植下的"以共享价值理念助推茶区集约化发展——社会责任根植茶区供电服务创新"作为社会责任认知理念的根植项目探索案例。

一、社会责任理念根植服务理念

（一）项目背景

（1）业扩报装：需求不断增长，效率始终低下。杭州萧山是浙江工业重镇，地处中国县域经济最为活跃的长三角南翼，综合实力居浙江各县（市、区）首位，招商引资水平在全省位居前列。2014 年，萧山新落户企业 166 家，招商项目 237 个，2014 年经济增长速度达 8.1%。该区被定为 2016 年 20 国领导人峰会（G20 杭州峰会）和 2022 年亚运会的主场地，成为区域经济发展新引擎。萧山区强大的经济实力和发展潜力为电力市场带来源源不断的电力报装需求基础和扩充机会。2015 年，辖区内新申报业扩项目 1010 个，年增长率近 6%，但是业扩报装效率却始终低下，2014 年平均每个高压项目的完成时长达 102 天。

（2）业扩提速：供电公司直接掌控环节已精益求精，在传统的业扩报装链条中，用户、设计单位、施工单位、供电公司等主体分别对应 9 个业务环节。其中，由供电公司直接掌控的 6 个支撑环节按照能监办所规定的服务时限，每个项目耗时都控制在 30 天以内，而其余的 3 个具体实施环节则由客户自行选择其他市场主体负责，并且这 3 个环节的耗时有着"时间不可控"的特点。客户负责环节耗时偏长是业扩报装周期整体过长的直接原因，2014 年客户控制的 3 个环节平均时长达 83.8 天。据统计，客户在图纸修改、土建、受电工程整改等方面平均要返工 1.8 次。然而，许多客户却仍然认为业扩办电耗时过长是供电公司的责任。

（3）发现问题，分析问题：社会责任根植推动工作思路创新、发现问题的创新。萧山供电公司对业扩报装效率低下进行根因分析。萧山区供电公司对应业扩报装链条，识别出用电业扩报装价值链中的8个利益相关方，即供电公司、客户、设计公司、施工公司、土建公司及电器设备供应商、能监办、媒体等公众。通过现场访谈和问卷调查，使用"问题树"分析、鱼骨因果分析（见图7-1）等方法，寻求这些利益相关方在业扩报装过程中效率受影响的根本原因。

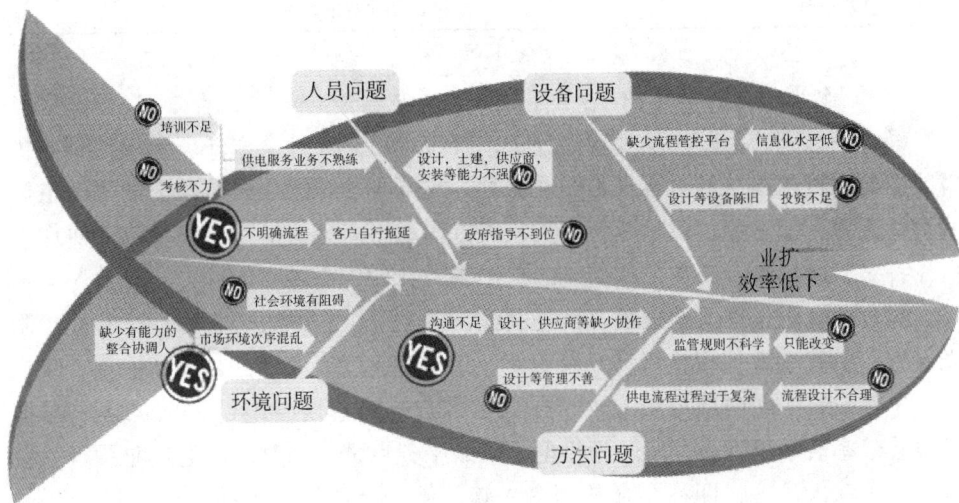

图7-1 问题解析鱼骨图

（二）项目调研

经过项目组调研和后期整理，发现根本原因在于以下三个方面：一是客户不明确流程，导致"跑断腿仍一头雾水"；二是设计方、施工方、供应商等不充分沟通，导致"返工是家常便饭"；三是问题解决者缺位，引出"谁来提供一揽子整体解决方案"的问题。

（三）解决问题的创新

萧山区供电公司提出了"阳光办电，催生可持续业扩生态"，将社会责任理念根植到业扩报装中的项目思路。解决问题的策略是针对客户不明确流程，厘清业扩报装全链条上的每个主体的责任边界，针对业扩供给侧各利益相关方不充分沟通的问题，搭建一个沟通协作平台，针对问题解决者缺位的问题，从单纯提供服务转变为提供整体解决方案，如表7-1所示。

表7-1 萧山区供电公司业扩报装根植项目的解决方案

1. 加强供电业务人员培训	2. 业扩全过程跟踪
3. 提高设计、土建等单位资质	4. 增加政府指导
5. 业扩重要节点信息提示	6. 建立业扩沟通体验式
7. 改变监管规则	8. 提供供电企业业扩专家人才支撑
9. 加强业务人员考核	10. 优化业扩装流程设计
11. 提升利益相关方管理能力	12. 提升业扩报装信息化水平
13. 信息公开透明	14. 提供优能建议

（四）创新举措

经过一系列的头脑风暴和矩阵分析，提出了将企业社会责任理念根植到业扩报装中的项目思路；针对客户不明确流程，厘清了业扩报装全链条上的每个主体的责任边界；针对业扩供给侧各利益相关方沟通不充分，搭建了一个沟通协作平台；针对问题解决者缺位，从单纯的提供服务转变为提供整体解决方案。

通过社会责任理念的根植，推进供电公司业务工作方法的创新，提出了"阳光次方"的社会责任根植行动，萧山区业扩报装时间大大缩短，提高了整个业扩链的工作效率。在内部成效方面，提高了客户的满意度，超过95%的客户对业扩报装效率表示很满意，愿意为供电公司的服务点赞。同时，供电企业履行社会责任意识深入员工，即社会责任理念入脑，供电公司的员工在"阳光次方"的社会责任根植项目创新举措中扩宽了对供电企业履行社会责任的认知，从而提升了工作的履责动力。在外部利益相关方方面，通过将利益相关方参与的社会责任理念融入本次服务理念与流程创新，为企业的外部利益相关方提供了解决问题的整体方案，实现了利益相关方的多重价值创造（见图7-2）。

通过"阳光一次方"行动全过程跟踪实现业扩过程平面效应。通过线下跟踪计划和线上跟踪平台双轨同步，为利益相关方提供定制化的线下全过程实施防范和可视化的线上跟踪方案；通过"阳光二次方"行动，建立365业扩体验室，形成沟通协作平台，为客户、设计方与施工方提供专业方案指导建议，获得高效、协同、互动、整体的效益；通过"阳光三次方"行动，实现公平秤、能效管理等转换角色，实现从价值链单个环节参与者向价值链整合者的转变，推动业扩报装效率提升与社会价值创造的耦合效应，引导利益相关方追求多元化的增量价值，形成业扩自组织生态系统（见图7-3）。总之，通过社会责任理念即利益相关方参与理念的根植，理顺了各利益相关方的关系，催生出可持续的业扩生态（见图7-4）。

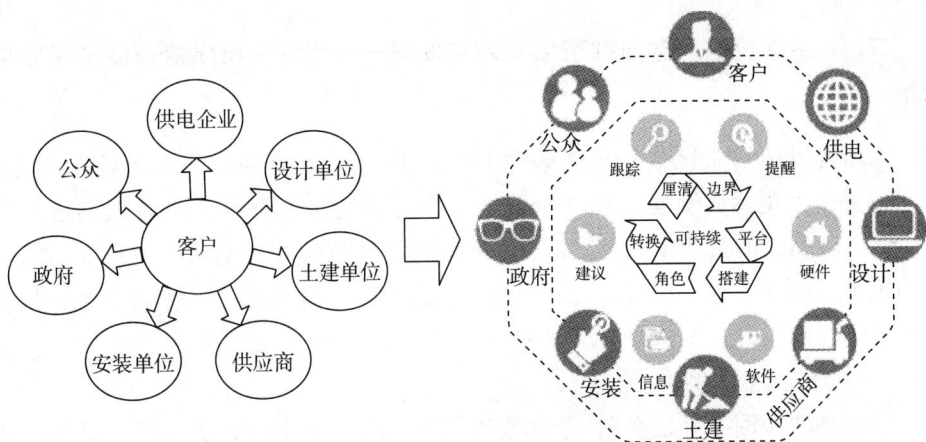

图7-2　萧山供电公司社会责任根植项目的利益相关方识别

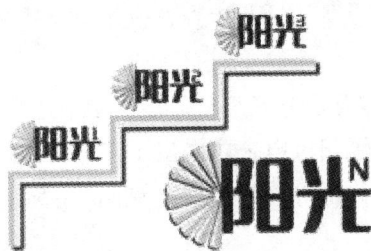

图7-3　萧山供电公司的"阳光次方"根植项目品牌行动

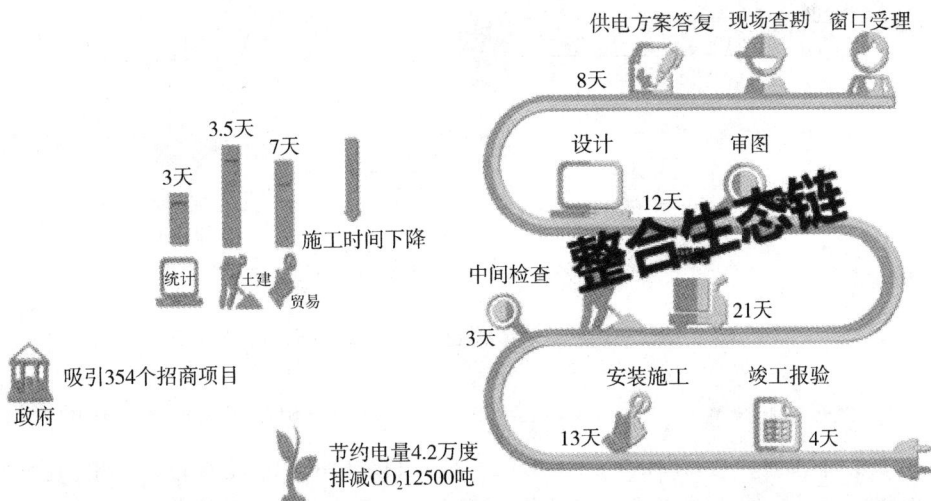

图7-4　萧山供电公司"阳光办电，催生可持续业扩生态"社会责任根植项目的成效

二、以共享价值理念助推茶区集约化发展——社会责任根植茶区供电服务创新

本项目以破解茶区供用电矛盾为目标，首次引入"创造共享价值"理论，将"促进地方集群式发展"和"价值链生产力再定义"两种共享价值创造方法有机融入嵊州市的茶业生产模式的变革创新中，不仅缓解了电网公司自身的供电维护压力，提高了客户和周边社区的用电满意度，也有效促进了嵊州地区的茶业转型升级，真正实现了价值的增值和共享。

（一）根植项目背景

嵊州是"中国茶叶之乡"，茶叶收入是当地农民的主要经济来源。目前共有茶农近20万户，茶园30万亩，每年名茶产量达5万吨以上，产值近20亿元。十几年来，随着产茶业的发展，茶农纷纷扩大种植面积，增购电制茶机。随着电能茶机全面替代传统制茶设备，嵊州市春茶供用电矛盾日益突出。

1. 电网企业供电压力大，投入产出不成正比

嵊州市目前已有10多万台电能茶机，装机功率达50万千瓦以上。为满足不断增长的茶机用电需求，嵊州供电公司做出了多方努力，但是依然面临春茶电力建设投入大、产出小、抢修忙等多重困难（见图7-5），改变茶区供电模式迫在眉睫。

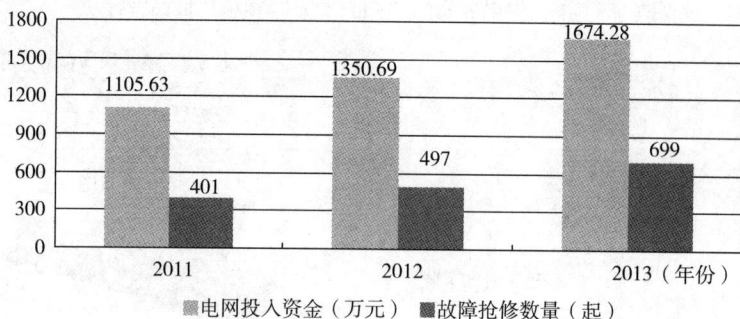

图7-5　项目实施前嵊州市供电公司为茶区供电的投入情况

2. 茶农用电质量低、生产生计受损

由于茶区基本地处山区，处于电网末端，制茶机的无序增长带来用电负荷急剧增大。表计、线路的烧毁导致停电故障时有发生；线路、变压器的过载引起末端电压过低，致使炒茶机温度达不到要求，炒出来的茶叶色泽、外观、质量达不

到要求，严重影响茶农生计。

3. 周边社区用电受累，村民投诉不断

茶机用电造成电压不稳或停电事件也影响了周边居民正常用电，甚至埋下安全隐患。以嵊州市里南乡里西景山村为例，制茶业和丝织业是该村两大经济产业，每到春茶用电季节，经常出现织机户无法生产、日光灯无法启动、电视机成为摆设等状况，村民意见投诉不断。

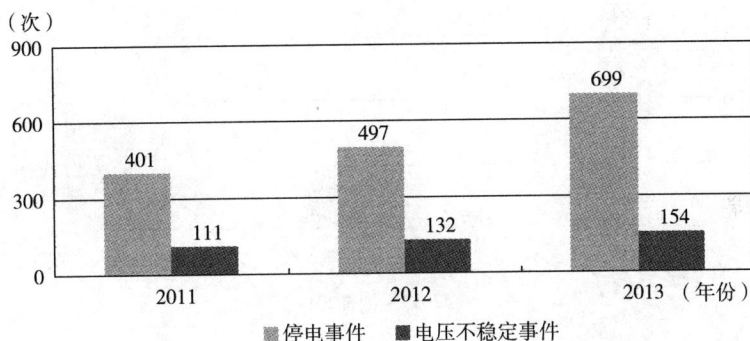

（次）

图 7－6　项目实施前嵊州供电公司茶区供电质量

（二）根植项目的实施

在解决茶区的供电难题的过程中，嵊州供电公司发现位于制茶集聚区的茶农投诉数量明显低于分散偏远地区。从 2014 年开始，公司将推进茶业集聚区建设作为解决茶区供电难题的切入点，从硬件配套和专项服务上为制茶集聚区的建设提供了大量支持。

1. 硬件配套

在茶区电网建设方面，公司在形成结构优化、布局合理、安全可靠的茶区电网基础上，积极鼓励扶持茶叶加工集聚区建设。2014 年共投入 1574.28 万元，配变增容容量 21500KVA，线路改造长度 45.23 公里，推动建成贵门乡玠溪村、崇仁镇应桂岩村等名茶加工集聚区 70 多个。

2. 专项服务

为促进集聚区的形成，嵊州市供电公司切实履行社会职责，在供电服务方面积极采取措施：一是设置集聚区客户经理，实行属地化管理。二是开通业扩报装"绿色通道"，积极提升供电服务效率，确保在最短时间内给用户供上电。三是实施 24 小时值班抢修制度，及时修复用电故障。四是开展特色"情暖茶乡"活动，近距离、面对面向用户进行安全用电宣传。

3. 责任根植的分析与思考

（1）原有举措的优缺点分析。经过一年多的努力，嵊州市已建成名茶加工集聚区70多个。集聚区的建成大大提高了茶农的用电质量，也减轻了电网企业自身的供电与故障维修压力（见图7-7）。

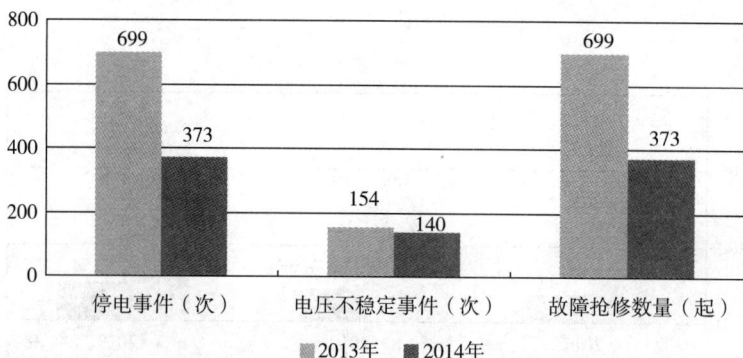

图7-7　茶业集聚区建成后的绩效对比

但是通过对茶叶集聚区的实地考察发现，单纯集中到一个区域的制茶模式面临持续推广的难题，主要体现在以下三个方面：

1）基层政府缺动力。建设茶业集聚区需要当地基层政府提供场地和政策支持，但是对于政府而言，这样的制茶模式和分散制茶相比，仅仅是换了一个地方炒茶而已，并没有额外的社会效益和对政府的贡献，因此基层政府相对缺乏动力持续支持集聚区的建设。

2）偏远茶农增负担。集聚区的建设选点通常以居民较为集中的村社为基础，对于居住地离集聚区较为偏远的茶农而言，对茶机的往返运输是一件费事费力且成本较高的事情。这也在一定程度上影响到茶农参与集聚区建设的积极性。

3）电网企业存风险。每一个制茶集聚区的建成都需要电网公司专门建设相应的变压器，如果集聚区选点不合适，导致大部分茶农距离集聚区较远，则集聚区有可能面临被逐渐废弃的风险，给电网企业带来资源的浪费。

（2）责任根植的核心思考。基于以上情况，责任根植项目组提出一项核心问题：有没有一个可以让多方受益的可持续的制茶模式？在嵊州的制茶产业链中，存在茶农、茶商、地方政府、周边社区等多个利益相关方，如果有一种制茶模式可以让每个利益相关方都能从中受益，则推动这种制茶模式的可持续发展就有了内生的动力和长久的基因。

鉴于以上的思考，项目组尝试将"创造共享价值"这一核心社会责任理念根植到该制茶用电难题的解决思路中。

哈佛大学商学院教授、竞争力策略大师迈克尔·波特指出，所谓创造共享价值，是指一种企业的决策与运营方式，它们在增强企业竞争力之余，还能改善企业所在社区的经济与社会环境。创造共享价值的工作聚焦在找出社会与经济进步之间的关系，并进一步扩展这种关系。

创造共享价值的方法主要包括：重新构想产品与市场、促进地方集群式发展和价值链生产力再定义。在本项目中，项目组将主要考虑以上方法中的后两种。第一，促进地方集群式发展。这意味着茶区要实现可持续的价值共享，应该坚持走集中制茶模式，从供电的角度而言，集中制茶有利于电力设施的集中配套和服务，不仅节约电网企业的运营成本和工作投入，也对茶农的制茶过程提供了更加可靠的电力保障。从产业的角度而言，集中制茶有利于形成规模化的生产，比分散、独立的制茶小作坊更具有技术和成本优势。

但是，单纯的物理集中式制茶并不能带来产业的规模化发展，也存在给偏远茶农增加额外负担等问题，这就需要引入共享价值方法中的另一种——价值链生产力再定义。这意味着，在制茶的全产业链中，需要有各自发挥比较优势的不同的职责分工与合作。茶农可否从炒茶的繁重任务中解脱出来专心种茶，进一步提升茶品的质量？可否有大的茶农从种茶的任务中解脱出来，专心收购茶叶进行集中制茶和出售，提升茶业的规模化生产与品牌价值？可否给茶农学校的先进理念和技术提供更多的发挥空间，从整体上提升嵊州地区的茶叶品质，进而给当地带来更大的产业优势和社会效益？

带着这些问题，项目组对现有的制茶聚居区做了更深入的剖析，发现贵门乡玠溪村创办形成的一个制茶集聚区符合一定的共享价值理念。该集聚区是由原来的几位茶农大户合伙创办，他们从小的茶农手中购买粗茶，邀请炒茶高手在其生产区内集中制茶并集中销售给下游产业链的茶商。该集聚点还与当地的茶农学校合作，引进先进的炒茶技术，培育上游茶农的种植技能，茶叶品质逐步提升，得到了下游茶商的高度认可和持续合作的机会。

4. 基于共享价值的制茶模式比较研究

在本项目实施之初，嵊州地区单纯物理集中的制茶模式共有 72 个，我们称之为"集聚模式"；类似玠溪村的制茶模式有 1 个，我们称之为"集约模式"；此外还有上万户依旧散落在乡间的分散制茶模式（见图 7 – 8）。为了进一步论证玠溪村的集约模式的价值优势，项目组对三种制茶模式进行了问卷调查和深入的比较研究。

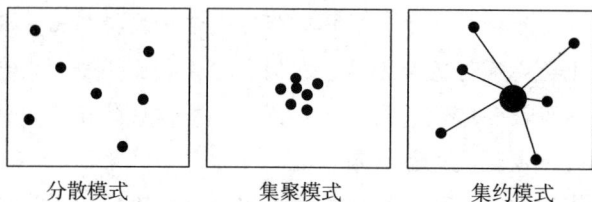

图7-8 制茶的几种模式

（1）调查范围。本次调查共计走访30位茶农，其中分散制茶的有12户，在集聚区制茶的13户，曾经制茶现在不制茶（即转为集约模式）的茶农4户，另有茶农大户1户，分别代表了三种制茶模式所涉及的不同的茶农类型（见图7-9）。

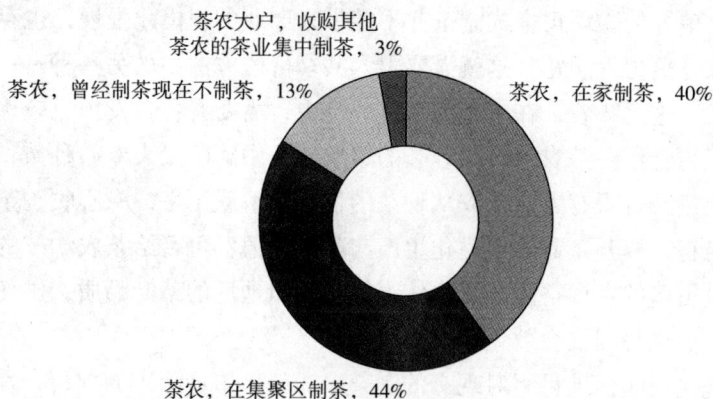

图7-9 本项目调查的茶农类型和比例

（2）对比分析。项目组从三种模式的用电体验、集聚模式和集约模式的优缺点及总体的生活满意度等方面展开访问，调查结论分别如下：

1）用电体验对比。对"您（曾经）在制茶过程中的用电体验"的调查显示，分散制茶发生停电和电压不稳的情况要明显多于集中制茶，说明集聚模式和集约模式下茶农的用电体验会更好（见图7-10）。

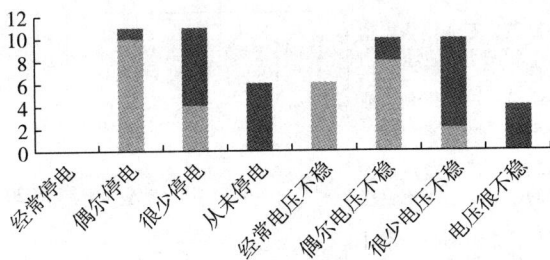

■集中制茶（集聚区制茶、茶农大户）　▨分散制茶（在家制茶、曾经制茶现在不制茶）

图7-10　分散制茶和集中制茶的用电体验对比结果

2）集聚模式的优缺点分析。对"您觉得在集聚区制茶和在家制茶，有哪些不同"的调查显示，绝大部分人认同集中制茶用电更稳定、茶品质量更好，但也有43%以上的人认为集中制茶来回奔波工作很辛苦。正是这样的原因，导致个别制茶集聚点在建成之后又慢慢废弃，不仅没能让茶农从中受益，也浪费了电网公司配套建设的专变设备（见图7-11）。

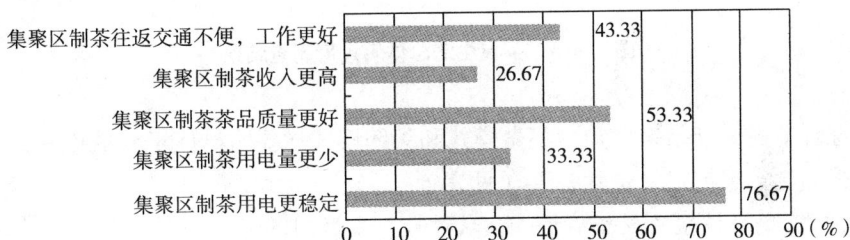

图7-11　集聚模式相比分散模式的优缺点调查结果

3）集约模式的优缺点分析。对"您觉得只种茶不制茶和在集聚区制茶，有哪些不同"的调查显示，绝大部分茶农认同集约模式下只种茶不炒茶的工作方式更轻松，同时可以专注于种植茶业也有助于提升茶业的品质。但对于收入是否会提高还存在一定的分歧，同时有36%的茶农还担心专心种茶不制茶，茶业销售渠道会受制于人（见图7-12）。

4）总体满意度对比。对"您对当前茶业生产状况和生活状况的总体满意程度如何"的调查显示，转为集约模式下的茶农的满意度普遍较高，分散制茶的满意度最低，集聚模式下的茶农的满意度在"比较满意"和"不太满意"方面各占一半（见图7-13）。

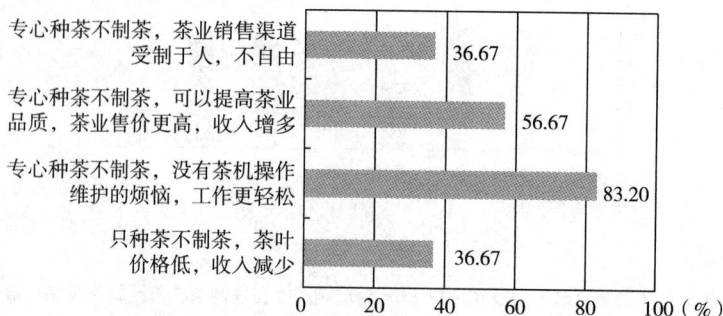

图 7 - 12   集约模式相比集聚模式的优缺点调查结果

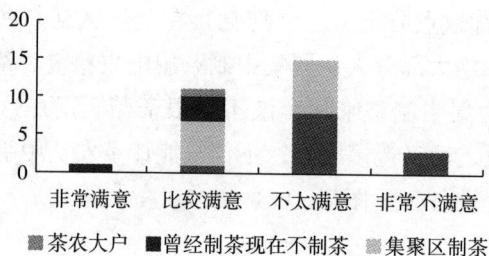

图 7 - 13   茶农生活总体满意度调查结果

综合上述调查结果可知，集聚模式和集约模式均要明显优于分散模式，而集约模式相比集聚模式又更胜一筹（见表 7 - 2）。

（三）项目根植的创新举措——从分散、集聚到集约

经过对嵊州地区制茶模式的比较分析，项目组认定以玠溪为代表的"集约模式"更符合共享价值理念，可以让茶农、茶商、茶叶学校、基层政府及电网企业都能够从中受益，具有持续推广的价值和意义。在后续的推广过程中，电网企业的工作策略和举措也发生了以下转变：

表 7 - 2   三种制茶模式的价值对比

	分散模式	集聚模式	集约模式
模式特征	茶农在自家制茶	茶农集中到村委设立的集聚区制茶	茶农大户牵头，由专业制茶师制茶，其他茶农仅种茶

		分散模式	集聚模式	集约模式
各方价值	茶农	在自家制茶相对方便，但受制于线路供电负荷，容易发生停电等问题	到集聚区集中制茶会增加茶农来回奔波的成本，但用电方面更稳定可靠	茶农从制茶中解脱出来，专门负责种茶，工作更轻松；茶农大户专门收购茶业，专业制茶，更利于规模化发展
	茶农社区	社区用电也容易受到分散茶农制茶的影响	社区用电不受集中制茶的影响	社区用电不受集中制茶的影响，茶业规模化有利于提高当地社区的就业
	电网企业	分散供电压力大，故障多，投诉多	集中供电压力小，故障少，投诉少	集中供电压力小，故障少，投诉少
	社会附加值	无	无	分工明细，各司其职，茶业品质更高，有助于当地茶业的规模化、精细化和品牌化发展
可能风险		茶业质量受损、停电事故、安全事故	茶农受地理因素影响不愿到集聚区，造成集聚区电力设备的资源浪费	茶农仅卖茶业不制茶，收入是否会降低不确定；茶农大户经营不善可能影响上游茶农的收益
总体满意度		低	较高	很高

1. 电网企业主导→电网企业推动+政府主导+多方参与

在责任根植之前，制茶集聚区的建设主要是为了解决电茶机的供电矛盾，电网企业是主要的受益方，因此是电网企业在主导制茶集聚区的建设。经过思考与分析，电网企业开始转变自身角色，将解决茶区供电矛盾的问题融入嵊州市产业转型升级的大背景中，挖掘茶业集约化发展对每个利益相关方的价值，以社会表达和价值沟通为策略凝聚各方力量谋求共同利益，形成"电网企业推动+政府主导+多方参与"促进嵊州茶区集约化发展的新局面（见表7-3）。

2. 盲目粗放→科学精准

在责任根植之前，嵊州供电公司在推动制茶集聚区的建设方面相对被动和盲目，更多是从行政边界和当地村委的需要出发选址建点，个别集聚区由于后期使用不便甚至面临被废弃的情况。经过对项目的思考和分析，嵊州供电公司尝试利用电力大数据，从集聚点的选址和茶农大户的培育等各方面为政府提供信息依据，促进决策的科学和精准。

表7-3　利益相关方在茶区集约化发展中的价值与责任一览

利益相关方	价值诉求	相关责任和举措
地方政府	制茶产业转型升级 茶农居民收入增长 地区经济总量增长 生态环境改善	为制茶集聚点建设提供场地和政策支持,动员各利益相关方参与茶区集约化建设; 项目实施以来,政府制定12家茶业集聚点建设规划
茶农大户	扩大生产规模 提升制茶品质 增加制茶收入	结合自身力量和发展预期建立制茶集聚点,成为茶区集约化发展的星星之火; 项目实施以来,共有4位茶农大户转为集约模式的制茶
普通茶农	增加种茶收入 减轻劳动负担 提高生活水平	结合自身条件和意愿,适时转变身份,放弃炒茶专心种茶,提高初茶品质; 项目实施以来,共有500余名茶农改炒茶为专心种茶
茶业学校	专业技能得到发挥 提升茶业品质	为制茶集聚点提供炒茶技术培训,为茶农提供茶叶种植的技术培训; 项目实施以来,共开展培训和比赛6次,参与茶农达1500余人
玠溪集聚点	打造龙头企业 提高社会影响力 形成品牌效应	建成玠溪示范基地,为茶区集约化发展提供研究、参观和交流的平台; 项目实施以来,玠溪示范基地共接受5批次不同地区茶农的考察和参观,共计接待茶农茶商200余人
下游茶商	提升茶叶品质 降低购茶成本	支持对集聚点的茶叶采购,以价格和订单为杠杆督促茶叶的品质提升
电网企业	减轻供电压力 减少故障维修和投诉	为茶区集约化发展提供电力设施配套和优质的供电服务,协助推动政府及各方参与茶区集约化的建设; 项目实施以来,公司投资1807万元,新增53个村级配变台区,增容改造128个村级变台区

（1）基于茶农意愿和用电信息科学布局集聚区选址。对30位茶农的访谈调研显示,绝大部分茶农可接受的茶业集聚区最远距离为2公里,相对可接受的最远距离为5公里。基于这个范围,本项目综合茶农地理分布、电力线路、负荷要求等各方面数据,从既便于茶农和社区用电,又便于电网企业供电等角度出发,开展集聚区的地理规划,科学设定出嵊州首批12个茶业集聚点及其具体位置,为后续的模式推广工作提供决策参考。

（2）基于电力大数据筛选"集约模式"的潜在大户。根据供电企业掌握的茶农大户们的用电量、茶机数量、电力缴费诚信等电力信息，从首批设定的 12 个茶区集聚点筛选具备一定条件和品格资质的 12 位茶农大户作为发展为"集约模式"的潜在大户，制成用户清单提交地方政府供模式推广时的决策参考（见表 7 -4）。

表 7 -4　"玠溪"模式的潜在大户清单

序号	地点	用户名称	2015 年 3 ~ 6 月电量	茶机数量
1	贵门乡上坞山村	钱兴苗	3394	7
2	贵门乡玠溪村	郑荣才	29172	38
3	里南乡西景山村	张平锋	23865	9
4	通源乡通源村	黄永仁	5400	5
5	通源乡长坑村	李仲金	2384	5
6	仙岩镇舜皇山村	过军良	4619	7
7	下王镇泉岗村	俞芳华	7856	8
8	北漳镇张坞婆村	单国军	10086	15
9	竹溪乡竹溪村	马仲元	3958	5
10	谷来镇马溪村	马孟娟	6825	8
11	崇仁镇应桂岩村	陈国仁	39804	20
12	崇仁镇长龙岗村	应良永	17188	6

3．工作表达→社会表达

在责任根植之前，嵊州供电公司对制茶集聚区的推广宣传更多是从供电的角度出发，缺乏对集中制茶的社会价值的挖掘和传播。项目实施以来，为有效推动地方政府及各方支持茶区集约化发展，项目组将不同制茶模式的比较研究成果制作成宣传手册、新闻报道及政府简报，充分挖掘和表达集约模式下的制茶方式的社会价值与环境价值，形成全社会支持和参与茶区集约化发展的良好氛围。

（四）根植项目成效

1．减轻了电网企业的供电与运维压力，公司效益提升

通过促进茶区集约化发展，实现生产供电和生活供电分离，使电网公司能够集中资源力量保障茶区的生产供电，大大降低了电网投资成本和运维工作量。同时，逐步改善的供电质量也恢复了茶农对茶机电能替代的信心，有效保障了公司的经营效益（见表 7 -5）。

表 7 - 5   项目实施前后嵊州供电公司供电运维压力变化

指标	单位	项目实施前	项目实施后
配变增容容量	KVA	21500	19800
故障抢修数量	起	373	267
客户投诉	起	16	9

2. 保障了各利益相关方的用电质量，客户满意度提高

推进茶区集约化发展改变了供电模式，降低了停电故障和低电压事件的发生率，确保茶业生产用电的电力设施和电力负荷有保障，茶农生活用电不受生产影响。春茶保供电也成为公司特色服务品牌，先后被评为浙江省电力公司"供电服务品牌30佳"和嵊州市行风建设十大亮点（见表 7 - 6）。

表 7 - 6   项目实施前后供电质量提升和客户满意度对比

指标	单位	项目实施前	项目实施后
抢修到达现场时间	分钟	37.19	31.32
平均修复时间	分钟	103.72	83.51
客户满意度	%	92	98

3. 促进茶区转型升级，社会经济综合效益最大化

通过促进茶区集约化发展，形成产业化生产模式，实现了电力、设备、茶叶、人力和技术资源的最优利用，茶区的茶业品质得到提升并实现品牌化发展。此外，茶区集约化发展提高了茶机的利用效率，降低了茶区的能耗水平，实现了茶区的无烟低耗，整个茶区的社会、经济、环境效益最大化（见表 7 - 7）。

表 7 - 7   项目实施前后的社会、经济与环境效益

指标	单位	项目实施前	项目实施后
集聚模式数量	个	72	68
集约模式数量	个	1	5
茶农制茶成本（以玤溪为例）	元/年	201720.76	149820.68
茶农制茶能耗（以玤溪为例）	度	71045	69435
茶农年均收入（以玤溪为例）	万元	3	3.5

第二节　模块管理的根植项目探索

模块管理的企业社会责任根植项目探索即意味着通过企业社会责任的管理方法和模式与自身管理模块的结合，将企业社会责任的科学管理模式导入与融入到组织的管理体系之中。模块管理主要选取了"社会风险的社会化管理——诸暨市供电公司'社会责任根植防外力破坏工作模式创新'根植项目"及"'透明度'建设根植'五大'专业管理根植项目"。

一、社会风险的社会化管理——诸暨市供电公司"社会责任根植防外力破坏工作模式创新"根植项目

（一）根植项目背景

电网在运行过程中，无时无刻不暴露在风险之中，任何一项风险因素，大到雷暴、台风，小到一块塑料薄膜、一个鸟窝都有可能影响到电力系统稳定，造成大面积停电等严重后果，损害客户、企业和社会公共利益。在这些风险中，有很大部分来自周边社区带来的人为风险，也就是社会风险。近三年来，绍兴地区各级输电线路发生因人为因素引发的电网跳闸事故多达24起，给社会经济带来严重损害。在对这些风险的控制中，有些风险甚至逐年上升，反映出公司在对电网安全运行的社会风险管控上没有取得明显的进展，亟须创新工作模式，形成对社会风险的有效管控。2014年，宁东—浙江±800千伏特高压直流工程（简称灵绍特高压）绍兴换流站落户诸暨。灵绍特高压是国家"加快推进大气污染防治行动计划12条重点输电通道建设"项目，也是诸暨有史以来最大的电力建设工程。建成投运后，年外送电量可达500亿千瓦时，能满足7个诸暨的用电量，为诸暨乃至浙江省的长远发展提供了坚强的电力保障。本工程在2016年8月实现投产运行。投运后的特高压工程同样面临诸多社会风险的困扰，而特高压工程牵涉的利益相关方众多，一旦发生故障引起跳闸，将带来更大范围的影响和损失，不仅有碍经济社会发展，也会给特高压品牌带来严重伤害。为此，本项目尝试以灵绍特高压诸暨段为试点，从社会责任角度对影响电网安全运行的社会风险防控进行理念与模式创新，从根本上减少和避免社会风险的发生，为特高压工程的安全稳定运行保驾护航。

（二）问题解剖

为应对电网运行中的社会风险，绍兴供电公司做出了众多的努力，包括建立三级五控防御系统，开展大范围的电力安全宣传，实施人防、技防与群防的工作创新。然而，经过对涉及公司内部工作人员、社会公众的访谈了解，管理中还存在以下一些问题：

（1）一线的巡线员工作负担过重。随着公司电网工程不断建设，一线巡线人员的工作负担日益加重。据了解，目前在绍兴地区，平均一个巡线人员要负责100公里（访谈中的数据，待确认）的巡线任务。而影响电网安全运行的社会风险无时无刻都有可能发生，这样广的范围内仅仅依靠巡线人员很难发现、甄别和解决问题，必须建立主动预防和全民参与的工作机制，从根源上减少风险的发生，同时整合更多的社会资源，实现对风险的共防共管。

（2）当前管理以被动防御为主。公司建立了防外力破坏的三级预警机制，对影响电网安全的诸多社会风险进行了等级划分，对处于不同情景下的风险设置不同的应对等级。这样的差异化管理方法在一定程度上提高了管理的效能。但从根本上看，这种管理仍然是一种被动防御的思维，即被动等待风险出现、发展，然后给予不同的应对策略，忽略了对风险的主动预防。应在风险出现之前就开展相应的工作，确保将风险消除在萌芽之中，减轻后续工作的负担。

（3）公众宣传的效果有待改进。电网安全运行的社会风险管理很大程度上依赖于周边居民的风险意识和防范能力。为提高公众的电力安全意识，公司将电力安全知识教育作为常规工作，每年组织开展多次电力进社区、进校园、进工地、进乡村的宣传活动。这种大量人力、物力的宣传工作的成效到底如何，有多少居民接收到公司发出的信息，有多少居民认真将这些知识落实到自己的日常行为中，这些问题都有待深入调查、分析并做出改进。

（4）线路保护的群防机制尚需完善。公司正在尝试建立线路保护的群防机制，在部分供电所试点了群众义务护线员制度，开展义务护线知识培训，指导护线员开展护线工作，建立群众护线工作台账和信息报送制度，对群众护线员落实激励机制。这样的做法在一定程度上提高了输配电线路的运行质量，营造保护电力设施人人有责的良好氛围。但是，群众护线是公司提前寻找确定相关的人员参与到护线员的队伍中，这样的比例相对有限，广大社会公众并没有被纳入主动成为护线员的工作机制中。

（三）根植创新举措

对于电网运行中的社会风险，应当用社会化的管理理念与模式进行管控，具体体现在：基于社会视角重新认识风险，运用社会表达理念传播风险，引入社会参与管理风险，从而实现对电网外力破坏从被动防御向主动预防的转变（见图 7 –14）。

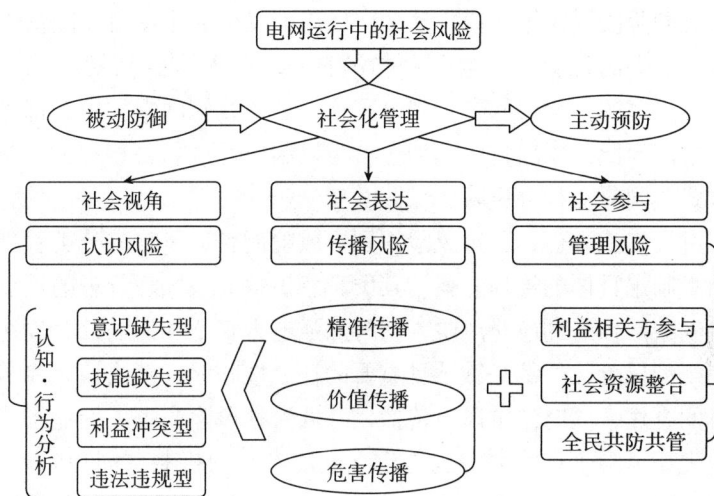

图 7 –14　项目总体思路

（1）基于社会视角，构架全新的风险认知框架。在公司惯常的管理语境中，对于因外部人为因素导致的电网故障统称为外力破坏。这样的称谓是单方面的仅从电网公司的视角出发所建立的认知，缺乏对导致电网故障的这些社会人为因素自身的特性、认知、行为动机的分析。为什么他们会产生这样的风险行为？他们的意图是什么？诉求是什么？只有在充分了解构成风险的外部利益相关方的认知行为特征的基础上，才能更好地有针对性、有策略地应对这些风险。因此，本项目将首先根植外部视野，站在社会的视角审视风险当事人的认知与行为，将社会风险划分为意识缺失型、技能缺失型、利益冲突型和违法违规型四大类（详见下文）。

（2）运用社会表达，实施全新的风险传播策略。在以往的电力安全知识宣传中，公司更多是从电网自身的安全出发，从电网公司的惯常语境和沟通方式出发去设计宣传的内容和宣传的渠道，忽略了受众对这些宣传到底是如何反应，是否进入其心智和行为中，什么样的内容是他们最感兴趣的，什么样的内容是可以达成双方共识的，如何尽可能让最可能制造风险的人了解到风险的存在和防范知识……只有做到这样，风险传播才能真正有效，才能让风险从根本上得到防范。

因此，本项目将运用社会表达的理念，从精准传播、价值传播和危害传播三个方面制定风险传播策略。

（3）引入社会参与，建立全新的风险管理模式。对于防外力破坏，公司也曾引入群众护线员、地方政府等外部力量。但是这样的外部参与相对有限，且大都处于被动防御阶段。对于如何主动预防风险的发生，主动将风险消除在萌芽状态，如何让更广大的社会公众参与到与其自身行为和利益密切相关的风险管理中，如何发动更多的社会资源参与到电网这一公共设施的保护中，都需要更强有力的外部参与。为此，本项目引入社会参与机制，通过利益相关方参与、全民共防共管等方式共同应对社会风险。

在根植过程实施方面，通过风险识别、风险调查、风险的分类管理对每一项社会风险因素制定具体的管理方案。其中，意识缺失型风险管理的重点是建立全民参与的机制共同预防和应对风险，同时加强电力安全知识的社会表达与精准传播；违法违规型风险往往都是敏感且重要的社会性问题，解决该风险需要加强与政府和媒体的合作，同时注重风险传播，降低潜在风险当事人的违法违规行为动机；技能缺失型风险管理的关键也是建立全民参与的机制共同预防和应对风险，加强电力安全知识的社会表达与精准传播，以及提高风险当事人的风险防范技能；对于利益冲突型风险，其核心是利益问题，应该尽可能围绕利益冲突点，创新思维、理念和做法，寻找以不损害当事人利益为前提的替代方案，将风险从根本上消除或减轻，减少这类风险的发生概率。

（四）根植成效

（1）特高压运行中的社会风险得到有效控制。项目实施期间，确保特高压运行相关的所有风险都能得到充分识别和有效管理，不发生有关特高压运行的社会风险事故，或事故发生率明显低于其他线路段。

（2）特高压周边利益相关方风险意识和认同感提升。项目实施期间，特高压周边居民对风险的认识和管理能力得到显著提升，形成全民参与风险管理的良好局面，社会公众对电网公司的认同感及特高压品牌的认同感得到进一步提升。

（3）带来公司风险管理思维和方法的改进。项目实施期间，公司通过引入一套科学、系统的社会化管理思维和方法，促进公司业务和工作模式的改进，进一步提升公司的管理水平，并将这套管理方法复制运用到其他的工作领域，发挥更大的社会价值。

二、"透明度"建设根植"五大"专业管理根植项目

探索开展集供电服务知情权、监督权、参与权三个维度的"透明度"根植，持续根植"三集五大"核心业务，完善组织机构，深入分析多维责任价值，总结提炼"透明工作法"，引入"光合作用"原理，构建透明度建设管理通用模型，系统设计构建全面社会责任管理逐步推进的方式。

（一）根植立项背景

（1）满足苏州地方发展新要求。苏州电力客户体量巨大，外资高新企业多，居民生活水平较高，"绿色苏州"建设等地区经济社会发展的转型升级有序推进，社会对电力供应的需求大且要求高。公司深刻理解这种基础性国企的全局特征，主动要求承担更多的社会责任，推动各专业积极回应外部利益相关方诉求。

（2）探索企业管理提升新路径。2013年，苏州公司以"透明度建设"为切入点优化提升营销服务，形成了社会责任管理营销服务典型模式。为了进一步深化"15333"工程内涵，公司需要构建持续推动并服务社会责任管理融入核心业务工作、日常运营和管理的全面社会责任管理机制，推动企业识别管理软肋，剔除糅杂环节，进一步提升工作效率和效果。

（3）顺应新媒体时代发展新趋势。移动互联网、新媒体发展与普及，社会大众对获取信息的主动性和目的性更强，自由的表达空间把对公众体验的尊重上升到一个前所未有的高度。作为提供电能的公用事业型企业，苏州公司必须要抓住社会发展的时代特征，主动增加企业运营的透明度，满足外部社会对信息的不同需求，回应公众对供电企业的多维感知。

（二）根植项目的实施过程

将透明度建设与电网企业实际情况相结合，整体规划、统筹兼顾，从利益相关方角度挖掘透明建设的理论依据和多维价值，并通过循序渐进的"滴入式"管理融合机制，不断强化组织领导，提升履责能力和促进部门融入，持续完善公司全面社会责任管理拼图，系统提升责任竞争力。

1. 总结透明度建设的通用模式

（1）七彩价值分析。总结透明度建设的多维价值解读，积极引导企业追求经济、社会、生态等多维度绩效，而不是简单财务绩效，以透明度建设为契机，努力实现多维价值战略（见图7-15）。

（2）透明工作法（见图7-16）。一是找准履责出发点。为满足利益相关方的知情权、参与权和监督权，公司以更加真诚的态度和行动主动对外披露信息并接受外部监督和参与，以提高公司运营效率和提升外部认可度。二是梳理三级透明点。梳理必须透明、应该透明和愿景透明三个层级。制定利益相关方分析表、

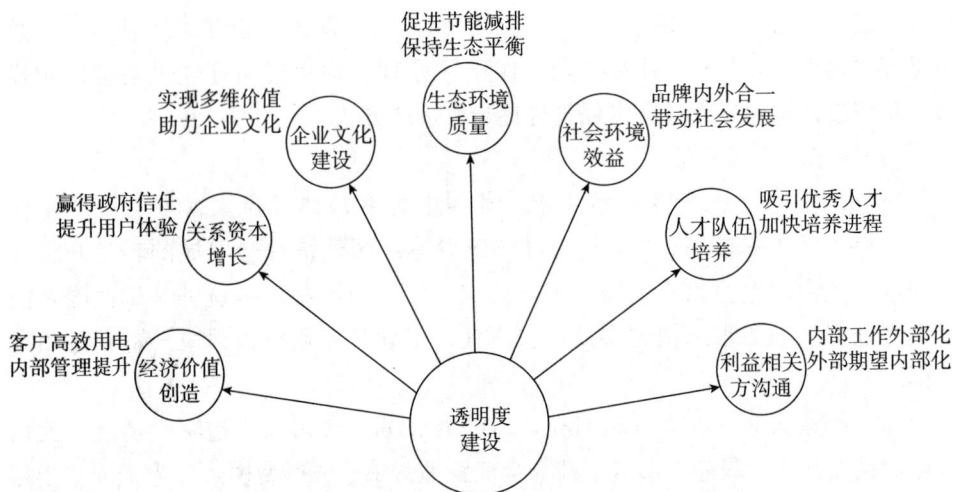

图 7-15　苏州供电公司透明度建设七彩价值分析

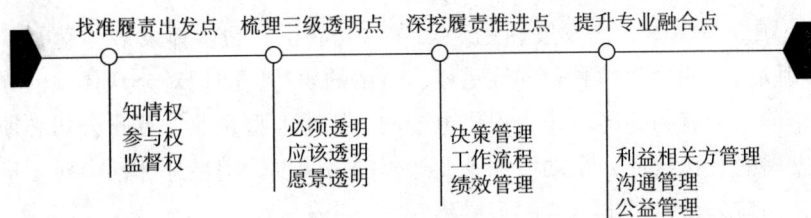

图 7-16　苏州供电公司"透明工作法"

工作流程透明度梳理表，明晰各环节涉及的利益相关方和对应不同层级的透明内容、透明方式、透明语言和目前成效。三是深挖履责推进点。在决策管理中，融入决策全过程，充分考虑利益相关方诉求；在工作流程中，融入流程管理全过程，新增与利益相关方互动交流的透明环节；在绩效管理中，探索建立企业整体、各部门、各单位及各岗位的社会责任绩效管理体系。四是提升专业融合点。以更加透明、便捷的沟通为目标，系统开展利益相关方管理、沟通管理及公益管理三类专项管理提升。建立健全利益相关方管理体系，识别、分类公司利益相关方，探索不同利益相关方的管理机制和管理程序。将各个平台接收的利益相关方诉求进行整合，全程监控诉求处理过程，形成一套利益相关方分类管理和系统化、制度化、结构化和规范化的沟通管理机制。

（3）开展项目制阶段性评价。制定项目制考核目标、管理措施，通过对

"五大"部门走访、座谈、个别征求意见等形式，以问题导向、价值导向和结果导向对社会责任项目制进展情况按季度开展阶段性评价。一方面，完善各专业利益相关方评价表，建立全方位感知评价决策体系，并以此开展项目评价；另一方面，运用"透明工作法"，对"五大"体系现有规章制度、工作流程、执行评价中"透明度"提升情况开展评估。

（4）推进利益相关方全方位感知决策体系建设。借助"亲情电力云服务平台"，开展感知决策体系深化应用。一方面，构建社区联络员、社区客户经理、韩克勤共产党员服务队、公司决策层四级的利益相关方感知评价机制，对外部信息进行感知、评价和处理。另一方面，制定信息分级表和流转规程。Ⅰ级信息是指信息紧急程度高、影响重大的信息，如突发性重大事件、涉及公司形象和发展的重大事件，需立即上报公司决策层；Ⅱ级信息是指不紧急、影响力有限的事件，如故障维修、疑难解答类的常规信息。由队员（按服务专长的优先权）领取并解决。

2. 建立社会责任管理的组织架构

（1）结合"五大"重点部门职能，成立了由社会责任领导部门和执行部门构成的两级组织架构。成立透明度建设领导小组和透明度建设工作办公室。领导小组负责透明度建设工作的内外部协调工作，制定苏州公司社会责任战略，确定各项子工作的负责人，并负责研究制定透明度建设工作的公司内部评估。透明度建设工作小组是透明度建设领导小组的下级机构，由办公室社会责任专职负责牵头，"五大"重点部门各出一名专职构成，负责具体工作的展开和落实（见图7-17）。公司制定了"社会责任月度推进会"制度，引进与用户接触频繁的基层班组长，召集五大部门共同进行月度回顾、部门协调沟通、主题讨论、专项讨论，实现对社会责任管理融入部门的有效推动，解决透明度建设"谁来做"的问题。

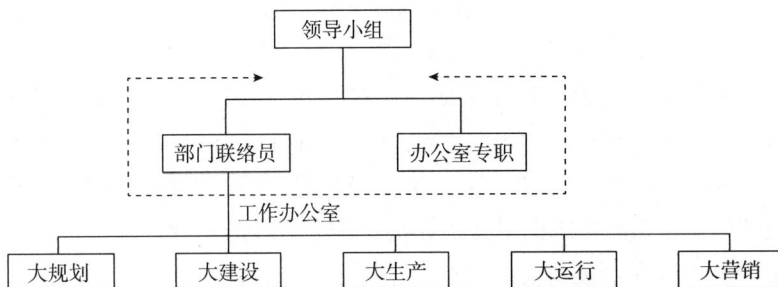

图7-17 苏州供电公司社会责任管理组织架构

（2）进行履责理念导入的全方位培训。以全方位培训导入履责理念。坚持理念先导，把持续探索、宣贯、检验和完善科学的企业社会责任观作为起点、前提和指导，推动公司上下树立科学的企业社会责任观，深入探索科学的企业社会责任实践方式（见图7-18）。

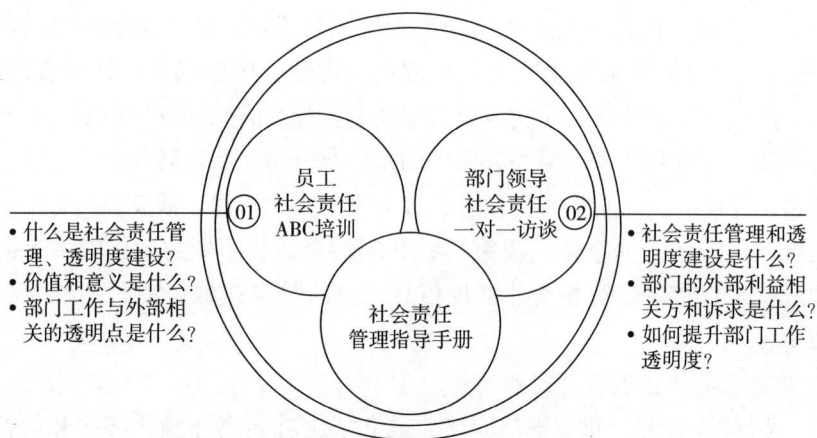

图7-18　全方位的社会责任理念导入

一是开展员工社会责任培训。选拔内部优秀履责讲师为五大部门工作人员进行员工社会责任培训，从宣贯社会责任基础知识到深入学习社会责任专题，再到互动式体验培训，帮助员工识别日常工作的外部价值，传播"透明度"建设的理念和工作方法，实现理念带动实践。

二是开展部门领导一对一访谈。对五大部门负责人进行一对一访谈。通过深入的交流，明晰社会责任管理和透明度建设的内涵外延，并分析部门工作的外部利益相关方及其诉求，探讨如何通过改进部门工作、提高部门透明度来回应外部期待。

三是制定社会责任管理指导手册。编制针对员工的《社会责任管理指导手册》，详细、系统地对社会责任的定义、价值、误区进行解释，对国家电网社会责任管理的核心内容进行阐述，对苏州公司透明度建设的概念、内容、意义进行解读，为部门负责人和员工的日常工作提供社会责任的指导。

3. 推动解决实际问题的部门融合

（1）梳理利益相关方及其诉求。系统梳理各部门核心利益相关方。将利益相关方的梳理落实到具体政府部门、公司名称、社区等，明确双方联络人，并按季度更新利益相关方名录和定期沟通计划、汇总利益相关方意见和建议。开展客户走访和问题征集活动，分析不同利益相关方期望、参与方式，建立"利益相关方参与表"，积极开展信息披露和反馈工作（见表7－8）。

表7－8　苏州供电公司各部门外部利益相关方梳理部分示例

政府	安质部	苏州市经信委
		苏州市公安局
		苏州市消防支队
		胥江派出所
		姑苏区人武部
		苏州市人防办
		苏州市综治办
		苏州市应急办
	办公室	市规划局
		市国土局
		市环保局
		市经信委
		市发改委
		苏州市公安局
		吴县机关行政中心
		苏州市相城区行政事务管理局
		苏州市相城区行政事务管理局
社区	供电所	香溪社区
		天平村
	营销部	苏州市相城区渭塘镇玉盘家园社区居委会
		苏州市相城区太平街道金澄社区居民委员会
伙伴	调度控制中心	渭塘邮政局
		太平邮政局
新闻媒体	办公室	渭塘及太平广电站
		苏州市广播电视总台

（2）解决五大专业实际问题。在营销部，继续推动与社区居民互动密切的"亲情电力云服务"履责活动，通过云服务平台实现资源共享、信息分享、及时

传递、快速查询、正确定位、便捷操作，双向沟通的模式及时、有效地解决了社区居民的用电问题。在发策部，针对居民普遍关心的变电站"电磁辐射"问题，向周边居民进行解释，普及电力知识，通过实时电磁监控展示牌、优化外立面方案，消除居民对电磁辐射的误解，促进双方交流。在运检部，以"漫山岛海底电缆抢修"为典型案例，梳理工作流程，挖掘各方资源，争取利益相关方的理解，寻求针对"外力破坏"问题的最优解决方案，共同保护电力设施，维护电网安全稳定运行。在调度中心，将员工作为重要的利益相关方，针对调度员工作压力大、专注度高等特点，寻求疏导和缓解压力的方法，通过提供心理调节资源、开展多样性业余活动、延伸员工关爱范畴等措施，帮助他们调整工作状态，识别工作价值。在基建部，针对外界普遍关心的工程招投标问题，梳理工作流程，针对工作流程中与外部接触较多的接口，提升透明度，增强对外的沟通和传播，积极赢取外界的理解和认同。

（三）根植项目的创新点

（1）以问题为导向，"一事一议"解决问题。2014年，针对部门、员工关于全面社会责任管理中的具体问题，如透明度建设的方法、透明度建设的价值与意义、社会责任的推进路径等问题，制定具体的阐释和解决方案。同时，针对外界利益相关方关注的电磁辐射问题、外包队伍文明施工问题、线路抢修问题等群众切实关注的问题，统筹规划，制定专项的履责行动，从社会责任的角度解决这些企业运营难题。

（2）以变化为导向，促进企业运营方式转变。为全面深化社会责任管理，公司积极探索"透明度建设"在公司各业务板块均可操作、可执行、可管控的管理方法，从而将已有的优秀理念和经验深化、固化、操作化，增强与各利益相关方的沟通互动，细化各专业的流程规范，促进公司运营更加透明。

（3）以品牌为导向，树立负责任的国网形象。作为公共服务的供电企业，面对越来越多的关注，公司持续增强自身透明度建设，完善透明度方法和内容，主动对外发声，邀请各利益相关方尽可能地参与企业发展，巧用公众智慧、共享企业价值，努力争取获取各界的认同，塑造负责任的履责形象与品牌。

（4）以价值为导向，创新履责管理推进模式。"滴入式"的全面社会责任管理融合以优秀履责典型示范、流程微改进等形式逐步推动并持续深入，所带来的变革不是剧烈的制度颠覆，而是缓慢且持续，让社会责任的径流填充管理缝隙，消解外部冲突，最终实现公司运营与外部诉求的和谐统一。完善透明度的价值解读和方法总结，推进社会责任管理在公司使命、战略文化、组织架构和运营管理等方面的有效融入和科学配套，系统构建公司全面社会责任管理拼图，最终实现社会责任管理根植企业全员、全过程和全方位。

（四）根植项目成效

（1）社会效益。公司以社区客户经理志愿者服务团队为基础，打造品牌履责先行军。为提升公益项目的专业化水平，注册成立了民办非企业单位"苏州市五彩梦公益助学中心"。助学中心成立理事会运作，由苏州民政局实施监管，并接受公开财政审计。通过运营管理专业化、资金管理透明化、课程设置人性化、品牌宣传规范化等方式进行项目活动。公益项目以"五彩课堂"为核心，培育专业化志愿团队开展课程教授和项目运行，确保了公益活动的可持续发展。截至2015年底，累计参与员工1982人次，资助学生2073人，五彩课堂开展110次，受影响人数10000余人。2014～2015年，苏州市质量技术监督局民用"四表"监督检查活动，共计抽检小区35个，3946台电表全部符合要求，连续两年在市水、电、煤气民用表计量专项检查中成绩领先。定期编制的用电情况分析报告，特别是针对苏州产业结构特点，对交通运输、电气、电子设备制造业，纺织业，金属冶炼，化工业进行的重点分析，为政府更好地掌握用电情况，服务地方经济发展提供数据支撑。

（2）经济绩效。修订、完善了一批管理制度，规范绩效考核，完善班组标准化建设，形成了权责分明、标准明确、流程规范的内部管理体系。与此同时，通过完善招投标机制、供应商考核评估办法等方式增强决策的科学性。以电力设施保护工作为抓手，向市政府作了《关于解决危及电网安全运行问题的请示》，促进市经信委成立16家各类单位的电力设施保护领导小组，明确成员责任。建立"中国苏州护电微信群"，畅通协调沟通机制，已有成员142名。2014年5月27日，由苏州公司起草并完善的《关于加强全市电力设施保护工作的意见》在市政府召开的第25次常务会议中正式审议通过。截至2015年底，苏州地区共发生35kV及以上电力设施外力破坏事故21起，比上年同期减少18起，同比下降46.15%。

（3）环境绩效。服务社会节能减排工作，通过与大客户之间的双向高效沟通，有针对性地开展用电情况摸底排查工作，根据各企业的不同情况采取不同措施，有效推进节能减排。2014年，累计推动72家企业实施节能项目103个，其中既包括苏钢集团、永钢集团等能耗大户，也包括国巨电子、松下电工、友达光电等高新电子企业，项目类型涵盖余热发电、电机变频、绿色照明灯多个种类，累计年节约电量21737万千瓦时。2015年，在消费环节，苏州大力推广"电能替代"。契合"P＋R"绿色城市出行理念，瞄准市区"10 分钟"充电圈目标，全面开展充换电设施建设运营。江苏"江、河、湖、海"全覆盖的岸电战略，推动苏州建成 258 套岸电系统，年均可充电 1800 船次，减少燃油消耗 1600 吨。电锅炉、冰蓄冷、地源热泵等在全市范围推广。截至 2015 年底，催生苏州终端电能消费比例提高 1.2%。

第三节　运营业务的根植项目探索

运营业务的企业社会责任根植是指将企业社会责任的理念与方法融入基层组织的运营业务流程之中，通过科学的企业社会责任理念与工作方法的融入，推动企业的运营业务模块能够创造更大的综合价值。在运营业务的根植项目案例主要是"社会责任根植业务工作——嘉兴供电公司'不同的工作方式让分布式光伏接入更顺畅'社会责任根植分布式光伏并网服务"和"'四轮驱动'驶入特高压建设'高速路'——社会责任根植特高压建设属地协调工作创新。"

一、社会责任根植业务工作——嘉兴供电公司"不同的工作方式让分布式光伏接入更顺畅"社会责任根植分布式光伏并网服务

（一）根植项目背景

光伏发电作为战略新兴产业，近年来发展较快。嘉兴光伏企业数量多、规模大，光伏就是市委市政府提出打造的两个千亿产业之一。2012 年底，浙江省政府在嘉兴开展分布式光伏"五位一体"创新综合试点建设，推动光伏产业集聚与转型升级。在此背景下，嘉兴以光伏为代表的新能源发电建设进入了一个集中增长期。而服务光伏发展急需求变，要实现分布式电源大容量、高密度、安全、稳定、快速、便捷并网，还存在一系列的技术难题。嘉兴公司以往积极配合、完成任务安排的工作方式也急需改变。分布式光伏利益调整较大，嘉兴公司在其中扮演什么样的角色、如何界定在推进分布式光伏并网过程中社会责任边界等问题困扰着嘉兴公司。

（二）根植过程

（1）将利益相关方的思维引入并网服务中。一方面，思考问题的角度发生转变，学会"换位思考"，从利益相关方的角度去审视电网企业的工作，从调研和摸清利益相关方的诉求与期望开始着手，一步一步完善电网企业的工作。另一方面，在解决问题的时候，创造条件让利益相关方能够参与进来。同时，解决问题的方法、政策、措施也不再是大而全的，而是针对不同的利益相关方，如政府、供电企业、光伏企业等出台不同的服务和沟通措施。

（2）从参与者和推动者两方面开展并网工作。推动嘉兴分布式光伏发展不是嘉兴公司一家的事情，全社会的事情就要靠社会各方的力量来共同推动协同完成。一方面，通过完善自身的并网服务水平，在分布式光伏的链条上当好参与者；另一方面，利用不可替代的技术、政策等相关方面的优势，推动利益相关方去解决问题，将其他人的意愿、资源、优势、能力进行整合，共同推进分布式光伏发展。

（3）着眼于长远总结模式推动可持续发展。嘉兴公司相关部门注重总结其中的优秀案例、典型经验、成熟做法等，为推动形成分布式光伏发展的"嘉兴模式"奠定基础。分布式光伏不仅在嘉兴，在全国都是社会各界非常关注的事情。对嘉兴公司的优秀做法进行广泛传播，在提升嘉兴公司品牌的同时，也能够为全国的分布式光伏发展做出一定的贡献。

（三）根植的创新举措

（1）开展调研，明确相关方利益诉求。嘉兴公司通过座谈会、利益相关方调查问卷等多种形式的活动，分析利益相关方各自不同的利益诉求。推动全市屋顶资源的统筹开发管理，确保光伏出力百分百消纳，进而提升嘉兴市光伏产业发展水平，实现节能减排目标和经济社会可持续发展是各方的共同目标。

（2）政企合作，参与光伏发展规划。在扮演参与者方面，主动选派一名骨干驻点嘉兴市光伏产业发展办公室，协作起草编制《嘉兴市太阳能发展"十三五"规划》并通过评审；在扮演推动者方面，推动政府主导，变零星分散开发为统一规模开发屋顶资源，鼓励设立各类房产与屋顶光伏投资开发公司，重点在嘉兴光伏高新技术产业园区内开发建设带有屋顶光伏发电系统的标准厂房等。

（3）公开透明，协助平衡各方利益。嘉兴公司协助政府制定利益分配方案，屋顶光伏投资开发公司进行统一运营、维护屋顶资源，光伏上网电价补贴等其他补贴所产生收益归属投资开发公司。推进符合条件的光伏项目获得省级0.3元/千瓦时的发电补贴。分布式光伏坚持"三不指定"原则，并对国家规定的各项费用进行减免。

（四）根植项目成效

（1）经济社会环境综合价值显著。2015年1～12月，嘉兴地区并网光伏发电量为42014.39万千瓦时，累计已节约标准煤16.81万吨，减少粉尘排放量11.42万吨、二氧化碳排放量41.89万吨、二氧化硫排放量1.26万吨、氮氧化物排放量0.62吨，大大缓解了嘉兴市节能减排压力，有效促进了大气污染防治工作。根据嘉兴有关部门发布的数据测算，嘉兴目前已并网光伏项目已实现促进GDP增长53亿元。

（2）国家电网品牌形象得到提升，分布式光伏发电"嘉兴模式"持续得到各级领导的关注。在2015年全国企业管理创新大会上，嘉兴公司主创的《促进分布式光伏并网的服务管理体系建设》成果获国家级企业管理现代化创新成果一等奖。新华社专门撰写了《"撬动"分布式光伏需找准权责关系"支点"》，央视四套《屋顶上的致富经》栏目介绍了此社会责任根植项目，引起了较大的反响。

（3）推动了光伏企业的发展壮大，有效提升了分布式光伏并网接入的规范化水平、标准化水平和服务效率。大幅缩减并网服务时限，分布式光伏项目平均并网时间缩短3天。截至2015年12月底，嘉兴全市已受理光伏项目949个，装机总容量884.12兆瓦，已并网运行光伏项目871个，总并网容量721.60兆瓦，受理容量和并网容量分别占全省的比例为48.87%、51.73%，受理和装机容量均列全省第一。

二、"四轮驱动"驶入特高压建设"高速路"——社会责任根植特高压建设属地协调工作创新

国网邢台供电公司认真贯彻国家电网公司推进特高压建设工作的相关部署，积极推动社会责任理念融入特高压建设专业，对内健全责任体系，对外强化沟通协调，充分发挥政府、职能部门、区县公司及乡镇府"四级联动"功能，优化属地协调工作流程，增加信息披露、利益相关方参与等环节，针对政府、用户、社会公众、合作伙伴等不同对象分别建立相应的系统性沟通体系，通过多渠道、多形式实现与利益相关方的充分沟通交流，以满足利益相关方诉求，优质、高效地完成了各项属地协调工作。

（一）根植项目背景

（1）青山绿水，雾都邢台，呼唤特高压建设环境和谐。邢台市位于河北省南部，地处太行山脉和华北平原交会处，是典型的资源型工业城市。多年来，由于城市建设缺乏合理规划，城区被电力、钢铁、煤化工、玻璃、水泥等重污染企业所包围，产业结构偏重，能源结构单一，污染物排放量大。加上低地势、低风速，不利扩散的地形地貌和气象条件，造成了邢台市大气污染形势非常严峻，长

期处于全国 74 个城市空气质量排名后十名之中。因此，加快特高压电网发展，实施电能替代战略，实现"以电代煤、以电代油、电从远方来"，将外来的清洁电送入河北、注入邢台，是大气污染防治的治本之策。牛城（邢台）人民迫切期盼清洁电网的快速构建。

（2）达善社会，电靓牛城，需要特高压建设环境和谐。随着经济发展新常态的新形势和机遇，邢台经济社会平稳较快发展带动能源需求持续增长。2015年，邢台电网最大负荷三创历史新高，同比增长 9.3%。由于区域内常规火电机组发展受到限制，不再新建火电厂，小的燃煤机组也面临关停淘汰。预计到 2020年，邢台地区最大负荷将达到 530 万千瓦，而发电能力约 330 万千瓦。电力缺口巨大，供需形势日趋紧张。因此，没有特高压电网，邢台电网供电将难以为继。必须通过加快发展特高压电网，打造特高压建设的和谐环境，政府和企业呼唤充足电力供应保障经济社会发展对电力的长期需求（见图 7-19）。

图 7-19 政府对特高压电网的期望与要求

（3）多元诉求，利益链条，制约特高压建设和谐环境。特高压建设赔偿标准较高，涉及环节较广，与政府、用户、社区、乡镇、村委会等利益相关方产生多重关系，受外部环境的制约较大。在特高压工程建设中，因沟通不畅等原因导致的工程延期等问题时有发生。这表明，在电网建设过程中，公司需要采取措施，最大限度地赢得工程所在地周边居民的理解和支持。同时，紧密跟踪政府规划变动情况，及时调整建设项目规划、设计。开展特高压建设属地协调创新实践，能有效识别和回应利益相关方的不同诉求，推动电网建设的和谐、高效。

（二）根植项目的实施

1. 利益相关方诉求分析

外部调查中，利益相关方对特高压电网建设提出了关注焦点，主要集中在能否减少停电时间、保障周围居民的人身安全与健康、保证用电质量、服务便捷高效、对用户进行更为广泛的节能指导、减少电网对周边环境的负面影响六个方面，利益相关方选择上述选项的比例分别为20.08%、19.3%、17.2%、15.7%、14.45%和12.94%（见图7-20）。从以上可以看出，随着邢台经济社会的发展，社会对电网建设相关工作的要求也不断提升，除要满足安全可靠供电以外，用户对提供优质服务、开展节能指导及保护周边生态环境等都提出了要求。

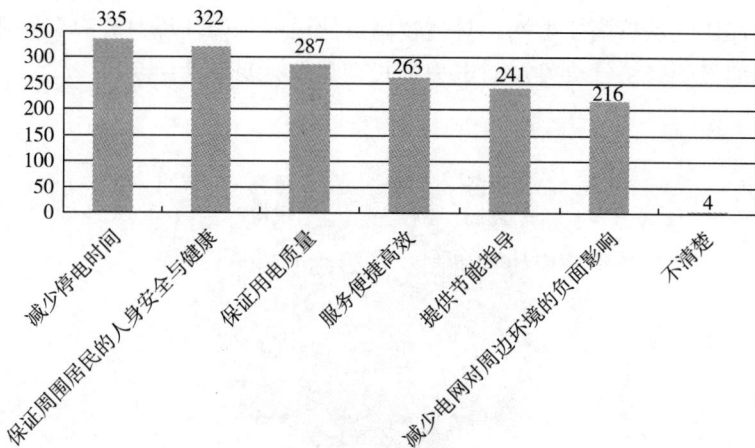

图7-20　客户对特高压工程建设的关注点分布

2. 坚持四级联动，致力特高压工程"无障碍建设"。

推动社会责任理念融入电网建设专业，优化现有流程，增加信息披露、利益相关方参与等环节，针对政府、用户、社会公众、合作伙伴等不同对象分别建立相应的系统性沟通体系，成立"一把手"挂帅的特高压工程建设领导小组，抽调精干力量，组建属地协调办公室，并指导各县公司成立了属地协调工作小组，发挥政府、职能部门、区县公司及乡镇府"四级联动"功能，通过多渠道、多形式实现与利益相关方的充分沟通交流，以满足利益相关方诉求，并根据利益相关方反馈，了解自身工作成效与不足，谋全局之智、举全局之力，把服务特高压建设作为重中之重，对内健全责任体系，对外强化沟通协调，优质、高效地完成了各项属地协调工作。

（1）发挥政府部门主导作用。在特高压属地协调工作中，在省公司的正确领导下，邢台公司加强与各级政府和有关部门的沟通协作，公司主要领导多次走访市政府主要领导，与沿线县政府沟通协调 50 余次，最大限度争取各级政府对特高压工程的认同和政策支持。邢台公司积极征询政府相关部门意见、建议，邀请市委、市政府主要领导开展主题调研，从加强电网规划衔接、加大特高压属地协调力度等方面进行深入的交流、探讨，以利益相关方诉求为切入点，通过多方沟通交流，及时了解、回应利益相关方关注的问题。一是促成邢台市委市政府与省公司对接座谈，就支持特高压建设等达成共识。市委市政府主要领导多次做出重要批示，要求"以'三严三实'角度检验属地配合成绩"，有力支持了特高压属地协调工作。二是促成市政府将特高压工程建设写入 2015 年政府工作报告，列入政府重点督办工作，对配合不力的相关单位进行督办追责。三是同步协调县、乡政府建立施工受阻预警联动机制，对可能出现的施工受阻情况进行预判，制定应对措施，防止不稳定事件发生。四是促请市政府召开了特高压工程建设启动会，成立了由常务副市长任组长、相关部门为成员的特高压工程建设领导小组，沿线 13 个县（市）政府也同步成立特高压工程建设领导小组，建立了"市、县、乡、村"四级政府协调机制，及时协调解决困难和问题，有效地保障了工程有序推进。五是与市发改委联合，实施"邢台特高压工程专报"工作机制，定期向市委、市政府领导报送特高压工程进展情况，特殊情况专事专报，直接呈送市领导批示，目前已出版专报 17 期。为政府相关部门提供能分析、能决策、能对症的措施，赢得政府支持，为邢台电网长远发展与后期运维创造良好的外部环境。

（2）发挥公司职能部门协同管理作用。特高压建设与发展涉及公司多个核心部门，在创造电网友好型发展环境过程中，积极调动并发挥多部门横向协同作用，各司其职。对内建立定期工作汇报与沟通机制，厘清各项业务责任边界，明确公司内部电网建设过程中各部门履责分工，明确职责，确保内部管理流程畅通，协作共赢。对需多部门协调解决的以总经理督办令形式开展工作，及时反馈工作效果，形成闭环管理。

对外按各部门职能分工不同，分别做好与政府重要部门及区县公司的工作沟通、协调与决策、指导和评价，加强利益相关方管理，及时开展前期调研摸底，了解并满足利益相关方阶段性合理诉求，灌输社会责任根植理念，加强各方互动交流，畅通电网发展绿色通道，为新型城市建设提供能源支撑。一是各级协调人员充分发挥"千言万语、千辛万苦、千方百计"的"三千"精神，利用一切可用关系，采取一切可行措施，"人盯人"走访，"一对一"公关，市县公司共计出动人员3000余次，累计里程20000公里，全力为工程顺利推进创造条件；二是严格执行"八项规定"，与每一名协调人员签订廉政承诺书，杜绝"吃拿卡要"，最大限度地减少施工过程中的外部干扰；三是创新实施以政府为主导的委托赔偿模式，提前编制长期占地、林木砍伐、建筑物拆迁等委托赔偿协议模版，通过协议方式形成属地公司牵头、当地政府实施、施工单位配合的"三位一体"工作体系，不仅提高了赔偿工作效率，降低了后期工程审计风险，同时实现了大面积区域快速赔偿；四是依托工程开展"交流特高压输电线路工程属地协调工作标准"课题攻关，通过对榆横—潍坊线路工程前、中期属地工作开展研究，形成一套完善的工作体系，为本地区其他特高压工程的属地协调工作提供参考。

（3）发挥县公司主体作用。县公司作为电网和谐发展的主要推动者，肩负着承上启下、互通互联的主体责任。一要做好与地市公司相关职能部门的沟通与具体任务落实；二要做好与属地县政府相关部门的沟通与协调；三要指导各供电所做好与乡镇政府的紧密沟通与联系。通过与各利益相关方的多方沟通，引导区县及乡镇政府积极响应并配合开展公司社会责任管理工作，在特高压电网建设中赢得工作主动权，达成共识，共同营造和谐的供用电氛围。

（4）发挥乡镇政府制动作用。乡镇是新型城市建设的核心，特高压选址地处乡村，属地协调工作离不开各乡镇政府的支持与配合，邢台公司抓住乡镇政府在群众引导中具有更多话语权的功能特点，在社会责任管理中，将乡镇政府作为一个关键的利益相关方，在全面落实根植项目过程中，加强与乡镇政府的前期沟通与协调，引导利益相关方树立投身特高压电网友好型发展环境建设的意识，在变电站廊道布局、土地征用、青苗赔偿、防外破等环节，以乡镇政府力量，调动并发挥村级联防小组作用，减少阻力，为特高压建设属地协调及后期运维提供强有力的保障。

3. 横向协同，纵向贯通，确保属地工作高效推进

为确保特高压建设项目"四通一平"属地协调工作的顺利推进，邢台公司坚持内外结合，一方面考虑如何方便内部工作、尽快解决问题，另一方面要考虑如何融入利益相关方的期望和诉求，赢得相关方的理解和认同，有效管理对利益相关方和自然环境的影响，激发利益相关方共同参与。即要让社会"知道你做得好""理解你做得不够好""支持你做得更好"，实现自身和利益相关方的综合价值。通过特高压电网建设协调四级联动机制，能够保障建设项目在公司既定计划内、在关键利益相关方的支持下、在符合环境承载力条件下顺利完成，充分发挥

建设项目既定的经济、社会和环境综合效益。

（三）根植项目的成效

通过项目实施，基本实现了"三改善一提升"，为进一步构建特高压建设友好型发展环境打开了良好局面。

（1）特高压电网规划环境得到改善。2015年，邢台公司与市城建规划部门及相关咨询机构进行多次深度沟通协调，从社会责任管理的角度出发，为邢台市政府报送邢台电网"十三五"期间规划新建变电站站址及廊道用地情况，取得了政府支持，积极解决征地、拆迁等问题，并将特高压电网规划纳入新型城市建设总规划中，为后期各项工作衔接奠定了基础。为保证工程进度，邢台公司坚持"超前谋划、刚性执行、狠抓进度"工作思路，协调工作有序推进。1000千伏石家庄站进展顺利。该公司领导多次跑办、协调，顺利解决了石家庄站耕地占补平衡指标问题。

（2）特高压电网建设环境得到改善。通过向邢台市各级政府汇报邢台境内电网建设项目进展情况、存在问题及困难，多方协调后，青苗赔偿等问题得到了有效解决。公司按照边赔偿边施工的原则，确保了各工程的建设节点，邢台公司严格落实省公司领导要求，紧紧依靠各级政府，妥善解决受阻问题。促请沿线县政府出台了征地补偿标准和线路路径通道保护文件，确保了补偿工作有据可依，走廊保护有章可循，切实为属地工作提供了有力政策支持。开工至今，邢台公司促请各级政府和有关部门累计召开协调会55次，主管领导及相关专责现场盯办100余天，彻底解决了石家庄站征地、线路受阻等问题，制止了抢建2处，抢栽抢种5处，建设通信塔1处，与临城南沟矿业集团、内丘文生矿业等签订了赔偿协议，累计节省赔偿资金3040万元，各项工作推进也受到了地方政府及省公司的好评。

（3）特高压电网运行环境明显改善。通过"四级联动"管理模式充分调动四个层级发挥核心功能与价值，各利益相关方的电力设施保护意识和安全自我保护普遍提高，特高压工程建设负面影响最小化。"一交、一直"线路工程有序推进。线路工程启动前，邢台公司编制了《特高压线路工程终勘属地工作方案》和《特高压线路工程属地工作方案》，按照"初勘到村，终勘到户"的原则，同步开展路径、塔位统计调查工作，确保了线路工程数据准确。配合设计完成"一交、一直"线路工程终勘定位，配合办理路径协议127份、复核协议87份。

（4）特高压属地协调效率不断提升。坚持"依托政府，提前介入"的属地工作原则，建立属地公司牵头、当地政府实施、施工单位配合的"三位一体"协同工作机制，切实提升特高压属地协调工作效率。促请市、县国土部门提前对石家庄站先行用地手续进行了 3 次线下审核，5 月 7 日工程取得核准后，仅用半天时间，就完成了先行用地组卷材料市县审查及上报，5 月 29 日取得先行用地批复，11 月 9 日将石家庄站征地组卷材料上报至国土部，比计划提前 30 天；在工程核准 14 天内，完成了石家庄站地面附着物清点造册、补偿和 247 座坟墓迁移等工作。提前 5 天完成 22 万方回填土内运、碾压工作；妥善解决仁里乡施工受阻问题，榆横—潍坊工程仅用 111 天就具备了转序组塔条件，比计划提前了 52 天。

第四节　企业文化与慈善公益的根植项目探索

企业文化与慈善公益的根植探索意味着将企业社会责任的理念与方法、管理与实践模式融入企业的文化建设与慈善公益的议题实践过程中，使组织并不是为了慈善而慈善，而是基于企业社会责任融入的理念，推动企业文化建设与企业公益慈善活动能够很好地与组织的企业社会责任战略、企业社会责任理念与企业社会责任的方法相契合，推动企业文化建设与企业慈善公益议题实践过程中创造更大的综合价值效应，彰显国家电网的责任品牌的影响力。

一、"红十三爱心社"筑起永嘉志愿服务新生态——社会责任根植永嘉志愿服务项目

（一）根植项目背景

（1）形势紧迫：贫困失学儿童数量逐年上升。浙江省永嘉县是一个革命老区，自 2005 年脱贫以来，随着经济的快速发展和城市化进程的不断加快，长期存在的贫困人群和外出打工人员规模同比上涨趋势明显，导致贫困儿童、失学儿童和留守儿童数量日益增长，很多留守儿童、孤儿、辍学儿童、贫困儿童甚至无法完成义务教育，成为永嘉经济社会和谐发展路上的不可承受之重。

（2）共性难题：传统的公益扶贫模式难以满足贫困失学留守儿童的爱心需求。一方面，民政部门帮扶标准过高、覆盖范围很窄。由于我国社保体系覆盖范围有限，政府部门如民政局等的帮扶具有较高的门槛，很难覆盖规模庞大的贫困人口。另一方面，永嘉的社会组织的发展还很有限，民间爱心组织的发展缺乏组织性，往往是"单打独斗"，互通较少，导致爱心资源无法集中，对失学儿童的实际帮扶力度有限，帮扶效率的提高面临瓶颈。

（3）自有爱心品牌发展瓶颈：规模化、精准化难以实现，爱心生态遭遇破坏。"红十三爱心社"是永嘉供电公司的自有爱心品牌，近年来也面临着"规模化"发展和"精准化"帮扶的矛盾，时常出现志愿服务流于形式甚至中断、帮扶者与被帮扶者之间产生矛盾冲突，以及被帮扶学校、被帮扶儿童对于结对帮扶丧失兴趣等问题。

（4）剖析追究：利益相关方协作困难导致稀缺分散的爱心资源难以集中。结合永嘉公司"红十三爱心社"多年从事贫困失学儿童扶贫工作的经验，通过与利益相关方多次访谈发现，永嘉贫困失学留守儿童帮扶难题的核心原因有四个：第一，利益相关方沟通不畅，帮扶信息不对称；第二，传统公益项目资源整合效率低，"精准"和"规模"无法兼得；第三，结对帮扶无法深入，导致很多学校或被帮扶者失去了热情；第四，爱心公益组织自身管理水平提升未能随组织规模壮大同步提升。图 7-21 所示为"红十三爱心社"公益生态。

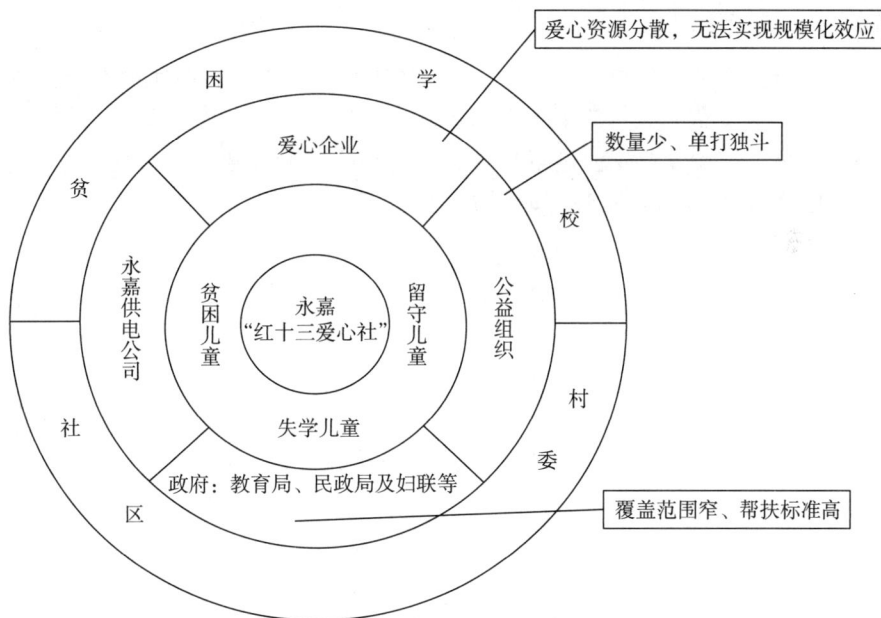

图 7-21 "红十三爱心社"公益生态

（二）根植的过程理念

基于平台化履责根植理念，发挥"红十三爱心社"平台优势寻求问题综合解决方案。"红十三爱心社"深耕永嘉十几年，已经形成了良好的平台基础。需求端，能够有效地对接各贫困学校、社区和村委会，了解贫困留守儿童的爱心需求；供给端，能够有效地整合爱心企业、政府资源和社会公益组织等爱心资源供给方。基于此，"红十三爱心社"在组织召开的利益相关方座谈会，在了解公司内部供电所、爱心员工及外部结对学校、政府组织、爱心企业、新闻媒体等多方参与者的利益诉求基础上，最终决定从发挥爱心社的平台效应入手，寻求问题的综合解决方案。

基于利益相关方管理与"互联网＋"的社会责任根植核心理念，形成"互联网＋精准扶贫"的利益相关方管理模式；"红十三爱心社"及社会责任根植项目组成员围绕当前爱心社运转的核心难题——爱心资源分散和利用效率低，具体表现为爱心资源需求端和供给端的双分散，需要借助互联网等强大的平台资源聚集力实现爱心供求的高效对接。基于此，项目组成员通过积极学习"互联网＋"及先进地区的精准扶贫经验，积极与外部专家团队进行研讨，设计以"互联网＋"为手段，以微信为平台，开展精准扶贫体系建设，以从根本上解决爱心资源分散，难对接的难题。

（三）根植的创新举措

（1）"1＋3"模式，壮大爱心志愿者规模。以"红十三爱心社"为组织，以"1＋3"的模式推动爱心企业进行"红十三爱心社"分社建设，实现爱心志愿者数量在组织层面上的迅速扩张，如图7－22所示。

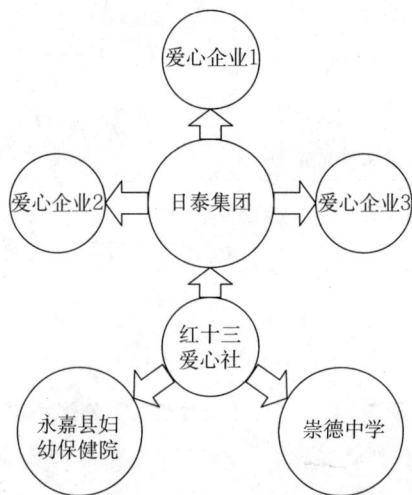

图7－22　红十三爱心社"1＋3"帮扶模型

　　(2)"互联网＋公益"提升信息和资源整合效率。为了实现志愿服务需求者与爱心组织、爱心人士之间的信息对称,"红十三爱心社"利用"互联网＋公益"的思维,以微信公众号为平台进行爱心信息的网络管理,并充分利用网络众筹平台"轻松筹"机动地为具有紧急帮扶需求者筹集善款(见图7–23)。

图 7 – 23　微信网络众筹平台

　　(3) 管理创新同步实现组织规模递增和精准服务。第一,联动政府相关部门实现信息动态管理,提升精准志愿服务能力;第二,建立利益相关方走访机制,注重被帮扶者满意度管理;第三,以劳模工作室为平台孵化志愿者管理新模式。

　　(四) 根植模型的成效

　　(1) 爱心志愿者数量大幅增加,志愿服务新生态正在形成。截至 2016 年 11 月 30 日,爱心社志愿者人数从 2015 年 12 月的 115 人上升到 195 人,其中供电公司内部爱心员工人数由 115 人发展为 140 人,三个爱心社分社发展爱心志愿者 55

人（见图7-24）。

（2）"红十三爱心社"志愿服务能力大幅提升。据统计，在2007~2015年的8年间，爱心社原有的115名志愿者共结对贫困留守儿童82对。而在2016年，单新增志愿者80人就共结对留守儿童、贫困学生95对。这说明爱心社与利益相关方互动的不断深入，以及管理创新的不断推进，大大提升了志愿者的结对帮扶能力。

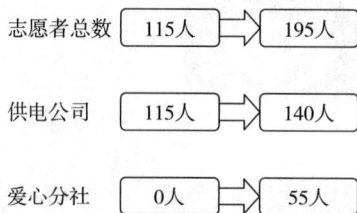

志愿者总数　115人 ⟹ 195人

供电公司　115人 ⟹ 140人

爱心分社　0人 ⟹ 55人

图7-24　爱心社发展爱心志愿者人数

（3）"红十三爱心社"资源整合能力和"精准"帮扶能力大大提升。一方面，通过构建"红十三爱心社"微信公众号，配合微信"爱心群组"，实现了被帮扶贫困儿童的信息实时共享和认领。另一方面，通过应用"轻松筹"等网络众筹平台，"红十三"为贫困失学儿童提供志愿服务的渠道有所拓宽，大大提升了"精准化"服务能力。从"红十三爱心社"为贫困儿童汪晨俊举行"轻松筹"的情况来看，耗时13天共有1078人次参与捐款，共筹集捐款51245.59元，及时满足了被帮扶者的紧急需求，提升了爱心社动态精准扶贫的能力。

（4）为利益相关方创造了综合共赢价值。一是参与结对帮扶的贫困留守儿童对志愿者的结对帮扶满意度大大提升，未出现结对终端、结对流于形式的现象。二是通过定期走访学校，对学校的建议进行积极反馈，定点帮扶合作学校的满意度有所提升，并且新增1所学校主动提出与"红十三爱心社"合作进行结对帮扶。三是民政局、教育局及妇联、县委宣传部等政府利益相关方对"红十三爱心社"的贫困留守儿童扶贫满意度大幅提升，在多次走访交谈中提出了口头赞扬；民政局审核通过了"红十三爱心社"成立公益组织的申请，这为爱心社的未来发展提供了组织合法性的支持。

二、公益战略联盟"红细胞"在行动——社会责任根植"红细胞"工程公益品牌+战略联盟

国网资阳供电公司充分挖掘"红细胞"工程的优秀理念，扩大公益项目的内涵，增加与利益相关方的沟通互动，创新沟通形式，不断提升"红细胞"工程的社会影响力，带动和推动社会各界共同成立学雷锋"红细胞"志愿服务联盟，建立战略公益联盟平台良好的运行机制，传播志愿服务理念，弘扬志愿服务精神，吸引更多单位、社会组织和个人加入志愿服务队伍，形成公益服务活动的长效机制。

（一）根植项目背景

（1）社会各界对供电服务期待很高。供电企业服务国家、服务社会、服务民生的素质和能力一直是各方期待和公共舆论的焦点。资阳供电公司在业务经营和服务提升实践当中感受到当地政府、民众等利益相关方团体对供电公司以往的公益事业给予了极大的鼓励和支持，也对未来更加深化国有企业的公益事业，树立公益品牌标杆提出了期望和要求。

（2）传统公益模式存在缺陷。国网资阳供电公司认识到传统的企业公益活动存在诸多缺陷。企业做公益活动不仅仅是一种资源单向输出，应该挖掘公益活动的社会带动作用，点燃社会内在的自有的良性运作机制。企业做公益活动不能做成一过式、运动式的热心活动，可持续性是评价公益活动成败的重要方面。企业做公益活动应该结合自身业务实践，而不应该脱离行业特性去孤立地进行公益活动。

（3）品牌化运作程度不高。实现社会责任履责行动和公益活动的品牌化运作是中国企业社会责任实践的重要目标和形式，目前国网公益项目运作还缺乏影响力较大的品牌，社会影响力尚未实现突破，对品牌化运作的管理也缺乏一定的经验，社会责任的理念尚未融入公益项目的品牌化管理运作实践当中。

（4）公益行动之间缺少协同。社会公益资源缺乏一个有效整合机制，尤其各大央企，拥有较好的社会公益项目资源和便民网点资源，如何有效整合是需要解决的社会责任落实问题。

基于这样的实践认知，国网资阳供电公司启动了"红细胞"公益品牌建设工程，符合国家和地方的经济、社会、环境综合背景要求，是国网企业社会责任实践探索的重要工程。

（二）社会责任根植推动工作思路创新

（1）整合社会力量，搭建战略联盟平台。为社会公益资源搭建一个有效整合机制。制定服务资源整合方案，搭建战略公益联盟平台；发动员工广泛参与，建立激励机制，鼓励内部员工服务创新，创建特色服务；带动社会力量，整合社会公益资源，组建志愿者服务站和爱心公益联盟。

（2）品牌化运作，吸引社会各界参与。充分挖掘"红细胞"工程的优秀理念，扩大公益项目的内涵，增加与利益相关方的沟通互动，创新沟通形式，不断提升"红细胞"工程的社会影响力。以电网企业的公益项目为起点和基础，通过品牌化的运作，逐步扩大影响，扩充内涵，纳入更多的社会资源，整合资阳市其他企业和部门的公益资源，将企业的社会责任实践带向一个新的高度。

（3）充实品牌内涵，扩大志愿服务范围。向社会公众充分阐释和推广"红细胞"的精神和理念，红细胞对于生命的重要意义，红细胞的红色鲜明的政治寓意，红细胞的使命、远景和精神，关爱、奉献、责任、从善的价值理念，这是"红细胞"工程的精神源泉和基本出发点，也是品牌形象的重要信息传递。

学雷锋"红细胞"志愿服务联盟是在资阳供电公司"红细胞"工程基础上，通过整合其他企业和部门的公益资源，整合社会公益力量，扩大志愿服务范围，从电力优质服务扩展到其他联盟单位的创业贷款、网店申请、通信服务、医疗救助等多维度帮扶，让电力客户享受到更多的增值服务，将企业的社会责任实践带向一个新的高度，形成企业志愿服务新模式。

（4）做好项目管理，理顺平台机制。把履行电网企业社会责任工作与强化电力服务、党群建设工作高度统一，紧密结合，实现社会、经济、党政和电网公司改善服务之间的和谐发展；抓好项目工程的管理，以企业管理和项目管理的科学方法论和工程学的流程体系去管理好项目运作实施，保障"红细胞"项目的长期运行，持续发挥社会公益项目的引领作用；建立战略公益联盟平台良好的运行机制，采取闭环管理、轮值主席制度，确保联盟运作发挥出预期效益，实现社会责任成功根植"红细胞"工程。

（三）创新举措

1. 健全组织保障体系，实施"红细胞"工程

成立市公司督导，本部部门、下属各单位"红细胞志愿者为点、红细胞服务（突击）队为线、红细胞责任区为面"的点线面三级组织体系，明确各体系职责（见图7-25）。

（1）市公司督导体系。在市公司层面成立以党政主要领导为组长、其他公司领导为副组长、相关部门负责人为成员的"红细胞"工程领导小组，负责"红细胞"工程的组织领导，审定工作方案和考核标准，督导、检查各单位"红细胞"工程，研究制定"红细胞"工程体系等。

（2）本部部门、下属各单位点线面三级组织体系。点：45个"红细胞"示范岗以本部部门、下属各单位的党员示范岗、"最美员工"为单位，充分发挥先

图 7 – 25　"红细胞"工程示意图

进典型的带动示范作用，营造比学先进的浓厚氛围，带动广大员工积极参与"红细胞"工程。线：57 支"红细胞"（志愿者）服务队以供电所、配网班为单位，实施精准扶贫，积极开展电力延伸服务、关爱留守儿童、关爱务工人员、心理陪伴、助力高考、帮贫济困等活动，在节假日、迎峰度夏、春耕等特殊节点开展公益服务。31 支"红细胞"突击队以突发事件和重点工作项目为单位，由公司各单位优秀共产党员及入党积极分子组成，承担援藏帮扶、迎峰度夏（冬）、重要节日（任务）保电、电力抢险救灾等急难险重任务。面：32 个"红细胞"责任区以专业技术领域为单位，组织和带领责任区全体党员和其他员工，将"红细胞"有机渗透至各项工作，使"红细胞"成为推动供电企业科学发展的政治保障，将供电企业建设成为蓄养素质的大本营、辐射引领的大熔炉、施展才华的大舞台。

2. 建立个体立命机制，培育服务型员工

突出为个体立命，将"服务"作为供电企业员工最鲜明的特征，引导员工争当卓越服务的标杆。

建立服务平台。服务社会实施"红细胞·0公里志愿关爱计划"，"红细胞"志愿者把1公里服务延伸为0公里志愿关爱，通过常态服务和特殊服务两种形式，实施专业技能帮扶、常态扶贫帮困和特殊案例帮扶等行动。建立帮扶台账171本，将供区内122967户特困户、五保户全部登记在册，把550户家庭列为长期帮扶对象，开展电力延伸服务、关爱留守儿童和务工人员、心理陪伴、助力高考、帮贫济困等活动6635次，受益人群219792人次。服务员工构建"善爱我"安全心智模式体系，注重"红细胞"安全心智模式的重塑和培育，以"关爱心灵、尊重生命"为导向，以"心理安全"提升本质安全，实现供电企业对"红细胞"的"0公里"关爱。

激励比优赶先。以党员示范岗、"最美员工"为基础，每年动态评选政治素质高、纪律意识强、业务技能好、群众基础好的45名员工为"红细胞"示范岗。组织优秀"红细胞"志愿者参加市区道德模范巡讲、演讲，讲述道德讲堂故事，举办"学模范、比贡献、争做优秀员工"报告会，学习优秀"红细胞"在推进企业内质外形建设中的先进事迹。每月公示"红细胞"志愿者积分台账，形成比优赶先、不甘人后的良性竞争氛围。

3. 建立组织立魂机制，激活企业战斗力

突出为组织立魂，积极引导"红细胞"向企业管理渗透，把"红细胞"变成精益化管理手段和以客户为导向的卓越服务转型措施，倡导"我是本岗位最优服务提供者"，使"红细胞"融入本职工作，有效提升企业软硬实力。

"红细胞"先锋行动。党员带头，员工参与，在本部和下属单位分专业设立安全生产等32个"红细胞"责任区，全面融入中心工作。

"红细胞"示范行动。在本部各部门、基层单位中选树"红细胞"示范团队，在服务主动性、超前性与积极性上不断优化客户体验。开展"红细胞"创新创效活动，鼓励员工将金点子、好建议和卓越服务转型中遇到的难题转化成科技成果，成立"红细胞"劳模工作室和创新工作室，加强对工作室的日常管理。

"红细胞"攻坚行动。攻坚"电力天路"，"红细胞"突击队在高海拔、高寒、高辐照、缺氧等恶劣条件下，安全优质按期完成工程建设。攻坚重点用电项目。对接幸福资阳建设，先后与资阳市政府及各区县政府签订战略合作协议，"红细胞"突击队为成都天府国际机场等项目的建设和发展提供坚强电力保障。攻坚应急抢险任务。"红细胞"突击队圆满完成重大政治经济活动保电等急难险重任务。

4. 建立社会立标机制，传播央企正能量

突出为社会立标，把"红细胞"作为履行"四个责任"的根本举措，集中资源提升国网品牌知名度、认知度和美誉度，塑造卓越服务表率形象，营造和谐发展环境。

关注各界期望。落实重点民生实事。完成 158 个农村配网低电压治理项目和 56 个农网改造升级项目现场施工，解决 10601 户低电压问题。大力推进 76.56 万只智能电表换装工作，与政府合作创新推进老旧（弃管）合表小区改造。支援藏区电网发展。秉承"关爱、从善、责任、奉献"的"红细胞"精神内核，对口帮扶援建道孚县电力公司。建设安全用电示范村。持续投资 450 万元，将雁江区石岭镇石河村建设为全省安全用电示范村，努力消除城乡供电能力和服务水平差别。"红细胞"责任区创新服务模式，大力推进"电超市"进村，建立 24 小时智能电表充值及抢修网点，实现城乡无差别服务。

注重践行公益。对资阳市 49 个福利院、57 个贫困村、13 所留守儿童之家实施全覆盖精准扶贫。"红细胞"开展"大手牵小手，电亮连心桥"关爱未成年人行动，结对帮扶甘孜藏族自治州道孚县格西中心校。招募社会志愿者加入"红细胞"服务队，进一步扩大"红细胞"工程受益面，实现"蝴蝶效应"。

突出社会表达。面向社会开通微信公众号，印发管理办法，加强与"掌上资阳"、物业管理公司的微信联动，不断提升服务水平。聘请行风监督员，及时了解社情民意。主动走访"两代表一委员"，邀请各级人大代表和政协委员视察供电工作，听取意见和建议。与资阳电视台、《资阳日报》建立战略合作关系，邀请记者走进电力企业或走访客户。定期举办"红细胞"沟通日，邀请政府、合作伙伴、客户和媒体等利益相关方共同参与，及时披露"红细胞"服务地方经济发展和民生改善的立标实践。开展"红细胞"助力民生实事主题传播，在"掌上川电""掌上资阳"等微信平台发布"红细胞"积极践行社会责任的信息，加强价值输出和利益相关方感知评价。

5. 探索公益联盟 App，传递对接需求信息

资阳供电公司与资阳移动公司一起完成了"红细胞"志愿服务联盟手机 App

客户端开发。该客户端将志愿服务资源进行优化配置，集"红细胞"志愿服务注册管理、联盟成员单位服务项目介绍、需求对接、公益培训等功能于一体。当我们一线电力员工在为用户进行电力服务时发现用户面临的困难和需要的服务单单依靠供电企业无法解决时，就通过手机 App 客户端将用户资料及需求信息上传，其他联盟单位看到后，如果属于自己工作范围，主动认领，快速对接，及时上门服务，为用户最大限度提供便利。

在手机 App 试运行的短短三个月时间里，通过电力员工及时传递用户的需求信息，联盟成员单位为 10 名电力用户实现了愿望。中国移动资阳分公司为双腿高位截肢的简阳市石桥镇赤水老场镇用户李培国实现了开网店的愿望，而联盟成员单位中国邮政集团四川简阳市分公司还和资阳供电公司一起，主动帮助他建立电费代收点，使他每月有了稳定收入。

（四）社会责任根植成效

（1）企业形象有力彰显。"红细胞"工程实施以来，服务从 1 公里到 0 公里，从 1 个人志愿到 100 万人受益，成为了资阳为民服务的典范，得到社会各界的关注和认同。公司 2015 年春节保电工作受到市委市政府表扬。四川电视台对"红细胞"服务队进行跟踪报道，《中国青年报》《四川日报》《国家电网报》《西南电力报》等媒体广泛报道"红细胞"工程情况。

（2）企业管理精益转型。"红细胞"工程引领卓越服务有效落地，实现企业管理精益转型。故障抢修到达现场平均时间城市仅为 14.41 分钟，同比 2012 年缩短 12.4%，农村仅为 20.07 分钟，同比 2012 年缩短 19.96%；停电时间 2014 年同比 2012 年减少 20.17%。报装接电时间 2014 年同比 2012 年下降 11%。2015 年同业对标名列省公司第六，为"十二五"期间最好成绩。"红细胞"工程荣获首届中国青年志愿服务项目大赛金奖，"红细胞"志愿者服务队荣获资阳市 2014 年度志愿服务"十佳组织"，共产党员服务队荣获资阳市第三届"感动资阳"特别贡献集体奖。

（3）公益联盟平台建设成效显著。学雷锋"红细胞"志愿服务联盟由资阳市委宣传部与国网资阳供电公司共同发起，联合了全市 14 家企事业单位，将针对文明城市创建、精准扶贫、关爱社会弱势群体三方面开展志愿服务。根据联盟 2016 年工作目标，除开展"村小圆梦""向贫困家庭送电""为贫困儿童赠送读本和学习资料""义诊""免费体检""金融助学"等志愿服务外，还将对各级志愿服务组织进行专业孵化和指导。希望依托"红细胞"品牌，能够吸引更多的单位和个人参与到志愿服务中。